HEYNE FILMBIBLIOTHEK

Ostern 1992
von P.-L.

JACK

LEMMON

Seine Filme - sein Leben

von MICHAEL FREEDLAND

Deutsche Erstveröffentlichung

WILHELM HEYNE VERLAG
MÜNCHEN

HEYNE FILMBIBLIOTHEK
Nr. 32/97

Herausgegeben von Bernhard Matt

Deutsche Übersetzung: Norbert Stresau
Redaktion: Willi Winkler

Vorder- und Rückseitenfoto: Archiv Dr. Karkosch, Gilching
Innenfotos: Archiv des Autors; Archiv Lothar Just, München
Umschlaggestaltung: Atelier Ingrid Schütz, München
Printed in Germany 1986
Satz: Fotosatz Völkl, Germering
Druck und Verarbeitung: Ebner Ulm

ISBN 3-453-86099-3

Inhaltsverzeichnis

Danksagung

Der erste Dank in diesem Buch gilt seinem Thema, dem vielleicht herausragendsten Filmschauspieler unserer Zeit. Das zumindest ist der Grundgedanke hinter dieser Biographie Jack Lemmons, eines zweifachen Oscar-Gewinners, der den mühsamen Weg von leichten Komödien zu großen Charakterrollen gegangen ist, in denen ein einziger Gesichtsausdruck die Agonie eines Vaters auf der Suche nach den Überresten seines ermordeten Sohnes widerspiegeln kann.
Jack erzählte mir, daß er zu diesem Zeitpunkt seiner Karriere keine Biographie über sich geschrieben haben wollte. Dennoch verdient er meiner Meinung nach einen solchen Tribut, um den Titel eines Lemmon-Films zu zitieren. Ich hatte zweimal die Gelegenheit, für die BBC längere Interviews mit ihm zu führen. In diesem Buch habe ich mich vornehmlich auf diese Unterhaltungen und einige Interviews mit seinem engen Freund Walter Matthau gestützt. Daneben unterhielt ich mich mit June Allyson, Fred Astaire, Betsy Blair, George Burns, Sammy Cahn, Frank Capra, dem kürzlich verstorbenen George Cukor, Sandy Dennis, George »Bullets« Durgan, Steve Forrest, Betty Garrett, Arthur Hiller, Janet Leigh, Charlie Murphy, Bill Orr, Gregory Peck, Veronique Peck, Richard Quine, Walter Scharf, Melville Shavelson und Billy Wilder. Ihnen allen meinen aufrichtigen Dank.
Danken möchte ich ferner Carol Epstein und ihren Kollegen von der Bibliothek der Academy of Motion Picture Arts and Scienes in Beverly Hills sowie den Bibliothekaren des British Film Institute und der British Library.
Vor allem jedoch schulde ich meiner Frau Sara und unserem rücksichtsvollen Nachwuchs Fiona, Dani und Jonathan Dank für die Erlaubnis, mich für kurze Zeit an Tonband und Wortprozessor binden zu dürfen. Ihnen allen meine Liebe.

Michael Freedland
London

Der Glückspilz

Jack Lemmon kam weniger mit einem silbernen Löffel im Mund als vielmehr mit einem goldenen Krapfen in der Hand zur Welt. Zur Zeit seiner Geburt war sein Vater gerade zum Vizepräsidenten der Doughnut Corporation of America aufgestiegen und hatte damit endlich die nötigen Mittel in der Hand, seiner Familie alle ihre Wünsche zu erfüllen.

John Lemmon stammte aus einer irisch-amerikanischen Familie und wollte zunächst Entertainer werden. Folglich trat er in die Fußstapfen seines Onkels Jimmy O'Toole, der sich auf eine »Dr. Jekyll und Mr. Hyde«-Show spezialisiert hatte, und stand eine Zeitlang auf der Bühne jener ureigenen amerikanischen Institution, der Minstrel-Show. Er glaubte fest an die vor ihm liegende, große Karriere, bis eines Nachts in San Francisco ein Zuschauer eine Flasche nach ihm warf und ihn dabei schwer verletzte. Er trug die Narbe für den Rest seines Lebens und gab die Bühne unmittelbar danach auf. In der Zwischenzeit war der Erste Weltkrieg ausgebrochen. In der Marineakademie von Annapolis, wo er seine Grundausbildung so rasch absolvierte, daß man ihm den Spitznamen »90-Tage-Wunder« verlieh, erhielt John sein Offizierspatent. Sein erster Befehl führte ihn nach China und nahm den größten Teil seines ohnehin nur kurzen Kriegsdienstes in Anspruch.

Nach seiner Rückkehr von der See nahm John für kurze Zeit einen Job als Verkäufer von Bäckereianlagen an, wo ihn sein irischer Charme schnell nach oben brachte. Kurz darauf verlockte ihn seine Rastlosigkeit jedoch dazu, sich nach einer anspruchsvolleren Arbeit umzusehen. Er schloß sich einer Werbeagentur an, wo er sich als kreativer Geist hinter einigen von Amerikas bekanntesten Werbekampagnen und Werbeslogans aus dieser Zeit (darunter auch das Planters' Peanuts-Logo: ein Erdnußmann) schon bald einen Namen machte. John Lemmon selbst behauptet sogar, die patentierte Aspirinschachtel der Firma Bayer erfunden zu haben. Sein Chef war George Washington Hill, der berühmte Werbekönig. Als die Werbung schließlich ihren Reiz verlor, kehrte John in die Bäckereibranche zurück. Diesmal galt sein Interesse freilich dem fertigen Produkt, den amerikanischen Krapfen. Wieder als Verkäufer angestellt, zog er durch ganz Europa und verkaufte seine Krapfen dort mit einer Inbrunst, um die ihn so manch anderer Kämpfer für eine gute Sache beneiden würde. Unter anderem zeichnete John Lemmon so für den Siegeszug des Krapfens in England verantwortlich: auf den ersten Blick vielleicht eine seltsame Beschäftigung für einen Mann, der als Spaßmacher bekannt war, eine Begabung für das gesprochene und geschriebene Wort hatte und überdies noch so gut aussah, daß er ständig von einer Reihe gutaussehender Frauen verfolgt wurde. John Lemmon selbst sah das anders. »An dem Tag, an dem ich einen Laib Brot nicht mehr romantisch finde«, erzählte er seinem Sohn Jack später, »höre ich auf.«

In den frühen Zwanzigern begegnete er Millie LaRue Noel, der inzwischen auf die 30 zugehenden Tochter einer reichen Familie aus Baltimore. John Lemmon, der ein Faible für schnelle Autos und schicke Anzüge hatte und niemals ohne Bowler oder Homburg aus dem Haus ging, erwies sich als ungeheuer attraktiver und charmanter Partner. Bald heirateten sie und zogen in ein großes Haus in Newton, einem Vorort von Boston in der Nähe des Hauptsitzes der Doughnut Corporation of America. John zog im Rahmen seines Berufes weiter durch die Welt, und Millie widmete sich der modischen, sie voll und ganz in Anspruch nehmenden Aufgabe, Bridge-Partys und Cocktailabende für die anderen Damen Bostons zu veranstalten.

Sie waren noch nicht lange verheiratet, als Millie entdeckte, daß ein Baby unterwegs war. Unglücklicherweise kam das Kind ein wenig verfrüht an. Am 8. Februar 1925 mußte Millie, die im Boston Ladies' Club gerade in ein Bridgespiel vertieft war und nicht wahrhaben wollte, was gerade passierte, mit dem Notarztwagen in das Newton Wellesley-Krankenhaus eingeliefert werden. Man war gerade auf dem Weg in die Entbindungsstation, als das Baby im Krankenhausaufzug auf die Welt kam. Jacks Niederkunft jagte Millie einen solchen Schrecken ein, daß sie sich schwor, keine weiteren Kinder mehr zu bekommen. Ein Schwur, den sie auch halten sollte, obwohl ihr Ehemann, ganz Ire, stets von einer großen Familie träumte.

Der Junge erhielt den Namen seines Vaters, John Uhler Lemmon III, hörte aber zeit seines Lebens auf den Namen Jack. Von Anfang an mußte sich Jack daran gewöhnen, daß die Leute über

Lemmon in Action

seinen Nachnamen Witze rissen. Die erste war die Krankenschwester, die das etwas gelbsüchtige Baby in der Krippe liegen sah und prompt bemerkte: »O je, was für 'ne kleine gelbe Zitro-

Mit Judy Holliday in seinem ersten Film – ›It Should Happen To You‹ machte Lemmon über Nacht zum Weltstar

ne.« Während seiner ganzen Schulzeit quälte man Jack mit Spötteleien wie: »Hey, Jack U. Lemmon!«*
Jack durfte das Krankenhaus nach der üblichen Zeit verlassen, mußte jedoch im Laufe seiner Kindheit wegen eines unterentwickelten Hodens und einer Reihe anderer Operationen noch mehrmals dorthin zurückkehren. Er litt an Knochenbrüchen, Brustkrankheiten, einer permanent verstopften Nase und auch an all den üblichen Kinderkrankheiten. Drei Operationen erlösten ihn weder von den Masern noch von den geschwollenen Lymphdrüsen, dem rheumatischen Fieber und dem Scharlach,

* Hey, Jack, you lemon. Etwa: Hey, Jack, du Niete! (A. d. Ü.)

den die Mumps bei ihm regelmäßig nach sich zog. Später erwähnte er, daß man ihm die Polypen fünfmal und die Mandeln zweimal entfernt hatte. Noch heute macht ihn die Erinnerung an die endlosen Krankenhaus- und Klinikaufenthalte in einer Zeit schaudern, als man kurzerhand operierte, anstatt wie heute milde Antibiotika zu verschreiben. So verschwieg er zu Hause meistens seine Schmerzen in der Hoffnung, daß man ihn nicht schon wieder in ein Krankenhaus einliefern würde.
Beide Eltern sorgten sich sehr um den kleinen Jackie und glaubten nicht daran, daß er einmal ein gesundes, sorgenfreies Leben führen würde. Er war ein hübsches Kind, doch seine vielen Krankheiten hatten dazu geführt, daß er sich körperlich nicht so schnell entwickelte wie andere Kinder. Sein Vater schenkte ihm ein Pony namens Pepper in der Hoffnung, daß ihm etwas frische Luft gut tun würde. Jack fiel prompt vom Pferd.

Eine frühe Publicityaufnahme von Columbias neuem Star

Das Sprechen lernte er erst relativ spät, was allerdings auch daran liegen konnte, daß man ihn so umhätschelte, daß er gar keine Worte nötig hatte – gewöhnlich las man ihm jeden Wunsch von seinen Augen ab. Eines frostigen Wintertages schließlich klopfte eine kleine, in dicke Mäntel verpackte Gestalt an die eigene Haustür und verkündete: »Ich tu frieren.« Er war aus seinem Kinderwagen gekrabbelt und hatte die Sache in die eigene Hand genommen. Von da an kamen Jacks bislang kaum benützte Stimmbänder zum vollen Einsatz. Er fing damit an, die Freunde seiner Mutter nachzuahmen – wovon es eine ganze Menge gab, galt sie doch als eine Art gesellschaftlicher Schmetterling mit einem allseits beliebten Sinn für absurden Humor –, und es dauerte gar nicht lange, bis er die, wie viele behaupteten, beste W. C. Fields-Verkörperung darstellte, die Newton je erlebt hatte. Noch als Erwachsener begrüßte er viele Freunde mit einem echt Fields'schen »Wie geht's, mein Junge?«
Im selben Alter stand der junge Lemmon auch das erste Mal auf der Bühne. Der eigentliche Star von *Gold in Them Thar Hills* war indes sein Vater, der für diese Wohltätigkeitsveranstaltung seine Krapfen für eine Weile Krapfen sein ließ. Jacks Beitrag bestand lediglich in einem kleinen Satz, in dem er eine Flut voraussagte. »Der Damm ist gebrochen«, lauteten die ersten vier Worte, die er in der Öffentlichkeit von sich gab.
Mit fünf schickte man Jack in die Rivers County Day School, wo er zwar keine besonderen akademischen Fähigkeiten unter Beweis stellte, bei den Lehrern jedoch so beliebt war, wie es sauber angezogene Jungs mit ordentlichem Kurzhaarschnitt nun mal gelegentlich sind. Dort gab man ihm auch die Chance, in einer Schulaufführung mitzuspielen, wobei er zu seiner eigenen Freude bemerkte, daß er das Talent hatte, die Leute zum Lachen zu bringen. Es machte ihm nichts aus, daß das Publikum zunächst vor allem darüber lachte, daß er nach jedem Satz hinter die Bühne ging, um sich vom Souffleur seinen nächsten Dialog vorsagen zu lassen. Der Fairneß halber sei jedoch erwähnt, daß er an diesem Tag nur für den Star der Show einsprang, der gerade unter einem enormen Husten litt.
Aber sein Auftritt hatte ihn auf den Geschmack gebracht, und bald unterhielt er zu Hause die Gäste mit einer Demonstration verschiedener Schnarchlaute. Anlaß dafür war ein Kinobesuch mit seiner Mutter, wo er einen Kurzfilm gesehen hatte, in des-

›Eine glückliche Scheidung‹ – Kim Novak und Jack Lemmon als Ehepaar, das mit Hilfe des Scheidungsrichters herausfinden will, was bei ihnen nicht stimmt

sen Mittelpunkt ein Medley verschiedener Schnarchlaute gestanden hatte. Als der Film vorbei war, ließ Jack selbst einen Schnarcher los; so laut, daß ihn das ganze Kino hörte und lauter applaudierte, als er es bei seinen früheren Auftritten je erlebt hatte. Mit sieben hatte er dann nicht weniger als 25 Exemplare seiner Kunst parat. Sein eigener Favorit dabei war der Frachtzug-Schnarcher. Am wenigsten mochte er den seines Vaters – denjenigen, den seine Mutter als Entschuldigung für die getrennten Schlafzimmer benützte. Selbst als kleiner Junge maß er dem eine besondere, düstere Bedeutung zu.
John Lemmon war über Wochen und Monate hinweg unterwegs. Damals gab es noch kein Flugzeug, und eine Reise nach Europa nahm mehr Zeit in Anspruch, als ein moderner Geschäftsmann für einen Zehnjahresvertrag, geschweige denn

dem bloßen Saisongeschäft, opfern würde. So war Millie häufig auf sich allein gestellt und entfremdete sich dabei langsam von John. Waren sie doch einmal zusammen, stritten sie sich in der Regel. Trotz seiner jungen Jahre fragte sich Jack daher bald schon, ob er vielleicht der Grund für die ständigen Auseinandersetzungen seiner Eltern war. Schließlich beschloß er, daß es wohl das Beste sei, still und artig zu sein, als könnte die Liebe, die er auf diese Weise seinen Eltern schenkte, sie irgendwie zusammenbringen. Er ging mit seinem Vater in die Kirche, während Millie zu Hause blieb oder ins Ritz-Charlton-Hotel in Boston ging. Einmal hatte sie sogar bereits gedroht, dort für immer einzuziehen, obwohl sie nie weiter kam als bis zur Bar. Ihre Zuneigung zu dem Hotel war so groß, daß sie die Hotelleitung zweimal zu überreden versuchte, ihre Asche auf die verspiegelten Leisten zwischen Bourbon und Scotch zu streuen, denen sie so oft gegenübersaß. Schließlich bot sie dem Hotel sogar Geld für dieses Privileg. Das Hotel jedoch lehnte strikt ab und sandte ihre Schecks mit Dank zurück. Was die Kirche betraf, behauptete Millie stets, daß sie Baptistin sei und als solche nicht so regelmäßig in die Kirche gehen müsse wie ein Katholik. Wäre sie in der Tat eine Baptistin gewesen, hätte sie vermutlich erkannt, daß sie damit im Grunde einer Abstinenzlerbewegung angehörte. So war es vor allem eine bequeme und scheinbar annehmbare Alternative zum sonntäglichen Kirchgang, und Jack akzeptierte das.

Jack hätte nie in der Öffentlichkeit zugegeben, daß ihm die Probleme seiner Eltern Sorgen bereiteten, und so gelang es ihm gewöhnlich zu lachen, wo andere in Tränen ausgebrochen wären. »Das war einfach seine Fassade«, sagte ein Freund, der mit Jack zusammen dessen nächste Schule, die Phillips Academy in Andover/Massachusetts, besucht hatte. Diejenigen, die ihn aus dieser Zeit kennen, behaupten heute, daß sie die Verzweiflung hinter seinen Späßen bemerkt hätten, daß er wie ein Clown das Lachen nur aufgemalt habe. »Mit 14 war Jack schon 100 Jahre alt«, pflichtet sein alter Schulfreund bei.

Ausschließlich ihm zuliebe blieben seine Eltern beisammen, obwohl sie, wie er heute sagt, sich hätten trennen sollen, als er zehn Jahre alt war. Statt dessen verlängerten sie die Qual, bis Jack auf die 20 zuging und gerade sein letztes Jahr in Andover absolvierte. Als der Bruch dann endlich kam, packte John Lemmon einfach seine Koffer und zog in eine Hotelsuite. Der wahre Grund dafür entzieht sich Jack heute ebenso, wie die Ereignisse damals auch enge Freunde seiner Eltern verblüfften. Das gutaussehende Paar liebte einander immer noch und entschloß sich nie dazu, die Trennung auch gerichtlich zu besiegeln. Scheidung war für beide ein zu radikaler Schritt.

Jacks großer Trost in diesen Jahren war die Musik und vor allem das Klavier. Mit elf hatte er seine ersten Stunden genommen, obwohl seinem Lehrer damals keine sonderliche Begabung auffiel. Was ihn selbst betraf, hätte Jack zu dieser Zeit im Grunde lieber Baseball gespielt, und auch die Nachbarn ermutigten ihn nicht gerade. »Der Junge nebenan«, erzählte er später, »war zwei Jahre älter als ich und machte keinen Hehl daraus, daß er mich wegen der Klavierstunden für einen dicken, fetten Schwächling hielt.« Ein Jahr später nahm man ihn in einen Film mit, in dem der berühmte polnische Klavierspieler Paderewski Beethovens *Mondscheinsonate* zum besten gab. Anstatt in einem Konzertsaal entdeckte Jack so im Kino eine Welt, die sich ihm bislang verschlossen hatte und von der seine häuslichen Lektionen auch nicht die geringste Spur erahnen ließen. »Er spielte auf diesem Ding, und es brach mir das Herz. Ich weinte wie ein kleines Kind. Unmittelbar danach fing ich an, nach meinem Gehör zu spielen ... Seit damals ist das Klavier eine der größten Freuden in meinem Leben. Nein, mehr noch: eine Notwendigkeit. Wenn ich nicht von Zeit zu Zeit Klavier spielen kann, werde ich krätzig.«

Als junger Mann steckte Jack noch voller Ehrgeiz. Hingerissen von der Musik George Gershwins, war er fest entschlossen, die Nachfolge des Komponisten von »The Man I Love«, »S' Wonderful« und »I Got Rhythm« anzutreten. Und an Rhythmus mangelte es ihm wirklich nicht, obwohl er bis auf den heutigen Tag nie gelernt hat, Noten zu schreiben oder zu lesen.

Sein anderer Ehrgeiz galt dem Schauspielberuf. Er würde der beste Schauspieler Amerikas werden. Und wenn es auch nur die geringste Möglichkeit gab, beide Träume miteinander zu verbinden, bei seinen Auftritten als Schauspieler nebenbei Klavier zu spielen, würde er keine Minute zögern. Seine Eltern waren nur zu gern bereit, diese ehrgeizigen Pläne zu unterstützen. Sie wußten, daß ihr Junge es mit Hilfe des sprichwörtlichen Lemmon-Glücks durchaus zu etwas bringen konnte.

In der Schule tat er sich zwar nicht besonders hervor, übernahm gelegentlich aber doch die Führung – besonders beim Sprinten. Der Junge, der in den Krankenhäusern ein- und ausgegangen war – und zu der Zeit, als er diese Angewohnheit schließlich ablegte, hatte er insgesamt zehn Operationen auf seinem Konto –, entpuppte sich nun als Andovers schnellster Blitz seit dem letzten Donnerwetter. Seine Zeit für eine Meile lag hart an der Vierminuten-Marke und das zu einer Zeit, als selbst der einen ganzen Kontinent entfernte Roger Bannister kaum daran glaubte, je diese Schallmauer durchbrechen zu können. Er war die Sensation des Leichtathletik-Teams und brach eine Reihe von Rekorden für Jungen seiner Altersklasse.

Allerdings gab es da auch noch etwas anderes, nach dem er sich sehnte und das sich ihm immer wieder entzog: der Verlust seiner Unschuld. Das andere Geschlecht erfüllte Jack mit Ehrfurcht. Als die Gelegenheit für einen Kuß dann schließlich kam, verfehlte er den Mund des Mädchens um fünf Zentimeter, legte aber zufällig seine Hand auf die Brust der jungen Dame, wie er später dem Autor Don Widener erzählte. Leider wurde ihm nicht klar, was er da getan hatte, und so verpaßte er die Gelegenheit, wenigstens ein bißchen über Sex zu erfahren.

Auf der Bühne erzielte er da schon größere Erfolge. Der Schule war bereits aufgefallen, daß er sein Gesicht in jene Falten legen konnte, die das Publikum zur gleichen Zeit lachen und mit ihm leiden ließen und daneben auch bei den Mädchen großen Anklang fanden. Als er dann noch auf dem Schulklavier ein Stück von Gershwin zum besten gab, hatten seine Klassenkameraden keine Zweifel mehr, daß ihn in absehbarer Zeit ein Abgesandter aus der Tin Pan Alley anflehen würde, einen Song für die Hitparadenspitze oder die Musik für den nächsten Broadway-Hit zu verfassen. Er schrieb einen Song für eine Schulaufführung, oder, besser gesagt, ließ einen anderen den Song schreiben – ganz im Stile Irving Berlins, eines anderen Liedermachers, der ebenfalls keine Noten schreiben oder lesen konnte. Der Song war fürchterlich, doch Andover gefiel er. Ganz oben war er zwar noch nicht, aber immerhin schon auf dem Weg dorthin. Glaubte zumindest Jack.

Inzwischen hatte sein Vater allerdings beschlossen, daß Jacks weiterer Weg nach Harvard führen würde – jenes College, das er selbst gerne besucht hätte, wenn seine Familie damals die Ge-

Der zornige und auch ein wenig heimtückische junge Mann in ›Eine glückliche Scheidung‹

bühren hätte aufbringen können. Zuvor gab es allerdings noch die Schulferien und damit die Gelegenheit für den besten Ferienjob, den er sich wünschen konnte. Die Marblehead Players ließen durchblicken, daß sie ihn als Lehrling für ihr neues Stück *Burlesque* aufnehmen wollten. Die Hauptrolle würde Bert Lahr spielen, einer der besten Komiker Amerikas, der vor allem durch seine Rolle als feiger Löwe in *The Wizard of Oz* (Das zauberhafte Land) bekannt geworden war.

Auf die Verantwortlichen der Marblehead Players hatte Jack offenbar dieselbe Wirkung wie auf die meisten anderen Leute, mit denen er noch in Verbindung treten sollte: Sie waren von ihm hingerissen; nicht zuletzt Bert Lahr persönlich, der nicht ganz zu Unrecht glaubte, in diesem jungen Spund, der einen betrunkenen Pianisten spielte, sein eigenes Wunderkind entdeckt zu haben. Jack war perfekt – bis Lahr entdeckte, daß er keine Noten lesen konnte. Aber was machte das schon aus, solange er sie einwandfrei spielen konnte? Ziemlich viel, entschied Lahr. Wenn er nun einfach vergessen würde, was er spielen sollte? Na ja, hätte man ihm darauf antworten können. Mitunter vergaßen betrunkene Klavierspieler ihre Noten ja tatsächlich. Aber das war zu wenig für Lahr, der zu dieser Zeit gerade seine größten Triumphe auf der Bühne feierte. Jack mußte sich mit Harvard und einer Marineuniform begnügen.
1943 schien Jack der ideale Mann für Harvard. Er roch geradezu nach solidem grauem Flanell. Und wenn er nicht so ganz ins Football-Team paßte und beim Baseball keinen sonderlichen Enthusiasmus zeigte, war es doch ein großes Vergnügen, ihm beim Klavierspielen zuzuhören, besonders wenn er seine eigenen Stücke spielte. So betrachteten ihn seine Zuhörer schon bald als eine Reinkarnation Gershwins. Überdies brachte er sie sehr oft zum Lachen – mit seiner eigenen Lache, die verdächtig nach zerquetschter Walnuß klang.
Seine akademischen Fortschritte waren dagegen eher mäßig: Von Anfang an bewegte er sich regelmäßig im unteren Drittel seiner Klasse. Was ihm jedoch wirklich Sorgen machte, war das Scheitern aller seiner Versuche, beim anderen Geschlecht irgendwelche Fortschritte zu erzielen. Heute würde man wohl sagen, er habe kein Glück im Bett gehabt. Aber so weit kam John Uhler Lemmon III erst gar nicht. Zu mehr als einem kleinen Grapscher in dunklen Gassen brachte er es nie – bis zu jenem Tag (oder besser: jener Nacht), als seine Unschuld ein für allemal Vergangenheit wurde. Besonderen Genuß bescherte ihm das Erlebnis allerdings nicht, obwohl ihn seine Partnerin nach eigenem Bekunden für den größten Liebhaber seit Valentino hielt. Das feierliche Ereignis fand im Kabrio eines anderen statt, das Jack zu diesem Zweck in einen regelrechten Verführungsschlitten ummodelte. Am Ende war er freilich selbst der Verführte; allerdings erst, nachdem es ihm gelungen war, mit sei-

nem Fuß das Verdeck des geborgten Wagens zu durchbohren. Vor allem ging es ihm um Lacher. »Als wir in die Stadt gingen, hieß es meistens: ›Gucken wir uns doch mal die Mädchen an!‹«, erinnert sich ein früherer Klassengefährte. »Jack antwortete dann immer: ›Ach nöö, laßt uns doch die Komiker angucken.‹« Und er machte stets den Eindruck, daß Lacher bei ihm absoluten Vorrang hatten. Schließlich wählte man ihn zum Vize-Clown des Jahres 1943 – das erste von zahlreichen Ehrenämtern. Was aus dem Gewinner dieses Wettbewerbs wurde, ist übrigens nirgendwo vermerkt.
Aufgrund des Zweiten Weltkriegs steckte Jack jedoch die meiste Zeit in einer Marineuniform. Lemmon junior trat willig in

Lauschiges Eheidyll mit Judy Holliday in ›Eine glückliche Scheidung‹

die Fußstapfen seines Vaters und schloß sich als Teil des sogenannten V 12-Programms dem Kadettenkorps der Marine an. Besonderes Vergnügen bereitete ihm das Ganze allerdings nicht; am wenigsten die frühmorgendlichen Leibesübungen und das Lauftraining, das man ihm dort abverlangte. Als eine Zeitlang ein kleiner Sprint am Ufer des Charles River auf dem Tagesbefehl stand, flüchtete sich Jack gewöhnlich in das nahegelegene Unterholz, rauchte dort eine Zigarette und wartete, bis der Rest der Mannschaft wieder in sein Blickfeld kam. In aller Regel absolvierte das Korps dabei mehrere Runden, so daß sich ihnen ein munterer, ganz und gar nicht erschöpfter Jack am Ende wieder anschließen konnte. Eines Tages jedoch hatte ihr Trainer ebensowenig Lust wie seine Untergebenen und brach das Training nach einer Runde ab. So saß Jack denn immer noch in seinem Busch, als seine Gruppe längst auf dem Rückweg in die Kaserne war. Nach 45 Minuten wurde er schließlich als vermißt gemeldet: kein besonders vielversprechender Start für eine Karriere bei der Navy. Zum Glück hatte er sich nicht allzusehr auf eine Karriere versteift.

Dankbar nützte er in der Folge auch die kleinste Gelegenheit, den Anstrengungen der Grundausbildung zu entkommen. Eine Möglichkeit, den allmorgendlichen Leibesübungen zu entrinnen, bestand darin, den Zapfenstreich im College-Radio zu spielen. Es war das erste größere Publikum für einen Mann, der wußte, daß seine eigene »Rhapsody in Blue« an jeder Ecke auf ihn lauern konnte. Seine zweite Liebe galt dem Theater des Colleges. Er schloß sich dem angesehensten Universitätsverband in ganz Amerika,dem Hasty Pudding Club, an und ließ sich 1945 als dessen Präsidentschaftskandidat aufstellen. Mit zwei Stimmen Mehrheit zogen die Studenten dann einen »Pudding« à la Lemmon dem seines Konkurrenten Appel vor. Im selben Jahr verfaßte er die alljährliche Show des Clubs, *The Proof of the Pudding.* Die meisten Zuschauer verließen die Aufführung mit dem zwiespältigen Gefühl, daß er die Ehre einer der heiligsten Institutionen Harvards immerhin nicht allzusehr geschändet hatte. Sein Song für die Show trug übrigens den Titel »The Bottom's Fallen Out of Everything But You«. Wesentlich seriöser gab er sich kurz darauf als alter Mann in einer Aufführung von J. M. Synges *The Playboy of the Western World.* Kein Zuschauer hat sich bislang zu der Bemerkung hinreißen lassen, daß Lemmons Leistung in diesem Stück seine späteren Charakterrollen in Filmen wie *Days of Wine and Roses* (Die Tage des Weines und der Rosen) und *Save the Tiger* (Save the Tiger) vorweggenommen hätte. Dennoch war das Ganze durchaus eindrucksvoll – vor allem für die beiden Damen im Publikum, denen Jack bei seinem ersten Monolog zufällig seine beiden schwarzen Wachszähne ins Gesicht spuckte.

An Jack Lemmon gab es wenig auszusetzen und eine ganze Menge zu bewundern. Er litt unter den üblichen jugendlichen Unsicherheiten und einer ständigen Angst um seine Eltern, zeigte diese Ängste aber nicht, wie die meisten Leute, mit denen er damals in Kontakt kam, heute bestätigen. Im Dramatic- und dem Delphic-Club galt er als Harvards blauäugiger Musterknabe, der niemals mit seinen Talenten angab. Das hatte er nicht nötig. Immerhin war er der Vizepräsident beider Organisationen und gleichzeitig auch noch Präsident des Hasty Pudding Clubs: der Stoff, aus dem die College-Träume sind.

In einer nahegelegenen Bar verdiente er sich auch ein kleines Zubrot – für einen Studenten stets das oberste Gebot, obwohl sein Vater dafür sorgte, daß er sich mehr als nur gut über Wasser halten konnte. Jack behauptet, daß er damals vor allem auf Wunsch gespielt habe. Die eine Hälfte der Gäste habe sich irgendwelche Songs gewünscht, die andere, daß er endlich aufhören solle.

Seine Hingabe an das Klavierspiel beeindruckte seinen Vater, womit Jack bereits hätte zufrieden sein können. »Für meinen Vater empfand ich eine Mischung aus Liebe, Respekt und Ehrfurcht«, sagte er später. »Und natürlich wollte ich ihn beeindrucken.« Es war vielleicht dasselbe Bedürfnis, daß auch ein Junge fühlt, wenn er einem Mädchen zum ersten Mal wirklich nahesteht. Er weiß, daß er ihr nahe sein will, ist sich aber nicht ganz sicher, ob sie auch so empfindet. So wirkte auch Jack in Anwesenheit seines Vaters nie völlig gelöst. »Es lag nicht daran, daß er mir etwas abverlangte. Es lag einfach an mir: Ich wollte ihm nacheifern, das war alles.« Viele betrachteten John Lemmon als eine Verkörperung des amerikanischen Traums, eine Art Huckleberry Finn, den man plötzlich zum Präsidenten von General Motors ernannt hatte. Obwohl Jack seinen Professoren und Lehrern an der Harvard-Universität recht ähnliche Gefühle entgegenbrachte, fühlte er sich doch eher verpflichtet, den –

mitunter falsch eingeschätzten – Erwartungen seines Vaters und seinen Vorstellungen von Perfektion gerecht zu werden.
Jacks schulische Leistungen gingen zu einem nicht geringen Teil auf einen Faktor zurück, der auch sein Bühnendebüt so vielversprechend erscheinen hatte lassen – ein photographisches Erinnerungsvermögen. So gelang es ihm meistens, genügend im Gedächtnis zu behalten, um die Prüfungen gerade eben zu bestehen, auch wenn er einen Großteil seiner Zeit mit etwas zubrachte, was man in Harvard vornehm »Probezeit« nannte. Eine der Voraussetzungen dieser Probezeit war, daß er sich dabei ausschließlich auf sein Studium beschränkte. Bei seinen Ausflügen auf die Theaterbühne beschloß er daher bald, unter einem Pseudonym aufzutreten. Welchen *nom de théâtre* würde sich ein Jack Lemmon nun aussuchen? Timothy Orange schien da recht gut zu passen.
Harvards Lehrkörper zeigte sich jedenfalls weniger angetan vom akademischen Potential des jungen Lemmon. »Lemmon, aus dir wird niemals etwas«, meinte sein Dekan. Das Urteil seines Lateinprofessors war kaum weniger vernichtend. »Hirn hast du ja, Lemmon«, sagte er. »Aber ein ziemlich konfuses. Sammel' die Einzelteile mal zusammen!«
Vermutlich hätte sich Jack eher den Kopf über solche Urteile zerbrochen, wenn er sich in seinem jugendlichen Überschwang nicht absolut sicher gewesen wäre, daß aus ihm entweder ein Spitzenschauspieler oder ein genialer Komponist werden würde. Inzwischen hatte er sich auf eine Zukunft als Schauspieler eingestellt, mit etwas Musik nebenbei vielleicht – ganz einfach aus dem Grunde, weil er bislang mehr Glück mit diesem Beruf gehabt hatte. Daß er in einer Mansarde weitab vom Broadway einmal am Hungertuch nagen würde, dafür gab es bis jetzt auch nicht die geringsten Andeutungen. Erst Jahre später erkannte er die Torheit hinter seinem Optimismus: »Manchmal wache ich noch immer schweißgebadet auf und denke mir, du lieber Gott, was hättest du eigentlich gemacht, wenn du kein Schauspieler geworden wärst? Ich habe nicht die leiseste Ahnung.«
1945 entschied die Navy allerdings, daß sein vorläufiges Schicksal darin bestand, eine Weile lang für sie zu arbeiten. Beinahe widerwillig ernannte man ihn zum Leutnant; einem Leutnant überdies, dessen Karriere fast exakt mit der eines gewissen Pulver übereinstimmte, der in dem Film *Mister Roberts* (Keine Zeit

für Heldentum) die traditionellen Werte der Navy samt und sonders auf den Kopf stellen sollte.
Heute fällt an Jack Lemmon stets seine ausgeprägte Bescheidenheit ins Auge, mit der er alle seine Erfolge auf fürchterliche Zufälle und wundersame Fügungen des Schicksals zurückführt. Freilich wird ihm diese Betrachtungsweise kaum gerecht, obwohl die Wahrheit des öfteren tatsächlich nach den Seiten eines Jack Lemmon-Drehbuchs klingt. Als er bei der Navy seine Aufnahmeprüfung in Physik ablegte, beantwortete er die ersten beiden Fragen völlig korrekt – und konnte dann überhaupt keine mehr beantworten. Das Trauma hatte eine ausgeprägte Nebenwirkung: Ihm wurde schlecht. Seine Prüfer warfen einen Blick auf die ersten beiden, perfekt beantworteten Fragen und entschieden dann, daß er alle anderen vermutlich ebenso perfekt beantwortet hätte, wenn ihm nicht plötzlich so schlecht geworden wäre. In den anderen Fächern hatte er weniger Glück. Man sagte ihm ganz klipp und klar, daß sein Notendurchschnitt so schlecht sei, daß sich kaum einer erinnern könne, jemals einen noch schlechteren Anwärter zum Offizier gemacht zu haben. Aber Amerika war nun mal im Krieg, und das entschuldigte vieles. Überdies befanden sich Deutschland und Japan fast überall auf dem Rückzug, so daß auch ein Jack Lemmon da keinen Schaden mehr anrichten konnte.
In der Navy war er völlig deplaziert. »Ich war so auf mich selbst fixiert«, sagte er später, »daß ich gar nicht merkte, was um mich herum vorging. Gemeinschaftsgeist hatte ich überhaupt keinen. Ich glaube, mir war nicht einmal bewußt, daß wir uns im Krieg befanden, ehrlich. Dabei war ich doch in der Navy.« Auch der besondere Sinn für Traditionen oder die salzige Gischt ging ihm deutlich ab. Aber er kam nun mal aus Harvard, und die führenden Offiziere der USS *Lake Champlain* erwarteten nun mal einen Fernmeldeoffizier aus diesem College.
Nun wußte Jack zwar, daß er mit seinem Klavier irgend etwas mitteilte. Inzwischen war es ihm auch gelungen, einer Reihe hübscher Mädchen seine natürlichen Bedürfnisse mitzuteilen. Auf der Bühne wiederum fing er langsam an, sich seinen Partnern auf eine Art und Weise mitzuteilen, die recht bald legendär werden sollte. Aber Mitteilungen von Schiff zu Schiff? »Ich konnte eine Flagge nicht von einem Blinker unterscheiden«, gestand er.

Das riesige Schiff lag vor Norfolk/Virginia vor Anker und wurde, soweit er das beurteilen konnte, gerade völlig abgerüstet. Man zerlegte die Kanonen, brachte Unmengen sonstigen Geräts an Land. Für Leutnant Lemmon konnte das nur heißen, daß es auch die Funkkabine auszuräumen galt – angefangen von den Fernschreibern bis zu den Signalflaggen. Keiner hatte ihm gesagt, daß man den Flugzeugträger nach Newport News beordert hatte, einem anderen Hafen in Virginia. Als die *Lake Champlain* schließlich ablegte, gab es an Bord kein einziges Instrument mehr, mit dem man die anderen Schiffe informieren konnte.

Und wo war eigentlich die lebenswichtige Flagge, die jedes Schiff beim Verlassen des Hafens aufziehen mußte? So begann eine Reihe typisch Lemmonscher Zufälle, das erste seiner neun Seeleben. *Eine* Flagge hatte er *nicht* an Land gebracht. Nur eine. Und die einzige Flagge, die Leutnant Lemmon nicht entdeckt hatte, war zum Glück die, die man gerade brauchte. Etwas später stieß das Schiff beinahe mit einem Tanker zusammen. Jack meinte zum Kapitän, daß es so aussehe, als ob das kleinere Schiff eine Schraube locker hätte. Er hatte recht – mit einer der Schiffsschrauben stimmte irgend etwas nicht. Auf Jacks Diagnose hin gelang es dem Kapitän schließlich, sein Schiff außer Gefahr zu bringen. Hernach lobte er seinen jüngsten Offizier in höchsten Tönen.

Danach erhielt er einen Posten, der seinen Fähigkeiten besser entsprach – das Kommando über eine Wagenbatterie der Navy. Er war begeistert. Nur sieben Monate, nachdem er als frischgebackener Leutnant das erste Mal die Flagge gegrüßt hatte, warfen die USA dann ihre Atombomben auf Hiroshima und Nagasaki. Der Krieg endete etwa zur selben Zeit wie die Karriere von Leutnant John Uhler Lemmon III, den die Navy vor allem eines gelehrt hatte: Als Matrose war er ein verdammt guter Schauspieler. Nun richtete sich sein Ehrgeiz darauf, irgend jemanden irgendwo zu beweisen, daß er auch als Schauspieler ein verdammt guter Schauspieler war.

Sein nächster Schritt führte ihn zurück nach Harvard, wo er endlich seinen Abschluß machte. Große Hoffnungen auf eine Auszeichnung machte er sich zwar nicht, der Abschluß selbst jedoch war ihm dank seines Kriegsdienstes so gut wie sicher.

Vor der letzten Collegerunde galt es allerdings, sich einen Som-

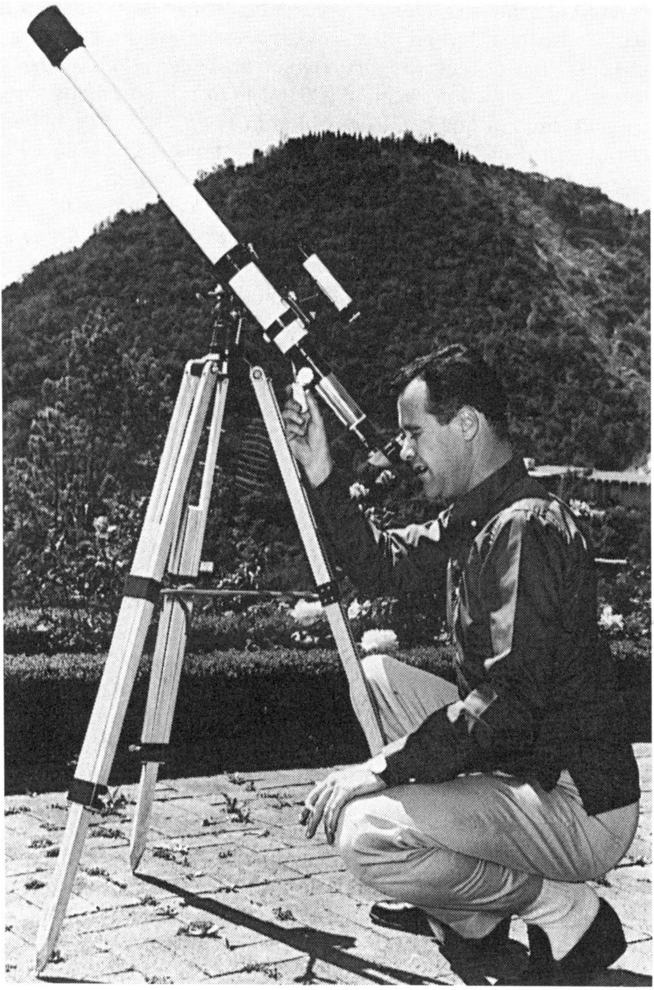

Als Jack-guck-in-die-Luft voller Starträume

mer lang zu beschäftigen. Für ihn kam da nur eins in Frage: die Arbeit in einer Repertoiregruppe. Und die besten Möglichkeiten boten offenbar die North Shore Players aus seinem Geburts-

staat Massachusetts. Die Gruppe genoß einen beneidenswerten Ruf – sowohl aufgrund ihrer Arbeit als auch wegen ihrer Mitglieder –, und so legte er entsprechend großen Wert darauf, sich ihnen anzuschließen. Schließlich bat man ihn zu einem Vorsprechtermin für die Rolle des Miller in *Young Woodley,* einem berühmten Stück über ein englisches Internat. Die Titelrolle würde Roddy McDowall spielen, dessen Mutter zugleich der Impresario der Truppe war. Wie üblich kümmerte sich die McDowall dabei um jedes einzelne Detail und lehnte die Anwärter für die Rolle des Miller einen nach dem anderen ab, weil ihr Akzent zu amerikanisch klang – und das, obwohl einige der Bewerber tatsächlich aus England stammten. Schließlich kam Jack an die Reihe. Er atmete tief durch und sprach seinen Text so englisch, wie er konnte: ein schwierigerer Test für die Fähigkeiten eines amerikanischen Schauspielers, als man gemeinhin vermutet. Nach der Hälfte unterbrach ihn die rauhe Stimme der McDowall aus den Rängen. »Gott sei Dank, endlich eine englische Stimme«, rief sie. Die Rolle gehörte ihm. In der Folge arbeitete er weiter an seinem Akzent und übernahm den Part eines Cockney in einem anderen Stück, *Adam the Creator,* das die Gruppe in den Sommermonaten für kurze Zeit aufführte. Und obwohl sein erster Auftritt mit den North Shore Players in einem kleinen Part in *Angel Street* etwas in die Hose gegangen war, weil er versäumt hatte, seinen Hut aufzuprobieren und der ihm in der Premierennacht prompt bis über beide Augen rutschte, gelang es ihm doch, die McDowall und das Publikum von seinem Wert zu überzeugen. Im allgemeinen wurde sein Spiel sogar recht positiv aufgenommen.
Im Herbst kehrte er nach Harvard zurück, wo er mit einer Arbeit über die Verwaltung von Kriegsmaterial schließlich seinen Abschluß schaffte, wenn auch nur knapp. Im Grunde interessierten ihn seine Studien allerdings genausowenig wie zuvor. Sein eigentliches Ziel hieß New York, der Broadway. Er würde die amerikanischen Bühnen im Sturm erobern und dort weitermachen, wo Gershwin aufgehört hatte. Halbe Sachen gab es für ihn nicht.

Der Entertainer

»Mein lieber Mann, als ich mit der Schauspielerei anfing, was ich da nicht alles vorhatte!«, erinnerte sich Jack später an seine Broadway-Träume. »Auf der Zugfahrt von Boston nach New York war ich zu aufgeregt zum Sitzen. Da war ich nun mit meinen beiden großen Plänen – den Broadway zu retten und der amerikanischen Musik nach dem Tode Gershwins wieder auf die Füße zu helfen. Unglücklicherweise ließ man mich keinen dieser beiden großen Pläne verwirklichen.«
Obwohl ihm klar war, daß der Weg nach oben eine gewisse Zeit in Anspruch nehmen würde, sah er doch nicht ein, daß es schwieriger war, im Theatergeschäft ganz unten einen Job zu bekommen, als eine Zeitlang zu fasten. Und wenn er das erstere nicht schaffte, war das zweite nur allzu wahrscheinlich.
Er trat die Reise mit dem Segen seines Vaters und einer kleinen finanziellen Unterstützung in Höhe von 300 Dollar an, was nicht einmal 1946 ein besonderes Vermögen darstellte. Jack wollte nicht von seinem Vater abhängig sein, und sein Vater hatte vermutlich den leisen Verdacht, daß das die vernünftigste Methode darstellte, um sicherzustellen, daß sein Sohn seine Pläne auch tatsächlich in Angriff nahm. 300 Dollar waren genug, damit sich Jack in den ersten Wochen in New York einen Platz zum Übernachten und den einen oder anderen Hamburger leisten konnte. Für ein wirklich sorgenfreies Leben waren 300 Dollar jedoch zu wenig. John Lemmon hätte seinen Sohn zwar lieber im Bäckereigeschäft willkommen geheißen, ließ ihn dann aber doch an seinen Erfahrungen teilhaben. Es sei alles eine Frage der Verkaufsgewandtheit, nicht des Produkts. »Nein«, meinte er, »du mußt dich selbst verkaufen.« Jack vergaß diese Unterhaltung nie. »Dad hätte es lieber gesehen, wenn ich in sein Geschäft eingestiegen wäre. Aber er sagte nur: ›Du willst schauspielen? Unbedingt? Dann tu's auch.‹«
Jack folgte diesem Rat – auf dieselbe Art wie tausend andere Schauspieler vor und nach ihm. Er quartierte sich in einem verwanzten Hotel ein, das nahe genug am Broadway lag, daß er die Schminke riechen und die Menge hören konnte, und suchte die verschiedenen Agenten heim. Zum ersten Mal erhielt das Lem-

monsche Selbstvertrauen dabei einen Knacks. Dem Stolz von Harvard, der alle Prüfungen nur mühsam bestanden, dafür aber jeden Beliebtheits-Wettbewerb gewonnen hatte, dem Marineoffizier, der es geschafft hatte, selbst die Admiralität zu bluffen, gelang es nicht, die Leute für sich einzunehmen oder auch nur überhaupt mit irgend jemandem in Kontakt zu kommen. Er litt auf eine Art – und das hätte eine wichtige Erfahrung sein können, wenn es nicht so abgrundtief deprimierend gewesen wäre – wie er sie seit jenen Tagen nicht mehr erlebt hatte, als man ihn für seine zehn Operationen ins Krankenhaus gesteckt hatte.
Bei jeder sich bietenden Gelegenheit suchte er sich ein Klavier, um sich die Zeit zu vertreiben. Gelegentlich traf er auf alte Freunde, die er jedoch aus demselben Grund auf Distanz hielt, aus dem er sich auch nur relativ selten bei seinen Eltern in Boston meldete – er war nicht gerade stolz darauf, daß er keine Arbeit gefunden hatte.
Es dauerte nicht lange, bis er aus dem engen Hotel in das kleine Appartement eines Freundes umzog. Seine neue Wohnung lag in der Delaney Street, dem Herzen jenes Stadtteils, dem 19 Jahre zuvor der erste Tonfilm überhaupt, Al Jolsons *The Jazz Singer,* ein Denkmal gesetzt hatte. Man überzeugte Jack, daß es durchaus sinnvoll sei, wenn er sein Scherflein zur Miete beisteuerte und daß die neue Situation auch ihre Vorteile habe, wenn es darum ging, all jenen hübschen jungen Damen näher zu treten, die er auf den wenigen Partys, zu denen man ihn einlud, mit seinen Klavierkünsten bezaubert hatte. So manches Mädchen schätzte die folkloristische Atmosphäre der Delaney Street allerdings nicht besonders – von den Gerüchen einmal abgesehen, die aus Isaac Gellis' Delikatessenladen unter ihnen, dem angeblich ältesten in ganz Amerika, des öfteren nach oben drangen. Zudem mußte Jack hart an seinen Überredungskünsten arbeiten, um die gegebenen Versprechen auch einlösen zu können. Ein Mädchen ins Bett zu kriegen war nicht so einfach – wie sein Freund im Zimmer nebenan gelegentlich bemerkte. Immerhin mußte Jack seinen Besuch dabei zunächst ins Bad bugsieren. Da schlief er nämlich.
Über einem Delikatessenladen zu wohnen hatte aber auch seine Vorteile. Ab und zu schenkte ihm der Hauswirt ein paar koschere Würste; außerdem bot die Örtlichkeit einige wunderbare, wenn auch so nicht geplante Möglichkeiten, seine Erfahrungen

Mit Marge und Gower Champion und Betty Grable in ›Liebe im Quartett‹, Lemmons erstem Musical

als Schauspieler auszubauen. Eines Morgens machte sich Jack auf den Weg von seinem Schlafzimmer zur einzigen Toilette im ganzen Gebäude. Anstatt wie üblich seine Türe vorsichtshalber abzusperren, kümmerte er sich diesmal nicht darum und ließ sie angelehnt. Nach einigen Schritten hörte er sie zuschnappen. Im ganzen Haus hatte keiner einen Schlüssel, und er war im Schlafanzug. Der Hauswirt hatte zwar einen Schlüssel, hielt sich aber gerade in seinem Laden auf, den man wiederum nur über die Straße erreichen konnte. Man schrieb Februar, und wie so oft in New York in diesem Monat war es draußen ausgesprochen kalt. Ihm blieb nichts anderes übrig, als so zu tun, als ob es die natürlichste Sache der Welt sei. Er ging auf den Bürgersteig und hielt seinen Kopf hoch in dem sicheren Gefühl, daß, wenn er niemanden sehen konnte, auch niemand ihn bemerken würde. Er marschierte in den Delikatessenladen und sprach die in ein Gespräch vertiefte Hauswirtin an, die sich mit einer Kundin gerade über den Preis von Essiggurken unterhielt: » Guten Morgen. Ich bin Lemmon aus dem Appartement 5 A. Ich hab' mich offenbar ausgesperrt. Könnte ich bitte den Schlüssel haben?« Ohne von ihren Essiggurken aufzublicken, gab ihm die Frau den Schlüssel. Jack verließ das Geschäft, ging über die Straße in den Flur des Hauses – bis heute fest davon überzeugt, daß niemand von ihm, geschweige denn von seinem Aufzug, irgendeine Notiz nahm.

Gelegentlich ließ ihn ein anderer Bekannter seine Wohnung und sein Klavier benützen. Daneben besaß dieser Bekannte auch einen recht schicken Pelzmantel, den Jack sich immer öfter auslieh. Einmal trug er ihn bei seinem täglichen Rundgang durch die Büros der Agenten und erhielt als Resultat davon auch prompt ein Angebot. Der Mann hatte zwar auch keinen Job für ihn, bot ihm aber mehrmals einen guten Preis für seinen Mantel.

Mit Gelegenheitsjobs als Klavierspieler für die trinkenden Massen verdiente er mitunter ein, zwei Dollar, und wenn er tatsächlich mal nach Hause schrieb, zeugten seine Briefe eher von reichlich Phantasie als von Wirklichkeit. Als die *Saturday Evening Post* wissen wollte, wie hart diese Zeit für ihn gewesen sei, antwortete er: »Hart ist ein ziemlich harmloses Wort dafür, mein Bester.«

Er mietete sich ein Zimmer für anderthalb Dollar die Woche – halb so viel, wie sein erstes Hotel pro Nacht verlangt hatte. Er beschrieb es als »... wirklich süßes Zimmer. Ich konnte die ganze Welt durch meinen Fensterrahmen sehen.« Zwar zierte die Zimmerwände nur ein zartes Braunrot, aber immerhin stand ein Klavier im Zimmer und das war alles, worauf es ankam. Stundenlang beugte er sich in jener eigentümlichen Haltung über die Tasten, die andere bald als einzigartig bezeichnen würden. Manche Konzertpianisten haben ja einiges von einem Blitzableiter an sich, wie sie da so auf ihrem Stuhl sitzen, die leuchtend weißen Tasten wie eine Reihe perlweißer Zähne vor sich. Lemmon dagegen gleicht nach wie vor eher einem zerknautschten Teddy, der gerade eine schwere Nacht hinter sich hat.

Seine Hartnäckigkeit sollte sich auszahlen, wenn auch nicht so sehr in finanzieller Hinsicht. Er bekam einen Job in einer Kellerbar auf der Second Avenue und entwickelte sich dort nach und nach zum Liebling anderer hoffnungsvoller Jungschauspieler, die die ersten mageren Jahre als wichtigen Teil ihrer jeweiligen Berufsausbildung betrachteten oder sich das zumindest einredeten.

Die Bar war das Old Knick und gehörte einem gewissen Paul Killiam, dem Jack das erste Mal in Harvard begegnet war. Obwohl sie nur wenig damit gemein hatte, verdankte die Bar ihren Namen doch ganz offensichtlich dem Old Vic in London, der ehemaligen Royal Victoria Hall. In Wirklichkeit war Old Knick freilich nur die Abkürzung für Old Knickerbocker Music Hall. Die Kellner dort erhielten keinen Lohn, sondern lebten von den Trinkgeldern der Kunden, die sich ihre Darbietungen auf dem Weg von und in die Küche ansahen. Unter ihnen befanden sich auch Cliff Robertson, Jack Albertson und Maureen Stapleton. Jack Lemmon war sowohl Kellner wie Zeremonienmeister. Und wenn das Trinkgeld dabei einmal nicht so hoch ausfiel, lebte er ganz einfach von Tomatensuppe.

Neue Anzüge – die Grundvoraussetzung für alle Schauspieler, die stets so aussehen mußten, als ob sie den Job gar nicht nötig hätten, für den sie sich bewarben – konnte sich Jack nicht leisten. Sein einziger Vorteil war sein ausgeprägtes Selbstbewußtsein. Immer wieder hatte man ihn wissen lassen, daß es nur einer unter tausend im Showbusineß zu etwas bringen würde. Nun, sagte er sich, dieser eine würde er sein – auch wenn die Tatsachen erst einmal dagegen sprachen.

Schließlich rechneten sich sieben Kellner aus dem Old Knick aus, daß sie ihr Mietbudget von 14 Dollar auch besser investieren konnten, und zogen in ein leerstehendes Gebäude ein, das sie in der Nähe der West 40th Street entdeckt hatten. In Zukunft würde man die 14 Dollar in Requisiten investieren. Sie kauften sich Schlafsäcke und bezogen Quartier. In der ersten Nacht verlief alles nach Plan. Auch in der zweiten Nacht ging alles glatt. Als auch die dritte und die vierte Nacht ohne Zwischenfall vorüberging, hielten sie sich bereits für wackere Einzelkämpfer, die das immense Wohnungsproblem in New York im Alleingang überwunden hatten.

Es war Punkt acht Uhr am vierten Morgen, als sie kurz nach dem Aufwachen ein riesiges Etwas auf sie zurollen sahen – den Schatten eines Krans. Mit einer großen Stahlkugel untendran.

Die Kugel krachte durch ein Fenster, überall flogen Ziegel herum, und das Dach stürzte ein. Binnen zwei Minuten hatten die wackeren Einzelkämpfer das Haus verlassen – gerade noch rechtzeitig, um das Gebäude über ihren Schuhen, ihren Socken und dem größten Teil ihrer Kleidung einstürzen zu sehen. In rasender Eile besorgte man sich für die 14 Dollar dann einen Ersatz für alles, was zwischen ihnen und einer Verhaftung wegen öffentlicher Unzucht und Landstreicherei stand.
Kurz darauf besserte sich die Lage jedoch schlagartig. Jacks Vater hatte die Zentrale seiner Krapfenfirma nach New York verlegt und sich dort ein Appartement gemietet, das einem Mann seines Schlages angemessen war. Dann zog er aus, die Wohnung seines Sohnes in Augenschein zu nehmen. Jahre später, als die Entbehrungen dieser Zeit nur noch in seiner Erinnerung existierten, meinte Jack: »Als ich die Türe aufmachte und er die Wohnung von innen sah, fiel ihm die Kinnlade runter. Im landläufigen Sinn war ich nicht gerade ein überragender Student gewesen, und ich glaube, er dachte, daß er mich auf seinem Zahnfleisch durch diese ganzen Schulen geschleift hatte. Als er sich dann alles angesehen und seinen Mund wieder zugebracht hatte, wisperte er nur heiser: ›Harvard‹.«
So zog denn Jack bei seinem Vater ein und nahm dessen gelegentliche Zuschüsse zu seinem praktisch nichtexistenten Einkommen dankbar an. Nichtsdestotrotz bewog ihn die komfortable Wohnung keineswegs dazu, seine Lebensart zu ändern. Im Old Knick fing er jedesmal mit einer neuen Show an, wenn ein neuer Gast die Bar betrat. Mitunter brachte er es so auf ganze 15 Shows pro Abend. Lief die Bar einmal nicht so gut, wandte er sich auch mal direkt ans Publikum.
»Ich wette mit euch allen«, sagte er dann meistens, »daß ich ›By the Sea‹ schneller singen kann als ihr.« Sein Angebot war stets dasselbe: eine Flasche Champagner.
»Zum Glück habe ich nie verloren«, meinte er. »In der ganzen Kneipe gab es keine einzige Flasche Champagner.« Die Gäste hielten sich strikt an Bier und harte Sachen. Vorausgesetzt, er würde nicht doch einmal das Geld für den guten alten Nobelsprudel herausrücken müssen, brauchte er sich über seine Finanzen kaum noch Sorgen zu machen. Nach zwei Jahren harten Ringens hatte er schließlich gelernt, wie er von fünf Dollar die Woche mehr oder weniger gut leben konnte.

In Hawaii bei den Dreharbeiten zu ›Keine Zeit für Heldentum‹. Jack entspannt sich mit James Cagney (an der Gitarre), William Powell, Henry Fonda und Ward Bond

Eine Zeitlang hing er wieder seinem Traum nach, ein zweiter George Gershwin zu werden. Einer seiner Freunde verschaffte ihm einen Termin bei einem Musikverleger. Jack spielte eine seiner eigenen Kompositionen und vergaß dann prompt den Text. In diesem Augenblick beschloß er, sich endgültig auf die Bühne zu beschränken.

Nichtsdestotrotz komponierte er weiter, mitunter auch auf seiner Mundharmonika, darunter Titel wie »Won't You Be My Chorus for Tonight«, »The Bar-Stool Blues«, »Belly Roll Concerto for French Horn and Ukulele« oder »Row Out the Bathtub and I'll Do a Bubble Dance for You«. Von »Lucy Isn't Goosey Any More« ganz zu schweigen.

Dann tat sich etwas, was man heute mit Fug und Recht als seinen ersten Durchbruch am Off-Broadway bezeichnen kann; wenn auch das entsprechende Theater so weit außerhalb lag, daß es beinahe nicht mehr auf der Stadtkarte verzeichnet war. Die Ethnological Dance Hall, eine Bühne, die sich im Grunde kaum nach Theater oder Varieté anhörte, führte eine Adaptation von Tolstois *Die Macht der Finsternis* auf und bot Jack eine Rolle an.

Drinnen sei es dann so heiß gewesen, erinnert er sich, »daß die meisten Zuschauer gleich in Ohnmacht fielen«. Und als ob die Hitzewelle, die New York zu der Zeit erlebte, noch nicht genug wäre, klopften draußen auch noch Tag und Nacht die Preßlufthämmer. Ein Fenster aufzumachen, war unmöglich. So stand Jack denn auf einer knapp 50 Grad heißen Bühne, während im Zuschauerraum die Leute reihenweise umkippten. Manchmal fiel es ihm schwer, ihrem Vorbild nicht zu folgen. Zu seinem Leidwesen gab es auf der Bühne allerdings keinen freien Sitz oder einen Nachbarn, in dessen Schoß man fallen konnte. Es war jedoch nicht nur das Groteske dieser Situation, das ihn aufrecht hielt. Der zweite Grund, weshalb er sich nicht zum Narren machen wollte, war der, daß er sich gerade in der Bewunderung einer Kollegin, der blonden Cynthia Stone aus Peoria/Illinois, sonnte. »Jack«, meinte Cynthia, »glaubte fest daran, daß aus ihm einmal einer der größten Charakterdarsteller aller Zeiten werden würde.« In diesem Punkt stimmte sie völlig mit ihm überein. Jack wiederum, der sich bislang damit begnügt hatte, seine Bekanntschaften in das zu locken, was zum jeweiligen Zeitpunkt gerade als Bett herhalten mußte, verliebte sich hoffnungslos in Cynthia. Als Jack mit einer anderen Repertoiregruppe, dem Hayloft Theatre aus Allentown/Pennsylvania, auf eine kurze Sommertournee zog, trennten sie sich zwar für kurze Zeit; nach seiner Rückkehr kamen beide jedoch überein, möglichst bald zu heiraten.

Kurz darauf machten sich beide auf die Suche nach einem festen Lebensunterhalt. In der steten Hoffnung, daß sich die großen Rollen eines Tages schon noch finden würden, gelang es Cynthia, ihnen beiden einen Job zu besorgen. Sie sollten als eine Art Gastronomiekritiker arbeiten und das Essen und den Service in der Childs-Restaurantkette überprüfen. Nicht nur, daß sie nun umsonst essen konnten; man würde ihnen sogar noch etwas dafür bezahlen. Jack sollte ein Menü bestellen und hinterher einen

Bericht darüber schreiben. Nun war die Vorstellung, daß Jack irgend jemandem – schon gar nicht einem Kellner, der dafür vielleicht büßen müßte – schlechte Noten austeilen könnte, allerdings schlechterdings undenkbar. Sein Chef erwartete konstruktive Berichte darüber, ob ein Ober vielleicht einem Gast die Suppe über die Hose schüttete oder heimlich auf den Salat hustete. Jack hingegen gab jedem Kellner beste Noten.
Man darf wohl annehmen, daß Jack nicht davon träumte, den

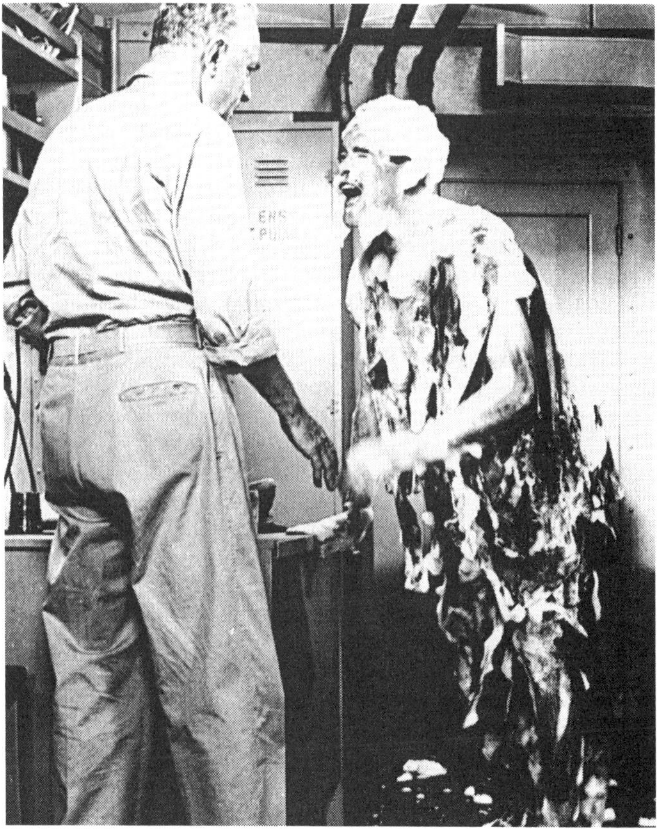

Lemmon als Pulver in der berühmten Seifenblasenszene in ›Keine Zeit für Heldentum‹

Rest seines Lebens als Eßkritiker zu verbringen und er seinen Rausschmiß deshalb auch nur als neuen Stolperstein auf seinem Weg zum Erfolg betrachtete; ebenso wenig dürfte es eine sonderliche Überraschung darstellen, daß er eine Zusage bei einem Vorsprechtermin nicht von vornherein als sein gottgegebenes Recht ansah.

Vorsprechtermine besuchte er vor allem deshalb, weil sie die einzige Möglichkeit waren, überhaupt eine Arbeit zu bekommen. Angesichts der Tatsache, daß nur acht Prozent der New Yorker Schauspieler ihre Brötchen in ihrem eigentlichen Beruf verdienten, steckte hinter dem Wahrnehmen eines solchen Termins immer eine gehörige Portion Wunschdenken. Vorsprechtermine waren das wichtigste Gesprächsthema unter den arbeitslosen Jungschauspielern im Old Knick. Man erfuhr von ihnen aus Fachblättern wie *Variety* und unterhielt sich hernach im Keller über einer Tasse Instantkaffee oder, wie in Jacks Fall, einem Teller voll Tomatensuppe über die neuesten Angebote.

Als er mitbekam, daß NBC einen neuen Schauspieler für ihre Seifenoper *The Brighter Day* suchte, war er beinahe der letzte der ungefähr 15 Anwärter, die sich zum Vorsprechtermin meldeten. Radio war ihm ein Buch mit sieben Siegeln, und als man ihm seinen Text schließlich in die Hand drückte, marschierte er entweder außerhalb der Mikrofonreichweite durch das Studio oder brüllte so laut, daß es im Aufnahmestudio die Regler verbog.

Art Hanna, der Produzent, legte ihm freundlicherweise nahe, daß er es vielleicht noch einmal versuchen und dabei einige verschiedene Interpretationen ausprobieren sollte. Jack, der sich im klaren darüber war, daß er auch nicht die leiseste Chance hatte, probierte eine Reihe ausgesprochen unterschiedlicher Variationen aus. Als alles vorbei war, wollte Hanna wissen, ob Jack sein Telefon auf Auftragsdienst geschaltet habe. Jack nickte – immerhin redete er jeden Tag mit Cynthia, und er war sich sicher, daß sie irgendwelche wichtigen Nachrichten an ihn weiterleiten konnte. Dann wollte er wissen, wieso.

»Weil sie den Job haben«, antwortete Hannas Sekretärin ganz schlicht.

Er war so überwältigt, daß er Hut, Mantel und Aktenkoffer packte und in Cynthias Wohnung rannte, um ihr die gute Nachricht zu erzählen.

Als er etwas später wiederkam, warf er ihr vor, daß sie einen Fremden in der Wohnung habe. Er deutete in Richtung des Mantels. »Aber das ist doch deiner«, entgegnete sie. »Meiner?« Er öffnete den Aktenkoffer. Auf dem Deckel stand der Name Art Hanna.

Leicht verwirrt entschuldigte sich Jack bei seinem Produzenten und durfte seinen Job behalten. Die Rolle des Bruce war zwar nicht gerade Hamlet, bescherte ihm aber immerhin ein Jahr feste Arbeit und 75 Dollar für drei Shows die Woche, so daß er sich bald schon wunderte, wie er bislang ohne eine solche Gage ausgekommen war.

Nachdem er mit seiner neuen Rolle des öfteren rein gar nichts anfangen konnte, entwickelte er schließlich eine Methode, »die Absichten des Autors auf den Kopf zu stellen«, wie er sagte. »Ich sprach zwar den geplanten Text, tat dabei aber so, als ob ich gerade im Badezimmer stand. Oder daß das Mädchen, mit dem ich mich gerade unterhielt, an ausgeprägtem Mundgeruch litt.« Für Jack war es eine Möglichkeit, dem Skript jenes Leben einzuhauchen, das ihm seiner Meinung nach völlig abging. »Bei guten Drehbüchern habe ich das allerdings nie gemacht«, betonte er.

Für eine andere Seifenoper namens *The Road of Life* suchte man einen Schauspieler, der den Part des Bruders der Hauptfigur, einem Arzt, übernehmen sollte. Jack bekam den Job und eine Gehaltserhöhung. Einmal während einer Live-Sendung sprach er sowohl den Text des Arztes wie auch seinen eigenen und jagte damit den eigentlichen Hauptdarsteller unter dessen heftigem Protest aus dem Studio. Während sich Jack mühsam durch den Rest der Show durchkämpfte und seine eigenen Fragen beantwortete, steuerte der Produzent zur gleichen Zeit immer weiter auf den Schlaganfall zu. Im Radio, mit einem fertigen Skript vor sich, verpfuschte Jack stets mehr als auf der Bühne oder im Fernsehen, wo er sich meistens hinter seiner Mimik verbergen konnte.

Noch war die goldene Zeit des Radios nicht vorüber. Die Angewohnheit, den ganzen Tag am Radiogerät zu hängen, hatte sich Ende der Dreißiger immer mehr verbreitet und entwickelte sich im Krieg schließlich zu einem Way of life. Es war nicht einfach, die Angewohnheit abzulegen, und im Grunde gab es ja auch gar keinen Anlaß dazu. Langsam entdeckte man jedoch etwas völlig

Neues – die kleinen Fernsehschirme, die sich mehr und mehr zu einem Statussymbol entwickelten. Nur die wenigsten konnten sich damals einen Fernseher leisten. Stand ein solches Gerät aber erst einmal im Wohnzimmer, lief es Tag und Nacht, egal, was gerade gezeigt wurde.
Mit der Zeit begriffen die jungen Schauspieler, daß ihnen das tägliche Fernsehspiel – damals noch live ausgestrahlt, weil bislang noch keiner eine Möglichkeit erfunden hatte, die schwarzweißen Sendungen aufzuzeichnen – ein völlig neues Betätigungsfeld bot. Eine der besten Sendungen war das Kraft Theatre. Die Käsefirma Kraft war ein eifriger Fernsehsponsor, und ihre *Kraft Music Hall* mit Al Jolson in der Hauptrolle galt gemeinhin als populärste Sendung ihrer Zeit. Hinzu kam noch, daß viele angesehene Schauspieler das Fernsehen noch immer verachteten; ein Faktor, der gerade jüngeren Akteuren wie Jack, die jede Chance eines Auftritts dankend wahrnahmen, einige Gelegenheiten bot: Kraft plante gerade *The Arrival of Kitty,* eine Parodie auf *Charleys Tante.* Jack erhielt die Titelrolle.
Seinem ersten Fernsehstück folgten mehrere andere, in denen er auch des öfteren seinem Bedürfnis nachging, »die Absichten des Autors auf den Kopf zu stellen«. Einmal gab er sich sogar ein ganzes Stück lang als Linkshänder aus. Keinem fiel es auf, was ihn wiederum sehr befriedigte. »Es sollte ganz natürlich aussehen«, erzählte er. »Nicht mal der Regisseur hat's gemerkt, zu meiner großen Freude.« Eine ordentlich geschriebene Rolle zu spielen sei dagegen sehr viel schwerer, »weil sich interessante Leute in ihrem Benehmen nicht vorausberechnen lassen. Mal benehmen wir uns so. Ein andermal benehmen wir uns wieder völlig anders. Die Auswahl macht einen ganz verrückt. An einer Figur muß irgend etwas dran sein, was mich juckt, was mich dazu bringt, die herrliche Qual auf mich zu nehmen, eine neue Figur zu erschaffen.«
Nach seinen ersten Fernsehauftritten machte er sich auf den Weg zu Worthington Minor, dem Produzenten des irischen Stücks *Shadow and Substance,* das demnächst von CBS ausgestrahlt werden sollte. Mittlerweile hatte Jack erkannt, daß man Produzenten keine freundlichen Briefe schrieb und darauf hoffte, vor der endgültigen Besetzung zu einer längeren Diskussion gebeten zu werden.

Er lud sich in Minors Büro ein und eröffnete ihm, daß er Ire sei. Den ganzen Tag lang hatte er James Cagneys Akzent studiert, den einzigen greifbaren, der der Wirklichkeit zumindest nahekam. »Ich bin bei den Abbey Players in Dublin, wissen'se«, meinte er. Der Produzent nahm es ihm scheinbar guten Glaubens ab. Minor erwähnte, daß er einige Verwandte in Irland hätte und ob es, verdammt noch mal, nicht ein riesengroßer Zufall wäre, wenn die Lemmons seine Familie kennen würden. Dann wollte er alle Einzelheiten über die Abbey Players wissen, Irlands berühmteste Theatertruppe.
Bevor Jack einige glaubhafte Antworten erfinden konnte, unterbrach ihn Minor. »Ich hab' Sie letzten Mittwoch in der Kraft Show gesehen, Sie Schwindler. Und Sie sind ungefähr so irisch wie Eddie Cantor.«
Nichtsdestotrotz gab ihm Minor die Rolle. Ihm war nur zu klar, daß der Betrug durchaus seine Vorteile hatte. Vielleicht war Jack Lemmon ja ein Schwindler. Dennoch hätte er Minor möglicherweise überzeugen können – auch wenn Eddie Cantor tatsächlich nicht sehr viel Irisches an sich hatte. Im selben Stück trat auch noch ein anderer Unbekannter auf, der es alsbald selbst zu etwas bringen sollte – Charlton Heston. Beide verdienten zwar nur etwa 50 Dollar, doch Arbeit war Arbeit. Und was noch wichtiger war: Beide taten sie ihre Arbeit so gut, daß man auf sie aufmerksam wurde.
Für Jack Lemmon war es der Anfang seiner Leinwandkarriere, obwohl die Leinwand selten größer als 38 Zentimeter war und nur schwarzweiße Bilder zeigte, in denen mitunter die Kulisse wackelte oder das Mikro seine Schatten warf. In den nächsten beiden Jahren trat er in ungefähr 500 Sendungen auf und mauserte sich dabei langsam von winzigen Auftritten zur Hauptrolle in diversen Kraft Theatre-Episoden und einer Serie mit Robert Montgomery. 1949 tauchte er in der ABC-Serie *That Wonderful Guy* auf, in der auch Cynthia mitspielte.
Ein Jahr darauf vertrat er Arthur Godfrey, damals im amerikanischen Fernsehen ebenso bekannt wie Alka Seltzer, als Showmaster von *Toni Twin Time*. Wie üblich bleibt Jack recht bescheiden, wenn er sich an diese Show erinnert. »Ich war der Schlechteste überhaupt. Wir hatten einige gute Leute wie Carl Reiner, aber irgendwie war die Show ganz fürchterlich. Neun Monate später war ich wieder arbeitslos.«

Ohne daß es jemand bemerkt hatte, hatte Jack im Frühjahr 1950 seinen ersten Leinwandauftritt erlebt. Bemerkt hatte es deshalb niemand, weil die Schauspieler in den Stabangaben nicht erwähnt wurden. Der Film hieß *Once Too Often,* und produziert hatte ihn das United States Army Signal Corps. Jacks Rolle darin war ihm auf den Leib geschrieben: Er spielte einen GI, der selbst da in Schwulitäten geriet, wo kein anderer überhaupt welche vermutet hätte.
Langsam kam Jack so in den Ruf eines Komikers – was zwar prima war, wenn er die Leute im Fernsehen zum Lachen bringen konnte, sich bei der Suche nach anderen Parts aber doch des öfteren als hinderlich erwies. Noch immer befand er sich in einem Stadium seiner Karriere, wo er zwar nicht alle, aber doch die meisten Angebote annahm. Was ihn jedoch von anderen Schauspielern unterschied, war, daß er bei allem, was er anpackte, glänzte. Obwohl Jack nicht sehr oft arbeitslos war, gab er es doch des öfteren vor. Er zog durch seine alten Kneipen, schmiß sich in dreckige Anzüge. »Ich wollte mich nicht zu sehr von meinen alten Freunden unterscheiden«, sagte er.
Als dann einige seiner Freunde heirateten, wollte Jack auch in diesem Punkt nicht zurückstehen. Er und Cynthia beschlossen, ihr Verhältnis gesetzlich zu besiegeln.
Die Heirat war auf den 7. Mai 1950 festgesetzt, sollte in Peoria stattfinden und unter der Federführung von Cynthias Eltern ablaufen. Auch Jacks Eltern würden rechtzeitig zu seiner Heirat eintreffen, wenn auch jeder für sich allein. Als der große Tag dann kam, tauchten indes nur John Lemmon und die Familie Stone auf. Millie fehlte. Bevor die Feierlichkeiten eröffnet wurden, fand Jack auch den Grund heraus.
Millie Lemmon hatte sich mit einigen Freunden an der Bar des Ritz-Carlton getroffen. Zu ihren Cocktails hatte sie dort gleichzeitig eine ganze Reihe von Pillen geschluckt, die ihr der Arzt wegen ihrer Schlaflosigkeit und ihres allgemein schlechten Gesundheitszustands verschrieben hatte. Sie war bereits sehr benommen, als sie wieder in ihrer Wohnung ankam, und drehte den Gashahn auf, um sich ihr Abendessen zu kochen. Dann vergaß sie allerdings, den Herd anzuzünden. Die Nachbarn rochen Gas, brachen in ihre Wohnung ein und brachten sie zur selben Zeit ins Krankenhaus, als ihr einziger Sohn gerade mit seiner ersten Braut vor dem Altar stand.

Kein Zweifel: Das Ganze war ein Unglück. Dennoch war die Zeit wohl reif, ernsthaft über die ganze Sache nachzudenken. Jack kam gut mit seiner Mutter aus und schätzte ihren bizarren Sinn für Humor; nun mußte er sich eine ganze Zeitlang um sie kümmern.

Als er eine neue Arbeit fand, war es wieder eine Fernsehserie. Diesmal schlossen sich er und Cynthia mit drei oder vier anderen Schauspielern zu einer Show mit dem Titel *The Ad-Libbers* zusammen. Man arbeitete ohne festes Drehbuch und improvisierte statt dessen alle Sketche, ähnlich wie in einer Charade. Das Ganze floppte jämmerlich. Dennoch machte Jack mehr und mehr Leute auf sich aufmerksam: Wenn 1951 auch kein überragendes Jahr für ihn war, so war es doch eines, in dem das Showbusineß zum ersten Mal von ihm Notiz nahm. »Das Fernsehen bot eine Menge Aufregung«, erinnerte sich Jack später an diese Tage, »und wenig Gage. Jeder lernte dazu, alle waren sehr experimentierfreudig. Heute ist eine Menge Geld im Spiel, und keiner wagt mehr etwas Neues.«

Als nächstes erhielten er und Cynthia eine Rolle in ABCs *The Couple Next Door,* wo sie in einigen viertelstündigen Episoden als frischgebackenes Ehepaar an der Seite von Don Ameche und Frances Langford auftraten. Am willkommensten war ihnen dabei die Gage – 1000 Dollar für eine Fünftagewoche. Aber auch für die Show selbst sprach eine ganze Menge. »Mein Gott ja, das war die beste von allen«, sagte Jack. »Keiner nahm sich wichtig, und niemand hatte etwas zu verlieren. Was sehr, sehr wichtig ist. Unsere Probe dauerte nur eine Viertelstunde.«

Bei einer Gelegenheit fiel dem Kameramann auf, daß Jacks Hose offen stand. »Dieser Kameramann lief mir ständig nach. Wo ich auch hinging, immer war ich in Großaufnahme. Ich dachte, der Kerl ist verrückt. Mein Gott, wie ich diese Zeit vermisse.«

Cynthia – Cynnie, wie er sie nannte – war derselben Meinung. Beiden ging es nie besser als zu dieser Zeit.

Als nächstes trat Jack in einer Serie namens *Heaven for Betsy* auf; 15 Minuten lange Episoden, die CBS abwechselnd mit der Perry Como-Show ausstrahlte. Das Ganze hielt sieben nicht immer glückliche Monate vor, und als Jack im April 1953 die Gelegenheit für seinen ersten Broadway-Auftritt erhielt, stürzte er sich förmlich darauf: Das Playhouse Theatre bot ihm die Hauptrolle in der Wiederaufführung von *Room Service* an, einem

Stück aus dem Jahre 1937. Es war die Geschichte eines Theaterproduzenten (John Randolph) und seinen Schauspielern, die in einem Hotel darauf warten, daß ihnen ein »Engel« ihr neuestes Stück finanziert. Jack spielte den Autor, den Regisseur verkörperte Everett Sloane, bekannt aus *Citizen Kane* (Citizen Kane) und anderen Filmen mit Orson Welles.

Der Kritiker der *New York Times* fand das Ganze recht gelungen und schrieb über Jack: »Bartlett Robinsons Hoteldirektor, Jack Lemmons Bühnenschriftsteller und Stanley Pragers als Adjutant des Produzenten sind alle großartig.« Die zahlenden Besucher waren sich da leider nicht so sicher. Im Gegensatz zu den meisten anderen Produktionen, bei denen die berüchtigten Broadway-Metzger ihr Messer in der Scheide lassen, entpuppte sich das Stück indes als Flop.

Jack selbst hatte da sehr viel mehr Glück. Wie immer bestanden die wenigen Zuschauer, die sich tatsächlich eine Karte kauften, zum überwiegenden Teil aus Talentsuchern. Einige davon kannten ihn aus dem Fernsehen, der Großteil aber hatte noch nie von ihm gehört. Fernsehen, das war nach wie vor etwas, vor dem die seriöse Theaterbranche lieber die Augen verschloß. Nichtsdestotrotz schrieben sie den Namen Jack Lemmon in ihre Notizbücher.

Nicht alle hatten damit Glück. Einige unterbreiteten Jack Vorschläge, die ihn nicht im mindesten interessierten; andere versuchten, die Theater für ein Stück zu begeistern, für das Jack einfach nicht der Richtige war. Bill Orr wiederum, der Leiter der Fernsehabteilung bei Warner Brothers, erzählte seinem Chef und Schwiegervater Jack L. Warner von dem jungen Schauspieler, der ihm bereits im Fernsehen aufgefallen war. »Als ich ihn am Broadway sah, wußte ich, daß er etwas ganz Besonderes war. Aber Warner hatte kein Interesse«, erzählte mir Bill. »Wir produzierten gerade eine Art Varieté-Film für unsere Truppen in Korea, und ich dachte, daß Jack dafür genau der Richtige war. Ich hielt ihn für eine schillernde Persönlichkeit.« Aber Warner entgegnete, daß es keinen Sinn hätte, eine Menge Geld für einen unbekannten Schauspieler hinzublättern, wegen dem niemand eine Kinokarte kaufen würde.

Lemmon selbst beeindruckte das, was Warner Brothers zu dieser Zeit gerade produzierte, allerdings auch nicht besonders. »Bis dahin hatte ich mich nie sonderlich für Film interessiert«, gestand er der *Saturday Evening Post.* »Ich war immer nur ein Gelcgenheitsschauspieler; einer dieser ehrgeizigen Jugendlichen, die an der Theke hocken, ihren Kaffee nippen und einander weismachen wollen, wie toll sie sind. Und dazu gehörte eben auch, daß man ab und zu einen Spruch losließ wie ›Scheiß aufs Kino‹. Niemand fühlt sich dem Broadway enger verbunden als ein Schauspieler, dem Hollywood noch nie ein Angebot gemacht hat. In meiner eigenen Vorstellung war ich ein junger Kerl, der aus Boston herabgestiegen war, das Theater zu erretten. Bloß ließ mich eben niemand.«

Harry Cohn, der eiserne Diktator der Columbia Pictures, dessen einziges Lebensziel es war, alle seine Gegenspieler herunterzuputzen, dachte anders darüber. Max Arnow, Columbias Talentmanager und einer der legendären Namen in der Geschichte der Hollywood-Studios, sah sich *Room Service* an und erkannte den Schauspieler kurz darauf in einer Fernsehsendung wieder. Er legte Cohn nahe, daß dieser Schauspieler vielleicht der ideale Mann für die Rolle von Judy Hollidays Freund in *It Should Happen to You* sein könnte, nach dem Cohn nun schon so lange suchte.

Nachdem es Jack, wie gesagt, bislang weder geglückt war, den Broadway zu retten, noch der amerikanischen Musik wieder auf die Füße zu helfen, willigte er schließlich ein, sich vorläufig mit Hollywood zu begnügen – solange keiner glaubte, daß er für immer dort bleiben würde und seine anderen großen Ziele aufgegeben hätte. Solches Selbstvertrauen macht halt den Unterschied zwischen einem Amateur und einem echten Star aus.

Völlig sorgenfrei lebte er zu dieser Zeit allerdings nicht. Jacks Verhältnis zu Cynthia war dergestalt, daß nur wenigen die zunehmenden Krisen in ihrer Ehe auffielen. Jacks ganzes Sinnen und Trachten galt seiner Karriere. Ähnliche Geschichten gibt es im Showgeschäft nur allzu häufig: der hingebungsvolle Schauspieler, der glaubt, mit seiner Gage seiner Familie ein sorgenfreies Leben zu ermöglichen und in Wahrheit damit doch nur das Verhältnis zu ihr zerstört. Später sollte Jack sein Handeln bedauern. Im Augenblick jedoch gab es für ihn nur einen Weg – ganz nach oben. Bei einem seiner Broadway-Auftritte teilte ihm Cynthia dann mit, daß sie aus ihrer gemeinsamen Wohnung am Sutton Place ausziehen und zu ihren Eltern zurückkehren würde.

Etwas anderes als Hollywood blieb Jack nun gar nicht mehr übrig. Mit weniger Begeisterung als man annehmen sollte, willigte er in eine Probeaufnahme ein. Inszeniert wurde sie von Richard Quine, der bald einer seiner engsten Freunde werden sollte.
Quine erinnert sich sehr gut an diesen Augenblick. »Max Arrow rief mich in sein Büro und sagte: ›Tu mir bitte einen Gefallen und dreh' eine Probeaufnahme mit diesem Jungen, den ich gerade aus New York mitgebracht habe.‹ Der Test, der mich persönlich sehr beeindruckt hat, ging dann an Harry Cohn, der endgültig über Jacks Schicksal bei der Columbia entschied.«
Jack drehte zwei Probeaufnahmen mit Quine; die erste für *It Should Happen to You,* die zweite für *The Long Gray Line,* einem Film über die West Point-Militärakademie, in dessen Verlauf sich Jack von einem jungen Kadetten in einen alten Mann verwandeln sollte: für die Maskenbildner eine mindestens ebenso große Herausforderung wie für Jack selbst. Sie mußten nicht nur mit Knetmasse sein Babyface um einige Falten bereichern, sondern auch sein Genick und seine Hüften etwas ausstaffieren. »Im ersten Teil des Tests trat er zusammen mit einer wunderschönen Schauspielerin namens Elizabeth Frazer auf. Da war er brillant, einfach brillant«, erinnert sich Quine. »Dann warteten wir, bis die Maske des 80jährigen aufgelegt war.« Da sah es dann gleich ganz anders aus. »Er sah so unmöglich aus, daß ich ihn einfach nicht ansehen konnte. Ich murmelte ›Action!‹ und wandte mich ab. Es ergab einfach keinen Sinn.« Der babygesichtige Lemmon, sagte er, habe lächerlich ausgesehen. »Ich würde alles darum geben, diesen Film heute noch einmal in die Finger zu bekommen. Heute wäre das ein Klassiker, so lustig war er. Lemmon war urkomisch.«
Nicht jeder teilte diese Begeisterung, obwohl die Probeaufnahme einen Schauspieler mit außerordentlicher Begabung zeigte, zumindest in der Rolle des jungen Mannes. Die erste Aufnahme allerdings wirkte immer besser, je öfter sie sich Quine und die anderen Columbia-Bosse ansahen.
Wie Quine vorausgesagt hatte, gab man Jack schließlich die Rolle in *It Should Happen to You,* der Geschichte eines Modells, das sich eine riesige New Yorker Plakatwand mietet, um ihren Namen in den Blickwinkel der Öffentlichkeit zu rücken. Genau dasselbe Schicksal erwartete auch Jack Lemmon – mit dem Unterschied, daß andere dafür bezahlten.

Extrablatt

Er würde es in Hollywood zu etwas bringen; Jack, der ewige Optimist, war sich dessen sicher. Niemand konnte freilich ahnen, wie schnell es tatsächlich gehen und wie lange der Erfolg anhalten würde. »Ich muß gestehen, daß ich nicht geglaubt habe, daß er so gut sein würde«, meinte Richard Quine. »So gut, daß mir Jack bald nahelegte, mich beim Inszenieren etwas mehr anzustrengen. Ich antwortete ihm, daß mir seine Art einfach gefiel.«
Als er das erste Mal in den Columbia-Studios an der Vine Street auftauchte, liefen Cohn und seine Ja-Sager – denn der Studioboß regierte sein Imperium mit einem Zepter aus glühend heißem Zelluloid – allerdings noch nervös durch ihre Büros und wußten nicht so recht, was sie mit ihrer neuen Entdeckung anfangen sollten. Das allein war noch nichts Ungewöhnliches. Andere Mogule hatten ähnliche Probleme mit Clark Gable und Errol Flynn erlebt, und obwohl Jack Lemmon mehr Schauspieltalent besaß als diese beiden zusammen, konnte man doch nicht von vornherein davon ausgehen, daß er das Studio noch schneller reich machen würde.
Auf jeden Fall hielt man es für unnötig, gleich zu Anfang zu viel in ihn zu investieren. Statt ihn im Beverly Wilshire oder dem Beverly Hills Hotel unterzubringen, steckte man ihn in das Roosevelt Hotel in der Stadtmitte. Jacks erste Reaktion war sehr vernünftig. Er rief die William-Morris-Agentur an, die ihn vertrat. Dort hatte man offenbar sehr viel mehr Respekt für den neuen Klienten und schlug Jack ein Treffen in der hochnoblen Polo Lounge des Beverly Hills vor. Die Polo Lounge, das war und ist auch heute noch der Ort, an dem alle wichtigen Hollywood-Deals getätigt werden. Daneben ist es aber auch ein Ort, wo sich (nicht unbedingt miteinander verheiratete) Pärchen zu stillen Tête-à-têtes verabreden. Denn obwohl jeder, der etwas auf sich hält, sich von Zeit zu Zeit dort sehen läßt, ist es in diesem Raum so finster, daß man nicht immer sicher ist, wen man eigentlich gerade sieht.
Bei dieser speziellen Gelegenheit jedenfalls war die Unterhaltung an Jacks Tisch nicht minder undurchsichtig. All das Gerede über Prozentpunkte und Nachlässe verwirrte den jungen Mann,

der geglaubt hatte, ein neuer Filmstar zu werden und nun erfahren mußte, daß er nur ein Rädchen in der großen Showbusineß-Maschinerie darstellte. Während des Treffens ging Jack auf die Toilette, kehrte dann durch die Düsternis an seinen Tisch zurück und lächelte die Männer in den Flanellanzügen an. Inzwischen hatte sich die Unterhaltung so weit entwickelt, daß er ihr überhaupt nicht mehr folgen konnte. Es dauerte 20 Minuten, bis ihm klar wurde, warum die Diskussion auf einmal so rätselhaft geworden war. Er saß am falschen Tisch – durch Zufall war er in ein Geschäftsessen der Konkurrenz geraten. Keinen der CMA-Leute scherte es, daß er nun auf einmal an ihrem Tisch saß, und seine eigenen Agenten hatten ihn auch nicht vermißt.

Als er dann endlich im Studio stand und die Dreharbeiten begannen, zeigte sich, daß Regisseur George Cukor recht große Ansprüche hatte. Jack hielt sich für hervorragend, aber jedesmal, wenn er einen Satz anfing, kam Cukor herüber und wies ihn an, nicht so zu übertreiben.

»Soll ich vielleicht überhaupt nicht spielen?«, fragte der neue Star den Regieveteranen schließlich. »Na also, mein Junge«, entgegnete Cukor. »Endlich hast du's kapiert.«

Nichtsdestotrotz zeigte sich Cukor ausgesprochen beeindruckt. »Ich kann mich nicht erinnern, je einen natürlicheren Schauspieler, einen besseren Komödianten erlebt zu haben«, sagte er kurz vor seinem Tod. »Aber mir war schon damals klar, daß er in absehbarer Zeit in einer Charakterrolle mindestens ebenso gut sein würde. Irgend etwas tief in ihm ließ mich das begreifen. Sein Spiel war so wahr.« Cukors Ruf gründete sich vor allem darauf, daß er mit seinen Hauptdarstellerinnen so zart umging, als gälte es, ein besonders feines Gazetuch auszuschütteln. Er war einer von Katharine Hepburns engsten Freunden. Und obwohl er mit Hauptdarstellern weniger firm war, verhalf ihm Jack Lemmon doch zu einem grandiosen Triumph.

Jack war sich dessen zu Anfang noch nicht ganz bewußt und spielte recht vorsichtig. Dennoch ließen ihn mehrere Dinge bald wieder aufleben. Eines dieser Dinge bestand darin, daß Cynthia zu ihm zurückkehren und mit ihm in Hollywood leben wollte. Er mietete eine billige Wohnung und kaufte sich einen Gebrauchtwagen, der ihm jedoch so viele Reparaturkosten bescherte, daß ihm recht bald klar wurde, daß ein Neuwagen unter dem Strich wesentlich billiger kam.

Jetzt hat's jeder gemerkt: Lemmon empfängt den Oscar für seinen Pulver in ›Keine Zeit für Heldentum‹

Eines Abends, Cynthia war noch an der Ostküste, lud er Judy Holliday zum Abendessen ein. Auf der Fahrt zum Restaurant platzte ein Reifen. Nicht allzu weit entfernt sah Jack ein Licht. »Das ist eine Tankstelle«, meinte er zu ihr. »Schließ die Türen zu, ich komm' gleich wieder.«
Die Lichter waren nicht die einer Werkstatt, sondern die eines

kleinen Straßencafés. Mit technischen Dingen hatte sich derselbe Jack, der eine Klaviertastatur so blendend bedienen konnte, allerdings noch nie sonderlich gut ausgekannt. So kehrte er mehr als nur etwas deprimiert zu seinem Wagen zurück – wo er herausfand, daß sich Judy nicht an seine strikten Anweisungen gehalten hatte. Statt sich im Wagen einzuschließen, hatte sie sich in der Zwischenzeit auf die Suche nach dem Wagenheber gemacht, Rock und Karosserie geliftet und den Reifen gewechselt. Ihre Filmrolle spielte sie mit ähnlicher Leichtigkeit.

Obwohl *It Should Happen to You* beinahe zur Gänze Judy Holliday gehörte, brauchte sie doch einen Sparringpartner. Statt einfach nur im Hintergrund zu verschwinden, erwies sich Lemmon dabei als inspirierte, unentbehrliche Stütze. Für Jack verdankte der Film natürlich *alles* der etwas dicklichen, gar nicht so dummen Blondine, die nach einem einzigen Film, *Born Yesterday* (Die ist nicht von gestern), zum Star geworden war. »Mein Gott, Judy war einfach großartig«, erzählte er der Klatschreporterin Joyce Haber. Im Grunde betrachtete er das Ganze als riesengroßen Gefallen für den armen Cohn und sein Studio. »Der Film war mir völlig wurscht«, erklärte er später.

Dennoch klang der Titel des Films beinahe wie ein Omen. Nicht nur, daß ihm die Chance, mit Holliday und Cukor zu arbeiten, sehr willkommen war; auch ein Drehbuch von Garson Kanin und Ruth Gordon konnte man nicht einfach so mit links abtun. Überdies glaubte er, daß seine Übereinkunft mit Columbia die Antwort auf alle seine Probleme war. Im Gegensatz zu den meisten Stars aus der großen Zeit der Studios hatte er keinen Exklusiv-Vertrag, was bedeutete, daß er nicht nur für andere Studios arbeiten, sondern in den nächsten vier Jahren auch in vier Broadway-Stücken auftreten konnte.

Cohn selbst begegnete er erst nach Abschluß der Dreharbeiten. Er war bei der erstbesten Gelegenheit nach New York zurückgeflogen, mußte dann jedoch für die Nachsynchronisation nach Hollywood zurückkehren. Dabei absolvierte er auch seine erste Pilgerreise über den dicken Teppich zum Schreibtisch seines Chefs. Cohn wollte, daß Lemmon seinen Namen änderte. »Wenn Sie ihn nicht bald ändern«, sagte er, »halten die Leute das Studio demnächst für eine Zitrone.«

Jack war sich nicht ganz sicher, ob Cohn ihn auf den Arm nehmen wollte. Die passende Antwort hatte er freilich schon parat:

Hatte ein Vorname wie Humphrey etwa Bogarts Ruf als harten Kerl ramponiert? Und außerdem: Hatte man vielleicht Cary Grant schon mal als Grantler bezeichnet? Jack versuchte Cohn mit allen Mitteln davon zu überzeugen, daß ein Lemmon unter Pseudonym einfach nicht so gut spielen würde. Das erforderte allerdings beträchtliche Überredungskunst.
Der Name, den Cohn bevorzugte, scheint heute – 25 Jahre, nachdem die Beatles ihren Siegeszug über die ganze Welt antraten – ziemlich sonderbar. Aus Jack Lemmon, sagte er, würde ab sofort John Lennon werden.
Jack war immer noch nicht überzeugt. Außerdem, meinte er, klänge der Name zu sehr nach russischer Revolution.
»Nein«, entgegnete Cohn. »Der hieß Lenin. Hab' ich alles schon nachgeschlagen.«
Jack bestand immer noch darauf, seinen Namen keinesfalls zu ändern.
»Doch, das werden Sie«, sagte Cohn. »Andernfalls werden Sie nämlich nie wieder beim Film arbeiten.«
Inzwischen war Jack wütend genug, um das in Kauf zu nehmen. »Okay«, sagte er. »Mir doch egal. Dann geh' ich halt nach New York zurück. Ich hab' ein Theaterstück. Scheiß drauf.« Er brachte noch ein anderes Argument ins Spiel: der Name, meinte er, brachte ihm pro Woche immerhin 1000 Fanbriefe ein. Dann sandte er dem Studioboß einen Brief: »Zugegeben, mein Name ist nicht besonders gut. Andererseits: Welcher Zuschauer vergißt schon einen Namen wie den?«
Noch nie zuvor war jemand mit Cohn so umgesprungen. Schließlich reagierte er wie alle Großmäuler und schrieb seine Bedenken in den Wind. Als der Film dann das erste Mal aufgeführt wurde, gefiel er ihm sogar so sehr, daß er Jacks Namen in größeren Buchstaben drucken ließ, als der Vertrag es verlangte. Cohn wußte ganz einfach, daß er da über etwas ziemlich Großes gestolpert war.
Es war der Anfang einer doch recht langen Geschäftsbeziehung zur Columbia, die für viele nicht gerade der Idealvorstellung von einem perfekten Studio entsprach. Andere Studios verschleuderten ihr Geld so schnell, als ob es nichts Wichtigeres auf der Welt gäbe. Columbia dagegen war so knauserig, daß das Studio allerorts unter dem Spitznamen »Kirchenmaus« bekannt war. Überdies genoß Harry Cohn einen Ruf, der alle seine Kon-

kurrenten wie die Güte in Person erscheinen ließ. Andererseits war er aber auch ein Mann, der sehr konsequent seinen Eingebungen folgte. Er war es gewesen, der aus einer Unbekannten namens Margarita Cansino die Hollywoodversion eines goldlamierten Blankoschecks mit Namen Rita Hayworth gemacht hatte. Er war es auch gewesen, der einen von allen anderen Studios abgelehnten Vorschlag aufgegriffen hatte und mit *The Jolson Story* (Der Jazzsänger) den größten Musical-Erfolg der Nachkriegszeit landen konnte.

Er hatte Vertrauen zu Jack Lemmon, und jetzt, da man übereingekommen war, daß er seinen Namen nicht zu ändern brauchte (glücklicherweise wußte niemand etwas von seinem zweiten Vornamen Uhler), würde Jack zu ihrer beider Vorteil für ihn arbeiten. Lemmon war für Columbia nun okay. Fragte man Cohn ab dieser Zeit nach seinem Lieblingsschauspieler, standen die Chancen nicht schlecht, daß er auf das Bild seines »Harvard-Manns« zeigen würde – als ob Jacks Ausbildung allein schon von Vorteil für das Studio sei. Es war, als ob sich Cohn nun als Jacks Ersatzvater betrachtete und, wie alle Väter, auf die Leistungen seines Sprößlings ganz einfach stolz sein mußte.

»Ich schätzte ihn«, sagte Jack. »Er zwang mich nie dazu, irgendeinen Film zu drehen, wenn ich keine Lust hatte. Aber er zwang mich stets dazu, dem Regisseur und dem Drehbuchautor persönlich mitzuteilen, daß *ich* keine Lust hatte.«

Der Studioboß versuchte es trotzdem immer wieder. Er bat Jack, in einer Probeaufnahme für *Joseph and His Brethren* aufzutreten. Auch diesmal lief die Lemmon-Philosophie nicht darauf hinaus, einfach strikt abzulehnen. Statt dessen versuchte er, Cohn zu erklären, wieso es geschäftlich weder für das Studio noch für den jungen Schauspieler selbst besonders sinnvoll war, ihm eine Rolle aufzubürden, für die er augenscheinlich völlig ungeeignet war. Aber Cohn bestand darauf und verlegte sich schließlich auf die Samthandschuh-Methode. Sein Rivale Louis B. Mayer wäre spätestens an diesem Punkt in Tränen ausgebrochen. Cohn bat Jack einfach, den Test als eine Art persönlichen Gefallen, als Zeichen ihrer gegenseitigen Hochachtung zu betrachten. Seine Stimme klang leise, seine Bitte ernsthaft.

»Also«, sagte Jack, »fahre ich ins Studio, ziehe eine Toga und zwei Sandalen an, lasse mir eine Perücke aufsetzen und gehe auf den Set. Und die ganze Crew lacht sich krank! Ich mußte nicht

June Allyson und Jack Lemmon als trauriges Paar in ›Ohne Liebe geht es nicht‹

mal irgend etwas sagen. Sie fielen einfach um vor Lachen, als sie mich sahen.« Um möglichst schnell wieder verschwinden zu können, zog er die Probeaufnahme dann aber doch durch und gab sich dabei sogar größere Mühe, als es vielleicht ratsam war.

Es dauerte gar nicht lange, bis Cohn seinen Fehler einsah. »Okay«, meinte er. »Sie haben mir einen Gefallen getan. Jetzt tue ich Ihnen einen. Ich stecke die Aufnahme nicht ins Archiv, sondern lasse sie verbrennen.« Mit dem Film löste sich zugleich auch seine Absicht, die Geschichte Josephs zu verfilmen, in Rauch auf. Der Film wurde nie gedreht.

Jahre nach dem Tod des Moguls erzählte Jack *Variety:* »Ich bin einer der wenigen, die ihn wirklich vermissen. Er war ein Riese. Er konnte ein Scheusal und ein Tyrann sein, aber er hatte einen guten Riecher.« Zumindest mit seinem Entschluß, Jack nicht in den *Joseph*-Film zu stecken.

Während Columbia mit immer neuen Vorschlägen für Jack aufwartete, der sich noch gar nicht sicher war, ob er den Rest seiner Tage in Hollywood verbringen wollte, zog Cynthia zu ihm nach Kalifornien. Sie war die praktischere von beiden. Während Jack vollauf mit seiner Karriere beschäftigt war, mußte sich Cynthia entscheiden, was für sie persönlich Vorrang hatte – ein Dasein als Schauspielerin oder ein Dasein als Ehefrau. Zwar wollte sie weiterhin auf der Bühne stehen; noch größeren Wert legte sie jedoch auf ein Dasein als Mrs. Jack Lemmon – obwohl es ihrem Mann bislang nicht sonderlich rosig ergangen war. Als sie dann 1953 erfuhr, daß sie schwanger war, gab es keinen Zweifel mehr, daß ihr diese Neuigkeit wesentlich wichtiger war als irgendein neuer Theatervertrag.

Als das Studio dann tatsächlich mit einem Vertrag für ihn aufwartete, bezog er sich auf ein Musical namens *Three for the Show* (Liebe im Quartett). Die Hauptrollen spielten das Tanzpaar Marge und Gower Champion und eine Betty Grable, die inzwischen am Ende ihrer Karriere als Glamoursymbol angekommen war. Einmal mehr war es Lemmon, der die besten Kritiken erhielt. Alles deutete nun darauf hin, daß ihm der Durchbruch in Hollywood geglückt war. Neue Filmangebote trudelten fast so schnell ein wie die Fanpost von Zuschauern, die ihn im Fernsehen gesehen hatten und sich nun darüber freuten, ihn auch auf der großen Leinwand erleben zu können. Langsam bereitete ihm sein Erfolg indes beinahe ebenso viel Sorgen wie Vergnügen. Die Sache sollte ihn noch viele Jahre lang beschäftigen. »Wir sind glücklich«, meinte er; nun, da er wieder mit Cynthia zusammenlebe. »Aber wir wollen nicht ewig in Hollywood bleiben. Hier kommt mit dem Erfolg immer auch die Furcht.

Und dann fängt man an, sich ständig abzusichern. Das will ich nicht. Ich will in verschiedenen Medien erfolgreich sein.«
Nichtsdestotrotz hatte er bereits feste Wurzeln in Los Angeles geschlagen, auch wenn er es nicht zugeben wollte. »Meine Motive für den Umzug waren keineswegs kultureller oder gar gesellschaftlicher, sondern rein körperlicher Natur«, sollte er später sagen. »Die Jahreszeiten haben mich noch nie begeistert. Ich schwitze bei jeder Bewegung und friere auch ziemlich schnell. Mantel und Krawatte liegen mir nicht. Und hier konnte ich halt wieder frei atmen, Blumen pflanzen und so weiter. Das Übliche eben.« Mit der Zeit entwickelte Jack eine neue Eigenheit. Wie so viele andere Newcomer in Hollywood lernte auch der Katholik Jack Lemmon die jiddischen Bestandteile der Showbusineß-Sprache so schnell, als ob er direkt aus der New Yorker East Side stammen würde.
Inzwischen stand ein dritter Columbia-Film ins Haus, wobei diesmal der Titel für die größte Kontroverse sorgte. Schließlich änderte man ihn, obwohl das auf den ersten Blick nur den wenigsten auffiel: aus *Phfffft* wurde *Phffft.* Das gestrichene »f« reichte nach Meinung aller Beteiligten aus, um Columbias Vertriebsabteilung zu beruhigen, die sich Sorgen um die kommerziellen Chancen eines solchen Films machten.
Kein Film namens *Phffft* (Eine glückliche Scheidung) verdient etwas Besseres als einen schnellen Tod an der Kinokasse. Trotzdem brachte der Titel die Leute zum Reden. »Was soll denn das bedeuten?«, sollte die Frage auf jedermanns Zunge lauten, und das genügte, um den Film, in dem Jack einmal mehr mit Judy Holliday und der kühlen Kim Novak auftrat, zu einem mäßigen Erfolg zu machen. Jack und Judy, in *It Should Happen to You* noch nichts als gute Freunde, hatten inzwischen geheiratet – außer, daß ihre Liebe nun so schnell verlosch wie ein Streichholz in einem Eimer Wasser. Daher der Titel.
Keiner vermutete ernsthaft, daß es Jack und Cynthia noch einmal ähnlich gehen sollte. Inzwischen war das Paar nach Brentwood, einem gepflegten Vorort von Los Angeles, umgezogen und hatte es sich dort in einem kleinen Haus mit Schindeldach bequem gemacht. Die meisten Klatschkolumnen bezeichneten sie als eines der glücklichsten Ehepaare in ganz Hollywood. Als dann am 22. Juni 1954 ihr Sohn Christopher zur Welt kam, waren beide überglücklich. Kurz nach Christophers Geburt stieß

dann noch ein Dienstmädchen zu ihnen, eine Finnin namens Impa, die das Abendessen für gewöhnlich mit Sätzen wie »Essen. Fertig Tisch« anzukünden pflegte. Seinen Freunden gegenüber behauptete Jack meistens, daß sie zusammen mit dem Baby Englisch lerne.

Jacks einzige Sorge war der Smog. Mehr und mehr entwickelte er sich im Lauf der nächsten Jahre zum aktiven Umweltschützer. Es ärgerte ihn, daß sein Baby Tag für Tag das Äquivalent eines ganzen Kartons voll Zigaretten einatmen mußte (obwohl er es nicht schaffte, Christopher zuliebe mit dem Kettenrauchen aufzuhören), und so fuhr man denn des öfteren hinaus aufs Land. Er und Cynthia lebten ein ruhiges Leben, und jeden Sonntagmorgen beschäftigte sich Jack wie alle anderen auch mit seinem Garten. Bei einer dieser Gelegenheiten bewunderte ein Nachbar Jacks Fuchsien. Damit hatte er dessen schwachen Punkt fast ebenso exakt getroffen, wie wenn er gefragt hätte, wo er denn die Noten der Stücke bekommen könne, die Jack auf seinem Klavier des öfteren zum besten gab. Was die herrlichen Fuchsien betraf, gab sich Jack bescheiden und behauptete, daß er eigentlich gar nicht so viel davon verstehe. Am nächsten Sonntag freilich stand er sehr früh auf und sprang über den Zaun in seines Nachbars Garten. Das Klicken von Jacks Gartenschere weckte den Mann auf. »Was machen Sie da eigentlich?«, wollte er wissen. »Oh«, erwiderte Jack, »ich dachte, ich nehme Ihnen mal die Arbeit ab. Ist gerade die richtige Jahreszeit dafür.« Und stutzte weiter an den Fuchsien seines Nachbarn herum.

Nach *Phffft* nahm Jack eine relativ kleine Rolle in dem Musical *My Sister Eileen* (Meine Schwester Ellen) an, wo er den gutaussehenden Bruder der Titelheldin so charmant verkörperte, daß man ihn fast schon als niedlich bezeichnen konnte. Die älteren Damen in aller Welt schlossen ihn jedenfalls in ihr Herz – und nicht nur sie. Jacks Partnerinnen in diesem Film, Betty Garrett und Janet Leigh, erzählten mir beide, wie sehr sie ihn bewunderten; weniger allerdings wegen seiner schauspielerischen Fähigkeiten, sondern aufgrund seines Talents am Klavier. Zu diesem Zeitpunkt nämlich hatte er bereits eine Regel eingeführt, die kein Regisseur, der sein Geld wert war, fortan mehr zu übertreten wagte: In den Studios mußte ab sofort nicht nur Mr. Lemmons Stuhl und Mr. Lemmons Maskenbildner, sondern auch Mr. Lemmons Klavier allzeit bereitstehen. Zwischen den ein-

Lemmon versucht sich im Autostop, June Allyson hat da so ihre Zweifel (›Ohne Liebe geht es nicht‹)

zelnen Takes spielte er dann; ein zerknautschter, fast noch tiefer über die Tasten gebeugter Teddy mit Zigarette im Mundwinkel, der sich der Lieder seiner Vor-Hollywood-Zeit entsann und nebenbei seinen Kaffee trank. »Laß dir bloß niemals deine Haltung korrigieren«, sagte ihm Betty, während alle anderen dar-

auf warteten, daß das Fragezeichen ganz umfallen und seine Zehen statt der Tasten berühren würde. »Dabei würdest du nämlich dein Talent verlieren.«
Die Dreharbeiten dauerten insgesamt neun Monate. Weil man zunächst jedoch die Tanzszenen abdrehte, kam Jack erst gegen Ende ins Studio. Jack und Betty Garrett nahmen beide ihre Arbeit sehr ernst und verstanden sich deshalb recht gut miteinander. Auch der Humor kam nicht zu kurz. Was Betty betraf, war Jack der ideale Partner für sie. Er sei »... entspannt und locker«, sagte sie, »und probte im Gegensatz zu anderen Schauspielern auch sehr gerne. Bei ihm hieß es immer ›Wollen wir das noch einmal durchspielen? Okay. Also los.‹«
In *My Sister Eileen* gab es eine Szene, an die sich alle Beteiligten noch heute gern erinnern. In der »It's Bigger Than Both of Us«-Nummer sollte Jack Betty bei einigen Gläsern Brandy verführen. Am Ende der Szene sollte er dann, in bester russischer Tradition, sein Glas in den Kamin werfen.
Regisseur Richard Quine, der mittlerweile eng mit Jack befreundet und überdies in der Bühnenfassung von *My Sister Eileen* als Schauspieler aufgetreten war, machte sich bei den Proben darob große Sorgen. Betty sollte überrascht und schockiert reagieren, wenn das Glas aufprallte und in tausend Scherben zersprang. Quine jedoch hielt es für keine so gute Idee, sich bereits bei den Proben derart genau ans Drehbuch zu halten. Im Prinzip würde man dabei nur teures Glas verschwenden, und außerdem würden die Splitter überall herumfliegen. »Wir machen folgendes«, sagte Quine. »Wir legen eine Matratze in den Kamin und ich brülle »Krach«, wenn das Glas zerspringen soll.«
Betty war sich nicht ganz so sicher, ob sie allein auf ein »Krach« aus dem freundlichen Munde Richard Quines entsprechend schockiert, perplex und verängstigt dreinblicken konnte.
»Keine Bange«, flüsterte Jack. »Wenn ich ein Glas werfe, dann werfe ich es richtig.« Das Glas donnerte an eine Wand, und Betty sah so überrascht drein, wie es sich kein Regisseur besser hätte vorstellen können. »Hoppla«, meinte Jack. »Ist es mir doch aus der Hand gerutscht.«
»Das war sehr nett von ihm«, sagt Betty heute. »Beinahe hätte ich mich sogar in ihn verknallt. Er war einfach wunderbar.«
Für eine andere Nummer wiederum, »Goodbye New, New York«, stand Jack drei Tage auf dem Set – nur um hinterher mit-

ansehen zu müssen, wie die komplette Szene wieder geschnitten wurde. »Ich hätte geheult«, sagte Betty. »Er meinte nur, daß er froh sei, überhaupt im Film zu sein. Er nahm das alles ungeheuer würdevoll.« Jack stand noch immer an einem Punkt seiner Laufbahn, wo er sich nicht allzu oft beschwerte – gerade jetzt, wo sich niemand mehr erlauben durfte, ihm ein Pseudonym anzukleben. Betty Garrett war fest davon überzeugt, daß er seinen Weg machen würde.

Janet Leigh war sich seines großen Talents noch nicht so sehr bewußt, als er das erste Mal auf dem Set auftauchte. »Keinem war zu diesem Zeitpunkt klar, wie wunderbar er war«, erzählt sie. »Bei der Arbeit merkte man es dann – obwohl er in seinen Szenen hauptsächlich mit Betty auftrat. Man sah, was in ihm steckte. Es brauchte einige Zeit, bis das alles zum Vorschein kam. Als ich mit ihm arbeitete, schien es noch nicht so durch. Das ganze Ausmaß seines Talents konnte ich damals jedenfalls nicht abschätzen. Dennoch fühlte ich, daß da etwas in ihm steckte, was bislang noch keiner zu Gesicht bekommen hatte.«

Jacks fünfte Filmrolle zeigte größere Auswirkungen, als er sich hatte träumen lassen. Zustandegekommen war sie durch die Probeaufnahmen, die er bei seinem ersten Besuch in Hollywood abgedreht hatte; allerdings nicht wegen jener, die dann zu seinem ersten Film mit Judy Holliday geführt hatten, sondern aufgrund der zweiten, weniger erfolgreichen, die schließlich Tyrone Power die Rolle in *The Long Gray Line* (Mit Leib und Seele) beschert hatten. Inszeniert hatte den Film das Hollywood-As John Ford, der sich damit eine kleine Ruhepause von seinen Western und Action-Filmen gönnte. Ford hatte sich resolut geweigert, den Lemmon-Test auch nur anzusehen. »Ich drehe nicht mit einem 27jährigen Kind. Ich will Tyrone Power. Ende der Debatte.«

Offenbar hatte Jack jedoch eine ganze Reihe von Freunden in den richtigen Positionen, und einer davon kam ihm nun zu Hilfe. Dieser Jemand hieß Maurice Max, war Schnittassistent bei der Columbia und klebte den Lemmon-Test – jenen, in dem er unter anderem zwei Strohhalme in die Nase gesteckt bekommen hatte und auch sonst jede nur denkbare Schmach erdulden hatte müssen – kurzerhand hinter die *Gray Line*-Muster.

»Verdammt noch mal, was ist denn das?«, wollte der Regisseur wissen und murmelte einige jener Flüche, für die er fast ebenso

berühmt war wie für seine Filme. Ford plante zu diesem Zeitpunkt gerade die Verfilmung des Broadway-Erfolgs *Mister Roberts* (Keine Zeit für Heldentum), bei dem es um den Kampf zwischen den Offizieren eines Navy-Schleppers ging. Auf der einen Seite stand der Verwaltungsoffizier, gespielt von Henry Fonda; auf der anderen der Captain, gespielt von James Cagney. Die Schlüsselrolle dabei hatte ein gewisser Leutnant Pulver inne. Er war der jüngste Offizier an Bord; ein junger, ausnehmend attraktiver Zeitgenosse, der sich zum ersten Mal in einer Männerwelt zurechtfinden muß, mit den Machtkämpfen an Bord aber nicht so ganz zu Rande kommt. Als Ford den *Gray Line*-Test sah, meinte er: »In der Rolle ist er lausig. Aber er wäre ein erstklassiger Pulver.«
Die Eingebung zahlte sich fast zum selben Zeitpunkt aus, als sich Jack entschied, seine Neugier nicht mehr länger zu bremsen. Es drängte ihn danach zu sehen, wie *The Long Gray Line* denn so vorankam. Als er sich eines Tages wieder einmal auf dem Studiogelände aufhielt, nützte er die Gelegenheit.
Erst mal auf den Set zu kommen war jedoch nicht ganz so einfach, wie er sich das gedacht hatte. »Jack Lemmon, oder?«, sprach ihn ein älterer Mann mit schwarzer Augenklappe und zerschlissenem Hemd an. Die Jahre in Boston und Harvard hatten Jack gelehrt, immer höflich zu bleiben – besonders gegenüber harmlosen Alten, die alle Anstalten machten, gleich etwas Nettes über einen zu sagen.
»Bin ich, ja«, lächelte er und streckte seine Hand aus. Immerhin stand er einem Mann gegenüber, der im Laufe seines Lebens einer ganzen Menge echter Hollywood-Stars bei der Arbeit zugesehen hatte; einem Mann, der vermutlich schon schweres Gerät herumgeschleppt hatte, als noch kein Fred Astaire und keine Rita Hayworth, ja vielleicht noch nicht einmal ein Clark Gable den Columbia-Linsen ins Auge geblickt hatten.
»Was machen Sie denn hier?«, wollte der alte Mann wissen.
»Äh, tja.« Jack suchte nach einer Ausrede, weil er den alten Techniker nicht in Schwierigkeiten bringen wollte. »Anscheinend habe ich die Sets verwechselt.«
»Egal«, meinte sein Gegenüber, »Sie sind jedenfalls einer meiner Lieblingsschauspieler.« Für Jack Grund genug, noch höflicher und freundlicher zu sein. Er bedankte sich für das Kompliment. Gleichzeitig suchte er allerdings nach einer Möglichkeit,

sich von dem Alten loszueisen. Ihm war nicht ganz wohl bei dem Gedanken, die Arbeit auf einem Set aufzuhalten, auf dem er eigentlich überhaupt nichts verloren hatte.
»Na, kommen Sie schon. Was machen Sie denn als nächstes?«
Bevor Jack darauf antworten konnte, sagte der Alte: »Eigentlich sollten Sie den Leutnant Pulver in *Mister Roberts* spielen.«
»Dann sagen Sie's mal weiter«, antwortete Jack, der alles über diese Rolle wußte. Sie hatte alle Besucher des Broadway-Stücks begeistert und geisterte momentan gerade durch die Hollywood-Fachpresse. Sowohl der *Hollywood Reporter* als auch *Variety* hatten verkündet, daß John Ford kurz davor stand, die Rolle zu besetzen. »Stimmt, ich sollte diese Rolle spielen«, fügte er hinzu. »Aber das hat bis jetzt noch keiner gemerkt.«
Der alte Mann blinzelte. »Ich zeig' Ihnen mal einen alten irischen Brauch. Sie spucken in Ihre Hand, ich in meine – und dann geben wir uns die Hände.«
Das hörte sich nun zwar nicht sehr hygienisch an, aber wieder hielt es Jack für höflicher mitzumachen, als den abgetakelten Alten zu beleidigen, der es ja nur gut meinte.
Man spuckte und gab sich die Hand. Dann sagte der alte Mann: »Ich bin John Ford, und Sie sind Leutnant Pulver.«
Die Rolle war ihm auf den Leib geschrieben. Leutnant Pulver kam exakt in jene Schwierigkeiten, in die seinerzeit auch Leutnant Lemmon hätte kommen können. Von dem Moment an, als er das Skript zum ersten Mal gelesen hatte, fühlte sich Jack der Figur verbunden. »Pulvers hektisches Gebaren«, sagte er, »resultierte aus seinem immensen Drang, sich vor Doug Roberts und allen anderen beweisen zu müssen, damit sie ihn akzeptierten.« Da er zu seinem Vater ein sehr ähnliches Verhältnis hatte, verstand er seine Rolle nur zu gut.
Es war Jacks erster Film für ein anderes Studio. Selbst Jack L. Warner hatte mittlerweile eingesehen, daß an den beinahe enthusiastischen Kritiken, die dieser junge Bursche erhalten hatte, etwas dran sein könnte. Schließlich willigte er ein, Jack bei Warner Brothers unter Vertrag zu nehmen.
Zugleich demonstrierte Jack mit diesem Film die Macht des Vertrags, den er mit Columbia abgeschlossen hatte. Wohl lieh man gelegentlich einen Schauspieler mit einem ähnlich langfristigen Vertrag an ein anderes Studio aus. In einem solchen Fall hatte bislang aber stets der jeweilige Chef die Gage seines Ange-

stellten eingestrichen; eine Gage, die sich mitunter auf das Zwei- bis Vierfache der ursprünglichen belief. Jack dagegen hatte eine Klausel in seinem Vertrag, wonach alle Gagen, die er nicht bei Columbia verdiente, alleine ihm zufielen. Und als wollte er die volle Bedeutung dieser Tatsache demonstrieren, ging er jeden Freitag in die Warner-Buchhaltung und holte sich seinen Gehaltsscheck persönlich ab. Noch Jahre danach – bis sich diese Praxis schließlich allgemein durchsetzte – wollten alle Kollegen wissen, wie er das geschafft hatte. Er hatte keine Ahnung; den Vertrag hatte die William-Morris-Agentur für ihn abgeschlossen. »Alles, was ich weiß«, sagte er damals, »ist, daß Morris das Ganze seither als Jack-Lemmon-Vertrag bezeichnet.« Ihm kam es jedenfalls so vor, als ob er eine neue Krankheit ausgelöst hatte, die man nun nach ihm benannte. Soweit es die Studios betraf, hatte er damit durchaus recht.

Der Film *Mister Roberts* war ein sensationeller Erfolg. Fonda glänzte in der Rolle eines Offiziers, der intelligent genug war, um die Verantwortung seines Postens richtig einzuschätzen; William Powell, hier in einer seiner letzten Rollen zu sehen, war ein eleganter Schiffsarzt; Jack als Leutnant Pulver ein entzükkendes neues Phänomen; James Cagney als Kapitän schließlich gab sich angemessen halsstarrig.

James Cagney kannte man natürlich als *tough guy* aus Filmen wie *Angels with Dirty Faces* (Chikago) und *Public Enemy* (Der öffentliche Feind), als einen Mann, der mit nörgelnden Ehefrauen dadurch fertig wurde, daß er ihnen eine Grapefruit ins Gesicht drückte. Daneben war er aber auch ein recht begabter Tänzer, wie er auf dem Broadway und in *Footlight Parade* (Parade im Rampenlicht), einem Film aus seinen frühen Hollywood-Tagen, bewiesen hatte. 1942 hatte er dann in seinem privaten Lieblingsfilm *Yankee Doodle Dandy* die Figur des George M. Cohan verkörpert. »Einmal ein Tänzer, immer ein Tänzer«, hieß Cagneys Motto, und als er für die Dreharbeiten zu *Mister Roberts* eine Zeitlang mit Jack im Offiziersquartier der Midway-Kaserne lebte, brachte er ihm abends dort das Steppen bei.

Daneben erteilte er Lemmon auch eine Lektion, die der nie vergessen sollte: eine der wichtigsten Grundvoraussetzungen für den Beruf des Schauspielers ist eine ausgeprägte Beobachtungsgabe. »Als ich ihm auf dem Weg nach Midway auf dem Flughafen das erste Mal begegnete, wollte er wissen, ob ich immer noch Linkshänder sei«, sagte mir Jack. »Ich fragte ihn, wieso. Und er antwortete: ›Weißt du nicht mehr? Vor zwei Jahren im Kraft Playhouse?‹ Er war der einzige, dem es aufgefallen war. An die Show konnte er sich erinnern.«

Für Jack war es das schönste Kompliment überhaupt. Von da an blieb die Notwendigkeit einer präzisen Beobachtung ebenso in seinem Gedächtnis haften wie sein Auftritt als Linkshänder in dem von Cagney.

In *Mister Roberts* gibt es eine Szene, die ebenso unvergessen bleiben wird wie jene, in der Harold Lloyd an der Uhr hängt. In dieser herrlichen pantomimischen Einlage fliegt Jack die Schiffswäscherei um die Ohren und ertränkt ihn fast in einer Flut aus Seifenschaum. So zumindest sollte es hernach aussehen. Weil echter Seifenschaum indes nicht genügend hergab, benützte man statt dessen einen nicht ganz ungiftigen Ersatz. Prompt setzte ein schwerer Hautausschlag Jack für zwei Tage außer Gefecht. Der Stuntman wiederum, der den Großteil dieser Szene für ihn doubelte, erlitt noch schwerere Verletzungen und lag ganze 14 Tage lang im Bett.

Ein unerwarteter Nebeneffekt des Films bestand in der Popularität, die er Lemmon bescherte. Von diesem Augenblick an war er sehr gefragt – und auch seine Gage schoß in die Höhe. Die William-Morris-Agentur legte großen Wert auf höhere Gagen und wesentlich bessere Rollen. Für ihn bedeutete das, daß er entweder Rollen spielen würde, die seinem derzeitigen Status angemessen waren oder daß er das eine oder andere Angebot ablehnen mußte. Paradoxerweise drohte ihm durch seinen Erfolg nun die Arbeitslosigkeit. Jack stellte sich der Herausforderung und blieb siegreich.

30 Jahre später liegen die Qualitäten des Films natürlich auf der Hand. Dennoch ahnte seinerzeit vermutlich nicht einmal der allwissende John Ford, was für einen Fang er mit Jack Lemmon gemacht hatte. Die Academy of Motion Picture Arts and Sciences dachte anscheinend ebenso und überreichte Jack 1956 den Oscar für die beste Nebenrolle. Zum ersten Mal hatte die Filmbranche gezeigt, was sie von ihm hielt, und in der Tat gibt es im Showbusineß keine größere Genugtuung als die, von seinen Kollegen anerkannt zu werden.

Jack Lemmon befand sich nicht mehr auf dem Weg nach oben. Er war an der Spitze angekommen.

Spiel mit dem Feuer

Der Oscar für *Mister Roberts* beunruhigte Jack auch aus einem anderen Grund ein wenig. Würden ihn seine alten Kollegen am Off-Broadway immer noch als Freund akzeptieren? Er hing noch immer sehr an seinen New Yorker Freunden und glaubte, daß sein Erfolg sie aus der Fassung bringen würde – immerhin hatte er sich deshalb seinerzeit auch als arbeitsloser Schauspieler ausgegeben, obwohl er bereits regelmäßig im Fernsehen gearbeitet hatte.

Kurz nachdem man Jacks Nominierung für die begehrte Statuette bekanntgegeben hatte, flog er nach New York zurück; das erste Mal, seit ihn Harry Cohn nach Hollywood geholt hatte. Während des Fluges versuchte er sich auszumalen, wie es wohl sein würde, im Sardi's – einem Etablissement, das er sich bis jetzt nie hatte leisten können – seinen Freunden zu begegnen. Als er in Idlewild ankam, beschloß er, die ganze Sache hinter sich zu bringen und sofort dort hinzufahren. Als ihn seine Freunde sahen, schüttelten sie ihm die Hand und ließen ihn wissen, wie stolz sie auf »ihren« Jungen waren, dem auf der anderen Seite der Staaten der Durchbruch geglückt war. »Ich saß da und saugte alles in mich auf«, erzählte er der *New York Times*. »Und etwas später, auf dem Weg in den Players' Club, gratulierte ich mir selber. ›Bist 'n toller Kerl, Lemmon. Einfach Spitze, was du da in *Mister Roberts* gemacht hast. Du bist halt ein richtiger kleiner Schauspieler.‹« Es war also doch möglich, erfolgreich zu sein *und* gute Freunde zu haben.

Nach allem, was man hörte, glich Jack einer Goldmine, die beinahe aus den Nähten platzte. Und was dabei herauskam, hatte nie weniger als 24 Karat. Es war eine gefährliche Situation voll von bösen Vorzeichen, aber auch eine, die Hollywood schon öfter erlebt hatte. Die Filmindustrie neigte dazu, ihre Stars restlos zu vereinnahmen und die etwaigen Folgen geflissentlich zu übersehen. Solange ein Schauspieler oder eine Schauspielerin ihr Geld wieder einspielte, brauchte man sich keine Gedanken darüber zu machen, wie es in dieser Hinsicht in den nächsten beiden Jahren aussehen würde.

Alle einschlägigen Regeln besagten, daß Jacks nächster Film,

Das ist nicht etwa Rock Hudson, sondern der gute Lemmon, der die schöne Rita Hayworth in den Armen hält, wahrlich ein ›Spiel mit dem Feuer‹

You Can't Run Away From It (Ohne Liebe geht es nicht), der Anfang vom Ende des Jack Lemmon sein würde. Die Geschichte drehte sich um eine Erbin, die vor ihrem verhaßten Verlobten ausreißt und sich dabei in einen der Reporter verliebt, die sich an ihre Fersen heften. Der Haken daran war, daß man dieselbe Geschichte in *It Happened One Night* (Es geschah in einer Nacht) schon einmal verwendet hatte. Und dieser Film war schlicht perfekt gewesen – was Columbia eine Warnung hätte

sein müssen. Das Gelände jedes großen Studios ist übersät mit den Leichen erfolgloser Neuverfilmungen alter Erfolge.
You Can't Run Away From It war ein Paradebeispiel. Inszeniert hatte das armselige Ganze der ehemalige Sänger und Schauspieler Dick Powell, die Hauptrolle spielte seine damalige Frau June Allyson. Powell hatte sich offenbar zur gleichen Zeit über zwei verschiedene Schultern umgesehen – die seiner Frau und die des Originalregisseurs Frank Capra. Er kopierte dessen Szenen bis ins Detail (allerdings ohne jenes gewisse, undefinierbare Etwas), darunter auch die berühmte Sequenz um die »Mauer von Jericho«, in der der Reporter (Lemmon) eine Wolldecke zwischen seinem Bett und dem der reichen Erbin (Allyson) aufhängt. Im Original hatte damals Clark Gable Claudette Colbert die Schamröte im Gesicht erspart.
Die berühmte Ausnahme von der Regel war, daß Jacks Ruf das Ganze ohne Schaden überstand. Man erlaubte ihm zwar nicht, sich als der brillante Komiker zu profilieren, der er war – das dümmliche Skript und die inkompetente Inszenierung ließen ihm dazu auch nicht die geringste Chance. Dennoch war jedermann gerne bereit, alle Zweifel zu seinen Gunsten auszulegen. Mehr denn je war nun auch Frank Capra davon überzeugt, daß er in absehbarer Zeit einen Film mit Jack drehen würde. Dennoch sollte alles anders kommen, obwohl der Regieveteran selber eine Regel übertrat und den Set eines Remakes eines seiner eigenen Filme besuchte, um zu sehen, wie der neue Babyface-Star mit Clark Gables Schlafanzug zurechtkam.
»Ich halte Lemmon für einen unserer größten Schauspieler«, sagte er. »Seit ich ihn damals auf dem Set erlebte, bin ich mir sicher, daß zumindest das Potential dazu in ihm steckt. Aber ich glaube, daß er das ganze Ausmaß seiner Fähigkeiten bis jetzt noch nie voll ausschöpfen konnte. Seither hat er ziemlich viel gedreht, aber ich bin, wie damals, immer noch der Meinung, daß er bisher nicht genügend gefordert wurde.«
Mit dieser Meinung stand Capra deutlich in der Minderheit. Jeder Journalist, dem Jack 1956 während der Entstehungszeit des Films begegnete, war fest von dessen Fähigkeiten überzeugt. Auch seine Partnerin June Allyson dachte da nicht anders und beschrieb ihn als »einen der professionellsten Leute, mit denen ich je zusammengearbeitet habe. Er besaß einen wunderbaren Sinn für Humor. Das Schönste war vielleicht, daß er bei den

Dreharbeiten jeden respektierte. Er würde nie von irgend jemandem etwas verlangen, was er nicht auch selbst zu tun bereit wäre. Und Dick (Powell) liebte ihn förmlich. Sie kamen blendend miteinander aus.«

Gerüchte besagen allerdings, daß sich Powell Gedanken über Jacks Einfluß auf seine Frau machte und fürchtete, daß sich aus ihrer ständigen Nähe eine romantische Beziehung entwickeln würde. So stellte er sicher, daß sich Lemmon und Allyson in den ganzen 96 Minuten des Films kein einziges Mal küßten.

Die wenigen Zuschauer, denen das auffiel, beschwerten sich allerdings eher über den Film als über Jack. Er wußte nicht so recht, ob er das nicht alles träumte. Daß er nicht einfach nur gut war, sondern so gut, daß sich auch das Publikum über ihn amüsierte, konnte er immer noch nicht fassen.

Lemmons Musik ist im Hintergrund zu hören; er schrieb die Musik für ›Spiel mit dem Feuer‹

»Ich hatte bisher so viel Glück, daß ich ganz unwillkürlich auf die Bombe warte, die an der nächsten Ecke auf mich lauert«, sagte er immer und immer wieder. In einem Interview zu *You Can't Run Away From It* drückte er das so aus: »Ehrlich gesagt beunruhigt mich die ganze Publicity. Zuviel Reklame führt oft zu einer schnellen Enttäuschung. Ich würde das alles lieber etwas gemütlicher angehen ... Ich schaue in den Spiegel, und was sehe ich: bestimmt keinen Greg Peck. Soviel steht mal fest. Und auch keinen Herkules. Bedenken Sie: Ich bin heute da, wo Clark Gable seinerzeit sein Hemd ausgezogen hat und die Mädchen von Maine bis Kalifornien zum Kreischen brachte. Da frage ich mich doch, was passiert, wenn ich mein Hemd ausziehe. Ich glaube nicht, daß das die Leute sonderlich beeindrucken wird. Die sehen doch nur einen dürren Kerl mit hervorstechenden Rippen. Keinen Clark Gable. Nur mich.«

Die Vorstellung fiel ihm schwer, daß die Leute vielleicht genau das sehen wollten. Unsicherheit vielleicht? Eher schon der Versuch, das Glück nicht unnötig herauszufordern; derselbe Aberglaube, der einem Schauspieler auch verbietet, in seiner Garderobe zu pfeifen oder das gefürchtete Wort »Macbeth« auszusprechen.

Außerdem machte er sich langsam Sorgen darüber, daß man ihn auf die Rolle eines Komikers festlegen könnte. Er hatte einen gesunden Respekt vor Komikern. Es gab eine Zeit, als er sich für durchaus in der Lage hielt, in bester Bob-Hope-Manier ein wahres Sperrfeuer von Gags herunterrattern zu können – entsprechende Gagautoren vorausgesetzt. Aber das war letzten Endes nicht, was er wirklich wollte. »Ich will mehr als nur Beliebtheitswettbewerbe gewinnen.«

Viele Schauspieler waren derselben Meinung – was ja auch der Grund war, weshalb man den Oscar zunächst für so wichtig hielt, bevor er schließlich nur noch zusätzliche Einspielmillionen an der Kinokasse bedeutete –, aber kaum einer hatte es so präzise ausgedrückt wie Jack. Gewissermaßen verlieh er mit diesen Worten auch gleich ganz offiziell den Gefühlen Ausdruck, die er empfunden hatte, als man ihm die Bronze-Statuette überreichte.

Dieser seriöse Jack Lemmon war nicht das Image, das die Öffentlichkeit in aller Regel zu sehen bekam. Die meisten kannten nur sein amüsiertes Glucksen, die Tatsache, daß er alle Mäd-

Mit Kathryn Grant in der Militärklamotte ›Selten so gelacht‹

chen »Süße« nannte, die Artikel der Klatschreporter, die Jack und Cynthia – vom zweijährigen Christopher ganz zu schweigen – stets als die einzige Hollywood-Familie beschrieben, bei der es in einem fort etwas zu lachen gab. Von Jacks eigentlichem Privatleben hatte der Kolumnist Sidney Skolsky bislang nur enthüllt, daß er gern in seinen Unterhosen schlief und vor dem Zubettgehen immer ein Glas Milch und – ganz loyaler Sohn – zwei Krapfen zu sich nahm.
Doch wie schon der Titel seines letzten Films angedeutet hatte, gab es kein Entkommen. Jack und Cynthia wollten nicht mehr länger zusehen, wie ihre Ehe langsam auseinanderbrach. Die Spannungen zwischen ihnen hatten mittlerweile so sehr zugenommen, daß sie sich zu einer Scheidung entschlossen. Es war

eben, um mit den Worten eines Songs zu sprechen, den Jack auf dem Klavier immer wieder vor sich hin spielte, *just one of those things.*

Lange nachdem sich die Aufregung wieder gelegt hatte, erkannte Jack, daß er, wie so viele andere Schauspieler, wahrscheinlich zu früh geheiratet hatte. »Ich war schrecklich selbstsüchtig, und das zerstörte unsere Ehe.« Damals freilich nahm Jack seine Scheidung nicht auf die leichte Schulter, sondern bemühte sich, sich mit dem Unvermeidlichen abzufinden. Den Reportern gegenüber, denen er die Tatsache natürlich nicht verheimlichen konnte, sagte er, daß es ganz zwangsläufig zu der Scheidung hatte kommen müssen. Immerhin hatten sich sowohl seine eigenen Eltern als auch die seiner Frau scheiden lassen. Aus seinem Munde klang es fast wie eine Erbkrankheit.

Was Jack jedoch tatsächlich von John und Millie geerbt hatte, war die unerschütterliche Überzeugung, daß eine Scheidung nicht automatisch auch Verbitterung nach sich zog. Als ihm der Verdacht kam, daß Harry Cohn Cynthia zum Bösewicht des Stückes machen könnte, bestand er darauf, daß sie in der Presse nicht allzu schlecht wegkam. Der alte Harvard-Junge behauptete nicht nur, daß er ein Gentleman bleiben wolle, sondern auch, daß ihm immer noch etwas an ihr liege und er ihren Ruf auf keinen Fall schädigen wolle.

Was den Zeitpunkt der Bekanntmachung betraf, hatten die Lemmons auch Christopher in ihre gemeinsamen Überlegungen miteinbezogen. Falls sie sich tatsächlich voneinander trennten, was mittlerweile unvermeidbar schien, sollte das geschehen, bevor der Junge die Spannungen bemerkte und durch ihre Scheidung psychischen Schaden nahm. So zog Cynthia von Brentwood nach Nevada, um für die dort stattfindende Scheidung einen Wohnsitz in diesem Bundesstaat nachweisen zu können. Jack wiederum zog in eine Mietwohnung in Beverly Hills. Den Oscar und das Klavier nahm er mit.

Hollywood ist ein Ort, der Ehen ebenso mühelos zerstören kann wie Karrieren. Ein Vertrag mit einem großen Studio bedeutet sowohl eine Einladung an die Damenwelt, mit dem jeweiligen Schauspieler ins Bett zu gehen, als auch eine Chance für den betreffenden Schauspieler, bei den Kinozuschauern Eindruck zu schinden. Jack selbst sah das völlig anders. Untreu war er Cynthia im Laufe ihrer Ehe nie gewesen.

Jack persönlich gefiel sein nächster Film sehr viel besser als der breiten Masse. Dennoch mußten alle zugeben, daß er für ihn so etwas wie einen Neubeginn darstellte: Nach *Cowboy* (Cowboy) konnte niemand mehr behaupten, daß er nichts weiter als ein Komiker war. Er spielte darin einen Cowboy, der es langsam satt hatte, mit dem Einfangen von Rindern seinen Lebensunterhalt zu verdienen. »Es ist hauptsächlich ein ernstes Drama«, meinte er zu einem Zeitpunkt, als die Vernunft diktierte, seinen neuen Film ein wenig hochzuloben und ihn als den besten seiner ganzen Laufbahn zu bezeichnen. Gereizt habe ihn darin vor allem die Möglichkeit, sich auch einmal mit einem solchen Stoff beweisen zu können. Der Film beruhte auf den Memoiren von Frank Harris, einem amerikanischen Lebemann, der in seinem

›Selten so gelacht‹ mit den Kampfgefährten Arthur O'Connell, Ernie Kovacs und Kathryn Grant

Leben so viel unternommen hatte, daß es, wenn man es in seiner Gänze geschildert hätte, nur für Personen über 18 Jahren freigegeben worden wäre.
Jack gab der Film Gelegenheit, mit Leuten wie Glenn Ford, Brian Donlevy und der attraktiven Anna Kashfi zusammenzuarbeiten. Da Jacks Figur erst im Laufe der Geschichte das Reiten lernen sollte, entschied sich Regieveteran Delmer Daves für die ungewöhnliche Methode, den Film *in sequence* zu drehen. Das bedeutete, daß Jack gleichzeitig vor und hinter der Kamera reiten lernen mußte. Auf dem Rücken einer solchen vierbeinigen Bestie zu sitzen bereitete ihm indes kein sonderliches Vergnügen, erinnerte er sich doch an die Kämpfe, die er in seiner Jugend mit einem Pony ausgefochten hatte. Mehr als eine Woche lang saß er jeden Tag im Sattel; komplett mit Damenbinde, um sein Hinterteil dabei nicht wundzureiten. Im Rahmen der Werbekampagne behauptete er dann sogar, sich demnächst vielleicht ein eigenes Pferd zuzulegen.
Sein zweiter Film im Jahre 1957 kam Jack da mehr entgegen, erlaubte ihm *Fire Down Below* (Spiel mit dem Feuer) doch, seine beiden Lieben miteinander zu verbinden – die Schauspielerei und die Musik. Zwar hatte er sich bislang noch nicht als zweiter George Gershwin entpuppt. Nichtsdestotrotz komponierte er die Filmmusik und hatte hernach das Vergnügen, die Notenblätter in den Musikläden ausliegen zu sehen. Zwischen den Aufnahmen hatte er einige Melodien auf seiner Mundharmonika heruntergespielt, und der Produzent Irving Allen hatte genügend Gefallen daran gefunden, um sie im Film zu verwenden. Jack war sein übliches, bescheidenes Selbst. »Das war doch ein Klacks, meinen Sie nicht?«, bemerkte er damals.
Vier Jahre später erhielt er die ersten Tantiemen für seine Musik: 17 Dollar. Nur wenige hatten sich für die Musik von *Fire Down Below* interessiert. Immerhin war sie nur im Hintergrund zu hören, und außerdem gab es neben Jack auch noch Rita Hayworth und Robert Mitchum als Ablenkung. Dem frustrierten Songschreiber bescherte das Erlebnis trotzdem eine gewisse Befriedigung. »Man kann nicht behaupten, daß es gerade ein Superhit war«, meinte er kurz darauf. »Das Beste, was man über mich sagen kann, ist wohl, daß ich kein Rock'n'Roll-Schreiber bin. Rock'n'Roll halte ich für den absoluten Tiefpunkt in der Musik. Es ist ungefähr dasselbe, wie wenn man einem Kind

weismachen will, daß es vom Zusammenzählen nicht mehr zu wissen braucht, als daß zwei und zwei vier ist. Rock'n'Roll ist eigentlich gar keine Musik. Die meisten Kerle, die da an ihren Gitarren herumzupfen, kennen doch allerhöchstens drei Akkorde.«

Fire Down Below drehte sich um die höchst vorhersehbaren Erlebnisse einer Clique, die sich bei ihrem Angelausflug in der Karibik um eine Frau (Rita Hayworth) streitet. Einmal mehr war der wichtigste Aspekt des ganzen Films für Jack der, daß er neue Erfahrungen sammeln konnte und dabei nicht allzusehr leiden mußte. Dennoch war die Arbeit nicht ganz so einfach, wie sie aussah; nicht einmal die vergnüglicheren Seiten. »Liebe auf der Leinwand ist ein recht kaltblütiges Geschäft«, erzählte er der *Port of Spain Gazette* in Trinidad. »Wenn man seine Partnerin kennt, ist es nicht so schlimm. Mit einer völlig Fremden allerdings ist es verdammt schwierig.« Zum Glück für ihn lernte er Rita Hayworth sehr bald kennen.

Daneben verstrickte er sich auch in diverse, sehr angenehme Techtelmechtel einer Art, der er seit seiner Heirat mit Cynthia ganz bewußt abgeschworen hatte. Die anderen Schauspieler zeigten sich ob seiner Affären – darunter einer mit einer Dame, deren Ruf noch aus einer Zeit stammte, als Trinidad noch Anlaufhafen der US-Marine war – regelrecht schockiert. Dennoch bescherte ihm Trinidad am Ende nichts weiter als einige angenehme Erinnerungen und eine passabel absolvierte Rolle.

London war eine völlig andere Sache. Nachdem er trotz seines Karibikaufenthalts noch immer aussah, als ob er die letzten drei Monate in einer Höhle zugebracht hatte, entschloß er sich, etwas Farbe in sein Gesicht zu bringen. Er borgte sich Robert Mitchums Höhensonne und drehte alle Knöpfe in die falsche Richtung. Als Resultat davon lief das Gerät zu lange und bescherte ihm eine ganze Reihe fürchterlicher Blasen. Die Dreharbeiten in den Elstree-Studios mußten für mehrere Tage unterbrochen werden, und Robert Mitchum und der Rest der Crew erhielten eine Weile lang bezahlten Urlaub. Das Ganze kostete das Studio ungefähr 20.000 Dollar.

Während seines Aufenthalts in London besuchte Jack eine Party im Hause Sharman Douglas', dem Sohn des ehemaligen amerikanischen Botschafters am Hofe von St. James. Die Gastgeberin begrüßte Jack und fragte »Kennen Sie Margaret?«

»Margaret wer?«, wollte er wissen. Noch mehrere Wochen danach geisterte seine Frage durch alle Klatschkolumnen in England und dem Rest der westlichen Welt.
»Margaret wer?« entpuppte sich als Prinzessin Margaret, eine enge Freundin der Tochter des Ex-Botschafters. Um seinen Lapsus wieder auszubügeln, lud Jack die versammelten Gäste in Londons schicksten Nachtclub ein, das Les Ambassadeurs, wo er es fertigbrachte, eine ganze Flasche Whisky über Margarets Kleid zu schütten. Schließlich brachte er sie im Taxi zurück nach Clarence House. Sie schien sich erstklassig amüsiert zu haben. Das Ganze war eben einfach gute, altmodische Hollywood-Chuzpe, unterstützt von seinem Hang zur Flasche, der es ihm ermöglichte, mit so ziemlich jedermann zurechtzukommen.
London wußte nicht so recht, was es mit Jacks neuer Komödie auf seinen Cinemascope-Leinwänden anfangen sollte, doch die Zahl seiner weiblichen Anhänger war Legion. Mitunter hatte er sogar gewisse Schwierigkeiten, die Fans aus seinem Hotelzimmer zu vertreiben.
Jack, der inzwischen 80.000 Dollar pro Jahr verdiente, machte sich darob große Sorgen. »Ich schätze, man könnte mich als Vollblutschauspieler bezeichnen«, sagte er. »Geld bedeutet mir gar nichts. Was für mich zählt, ist, daß man mit 60 auf das eine oder andere stolz sein kann, was man in seinem Leben gemacht hat.« Niemand, und schon gar nicht Jack, hätte voraussehen können, was in so ferner Zukunft alles passieren würde. 1957 behauptete er freilich immer noch, daß er »ausgesprochen sauer« werden würde, wenn man ihn als Komiker bezeichnete. *Fire Down Below* war die Antwort auf seine Bedürfnisse. »Ich habe keine einzige lustige Dialogzeile im ganzen Film«, erwähnte er in einem leichten Anflug von Stolz und Dankbarkeit.
Wieder nach Hollywood zurückgekehrt und noch immer auf der Suche nach einer Frau fürs Leben, begegnete Jack der Schauspielerin Felicia Farr. Sie war sieben Jahre jünger als Jack, unabhängig und besaß einen ausgeprägten Sinn für Humor – beinahe ein Ebenbild Millies, was erklären könnte, weshalb sich Jack Hals über Kopf in Felicia verliebte. Mit 14 war sie als Modell für Badeanzüge aufgetreten, um ihre Tanzstunden zu finanzieren. Mit 17 hatte sie geheiratet, und kaum ein Jahr später kam dann ihre Tochter Denise auf die Welt. Wiederum zwei Jahre später war sie bereits wieder geschieden. Fragte man Feli-

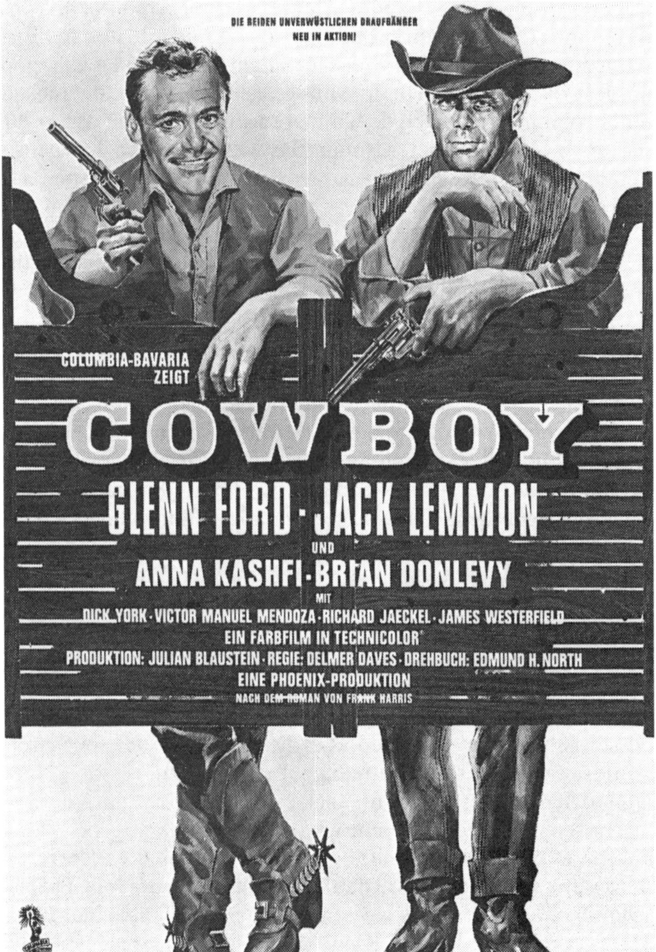

Der ohne Hut ist auch einer, aber sein Partner Glenn Ford wird's ihm schon zeigen

cia, weshalb sie eine so starke Persönlichkeit war, entgegnete sie meistens, daß sie sie von ihrer Mutter geerbt habe – einer Frau, die mit zwölf durch ganz Amerika getrampt war und selbst im hohen Alter noch gelegentlich eine Klempnermontur anzog, durch ihre Mietshäuser in Hollywood zog und alle nötigen Reparaturen selbst durchführte. Vor allem aber war Felicia eine ausgesprochen attraktive Frau mit goldenen Haaren, die Jack in einen Wonneanfall nach dem anderen stürzte. Kaum war er ihr das erste Mal begegnet, als ihm klar wurde, daß er ihr ebenso hemmungslos verfallen war wie vorher nur der Schauspielerei und seinem Klavier.

Er gab Felicia Spitznamen wie »Felish« oder »Farfel« – ein jiddisches Wort für ein Suppengewürz – und fühlte sich sofort zu ihrer Tochter Denise hingezogen. »Bevor ich Felicia begegnet bin, war ich eigentlich niemals wirklich wütend«, blickt Jack auf diese schicksalhafte Begegnung zurück. »Ich fraß alles in mich hinein, war gehemmt, zeigte meine Gefühle nicht. Sie taute mich auf. Zum ersten Mal in meinem Leben konnte ich nun maßlos wütend werden und eine so intensive Zuneigung einem anderen Menschen gegenüber empfinden, wie ich sie bislang nie gekannt habe. Sie ist so lebendig, so weltoffen. Sie hat mich ans Tageslicht gebracht, dafür gesorgt, daß ich mir meine Gedanken machte – über Armut, Politik, die miese Luft.«

Inzwischen tat sich Cynthia mit ihrem zweiten Ehemann in spe Cliff Robertson zusammen; einem Schauspieler, den die Lemmons in den Tagen des Old Knick kennengelernt hatten. Obwohl selbst getrennt voneinander lebend, regten sich John und Millie sehr über die Scheidung und das Schicksal Christophers auf. Sie waren der Ansicht, die Erziehung ihres Sohnes insofern besser gehandhabt zu haben, daß sie auch trotz der spürbaren Auflösung ihrer Ehe zusammengeblieben waren.

Dennoch hatte der Erfolg für Jack etwas bewirkt: Sein Verhältnis zu seinem Vater war nun wesentlich ungezwungener. Nun hielt er es nicht mehr für nötig, sich vor seinem alten Herrn zu beweisen, sicherzustellen, daß sein Vater seine guten Eigenschaften anerkannte, auch wenn er gelegentlich mal einer Prinzessin den Whisky übers Kleid goß. Millie war nicht minder glücklich über ihren Sohn, hatte aber immer noch mit ihren eigenen Problemen zu kämpfen. Als ihr das Ritz-Carlton schließlich klargemacht hatte, daß man gar nicht daran dächte, die Bar in einen Friedhof zu verwandeln, entschied sie sich schließlich, dem Hotel ihre Gunst zu entziehen und statt dessen zu Hause einen zur Brust zu nehmen.

Was seine Laufbahn anging, unterliefen Jack inzwischen mehrere Fehler. Das allein war nichts Ungewöhnliches: Wenn man im Eiltempo einen Berg hinaufstürmt, rutscht man eben manchmal ein kleines Stückchen ab. Und Jack war ein zu intelligenter Schauspieler, als daß ihm das zu häufig oder gar regelmäßig passierte. Dennoch feierte er keineswegs einen Erfolg nach dem anderen. Die beiden Fehler hießen *Operation Mad Ball* (Selten so gelacht) und *Bell, Book and Candle* (Meine Braut ist über-

Bei Lemmon erwartet man eigentlich, daß sein Gewehr nach hinten losgeht: ›Cowboy‹

sinnlich). Daß Jack alle bisherigen Ereignisse überlebt und dabei sogar noch profitiert hatte, verdankte er in erster Linie seinem Vertrag mit Harry Cohn. Er hatte völlige Freiheit bei der Wahl seines Materials, und wenn ihm ein Projekt, für das man ihn ausgesucht hatte, nicht zusagte, brauchte er das nur dem jeweiligen Regisseur und Drehbuchautor mitzuteilen.
Bei diesen beiden Filmen verließ ihn allerdings sein guter Instinkt. Der erste war besser als der zweite; hauptsächlich deshalb, weil sein alter Freund Richard Quine Regie führte und der Film selbst von zwei völlig unberechenbaren Darstellern profitierte, die ebenso verrückt sein konnten wie Jack: Ernie Kovacs und Mickey Rooney. Daneben spielte auch noch eine junge Dame namens Kathryn Grant, die spätere Mrs. Bing Crosby, mit. Die Geschichte drehte sich um eine amerikanische Kompanie in der Normandie, die im Rahmen ihrer Ausbildung allerlei Unbill erdulden mußte – wobei die schlimmste in dem Verbot bestand, mit einer kleinen Gruppe von Krankenschwestern einen Waffenstillstand auszuhandeln. Was den Film dann doch noch halbwegs rettete, war die Beziehung zwischen Lemmon und Kovacs, die so blendend miteinander auskamen wie sonst nur Jungs im Kindergarten.
Sie mochten einander so sehr, daß sie ohne langes Zögern zusagten, als man ihnen beiden den Film *Bell, Book and Candle* anbot. Alles sah danach aus, als ob die Leinwandversion dieses Stücks mindestens so erfolgreich sein würde wie die Bühnenfassung mit Rex Harrison in der Hauptrolle. Immerhin war es fast eine Art Klassentreffen. Jack und Ernie Kovacs standen erneut gemeinsam vor der Kamera, Richard Quine führte wieder Regie, und überdies spielten auch noch so hervorragende Talente wie James Stewart, Kim Novak (die sich im Umgang mit der Presse als ebenso schwierig erweisen sollte wie Kovacs), Hermione Gingold und Elsa Lanchester mit. Jack merkte erst sehr spät, daß man ihn hauptsächlich wegen seines Namens verpflichtet hatte. Er spielte nur eine relativ kleine Rolle – die kleinste unter all den anderen bekannten Schauspielern –, und er war ein zu großer Gentleman, um seinen Kollegen die eine oder andere Szene zu stehlen. Die Freundschaft zu Kovacs entschädigte ihn ein wenig dafür. »Er war einer der anregendsten Menschen, die ich je gekannt habe«, sagte er lange nach Kovacs' Tod. »Manchmal reden wir noch heute über ihn. Seine Anten-

nen wiesen in alle möglichen Richtungen. Er erzählte nicht einfach nur von seiner eigenen Arbeit.«

Auch Jack dehnte sein Tätigkeitsfeld aus. Zum ersten Mal konnten nun auch all jene Leute Gefallen an seiner Musik finden, die keine Gelegenheit hatten, ihm in den Drehpausen beim Klavierspielen zuzuhören: Eine Plattenfirma hatte eine LP mit dem Titel *A Twist of Lemmon* herausgebracht, auf der auch Jacks eigene Komposition »With All My Love« zu hören war. Später witzelte er, daß er alle vier Käufer persönlich kennen würde, und meinte dann, daß er sich bei seinem zweiten Album völlig auf die Musik der Großen beschränken würde – Cole Porter, Jerome Kern und sein großes Idol Gershwin.

Einer der Gründe, warum sich die Platte so schlecht verkaufte, bestand vermutlich darin, daß die Werbung auf seinen Ruhm als Filmschauspieler und nicht auf sein zweifelsohne vorhandenes Talent als Musiker abzielte. Gewissermaßen saß man damit zwischen zwei Klavierstühlen. Ansonsten freilich lief alles bestens, und trotz zweier verheerender Filme gierte das Publikum nach mehr.

Felicia schien damit zufrieden zu sein, die zweite Geige zu spielen, obwohl niemand behaupten konnte, daß ihre Beziehung langsam einschlief. Andere Verliebte mochten sich umarmen, küssen und einander etwas schenken. Jack und Felicia gingen da schon wesentlich weiter. Von Anfang an inszenierten sie die raffiniertesten Streitigkeiten, die Hollywood je außerhalb eines Studios erlebt hatte. Ob sie sich dabei gerade im Haus eines privaten Freundes oder in einem öffentlichen Restaurant aufhielten, war ihnen völlig egal. Einmal sperrte Felicia Jack aus einem Zimmer aus. Jack war so wütend, daß er mit der Faust ein Loch in die Tür drosch. Für Felicia war das Ganze typisch Jack. »Er schlägt gerne Türen zu. Es ist sein letzter Ausweg. Dann hat nämlich er das letzte Wort.«

Bei unserer Begegnung erzählte mir Jack, was damals wirklich passiert war. »Es war ein Uhr morgens, und wir hatten uns ein wenig gestritten. Als ich bereits draußen vor der Türe stand, fiel mir ein, daß ich ja noch gar nicht fertig war. Aber sie wollte mich nicht mehr reinlassen, und das hat mich dann fuchsteufelswild gemacht.«

»Er fuchtelte mit den Armen, schrie mich an und bereitete sich gerade auf seinen großen Abgang vor«, erzählte Felicia dem

Good Housekeeping-Magazin. »Aber die Suppe habe ich ihm versalzen. Ich begleitete ihn zur Tür, öffnete sie, sagte ›Gute Nacht, bis bald‹ und machte sie ganz leise wieder zu. Das war es, was ihn so irritiert hat.«

Wie Jack erzählt, beschwor er sie dann mit ruhiger, weicher Stimme: »Mach' die Tür auf, oder ich tret' sie ein ... mach' die Tür auf, mach' die Tür auf!« Schließlich wurde ich so wütend, daß ich einen Schritt zurückging, ausholte und mit der Faust dagegenschlug. Ich hab' zuerst geglaubt, jetzt hat es mich erwischt. Meine Faust ging ZACK! direkt durch die Türfüllung. Da steckte sie nun in der Tür und ich rief ›Laß die Tür zu, laß die Tür zu‹. Und sie macht natürlich auf. Ich hab' geglaubt, sie reißt mir die Hand ab.« Felicia ließ das Türpaneel dann rahmen und überreichte es Jack als Geschenk.

Die fünfziger Jahre gingen nun langsam zu Ende, und die Vermutung lag nahe, daß ein Paar, das eine derart innige Haßliebe pflegte wie Jack und Felicia, sehr bald heiraten würde. Da er sich mittlerweile wegen mangelnder Gemeinsamkeiten von Cynthia hatte scheiden lassen, stand einer solchen Heirat rechtlich nichts mehr im Wege. Vorläufig hielt er sich allerdings noch zurück. Seine eigenen Erfahrungen in der Vergangenheit – und die seiner Eltern und vieler Freunde, die nach ihm geheiratet hatten und sich noch vor ihm wieder hatten scheiden lassen – hatten ihn sehr vorsichtig gemacht. »Momentan erwäge ich keine Heirat«, sagte er immer und immer wieder. »Und Felicia auch nicht. Ich bin glücklich, so wie die Dinge momentan liegen.«

Offenbar hatte er auch bei der Auswahl seiner Filme seine Lektion gelernt. *It Happened to Jane* (Mit mir nicht, meine Herren) war ein ungleich besserer Handel und nützte auch Lemmons Repertoire sehr viel geschickter. Einmal mehr führte Quine Regie, einmal mehr stand er an der Seite Ernie Kovacs. Doris Day verströmte ihren bewährten Appeal als »Mädchen von nebenan« und Steve Forrest spielte den aalglatten Rivalen um ihre Gunst.

Ihre einzige Szene zusammen spielte in der Stadthalle von Chester/Connecticut. »Bis zu diesem Zeitpunkt hatte ich nie mit einem Schauspieler zusammengearbeitet, der so viel Energie besaß wie Jack«, erzählt Forrest, »Anthony Quinn eingeschlossen.« Scheinbar nützte Jack seine Energien auf dem Set sowohl

Mit Tony Curtis in Billy Wilders klassischer Komödie ›Manche mögen's heiß‹

in körperlicher wie in verbaler Hinsicht. Forrest weiter: »Ich entsinne mich, wie ich Jack einmal bei einem Telefongespräch mit Harry Cohn zuhörte. Entweder wollte ihn Cohn zu einem Film überreden, den er partout nicht machen wollte, oder er wollte ihn zum Partner einer Schauspielerin machen, mit der er niemals wieder auftreten wollte. Ich habe schon einige Wutausbrüche miterlebt, aber noch niemals so etwas wie das. Jack ließ durchblicken, daß er keine Hemmungen hatte, seine Meinung offen kundzutun. So etwas war damals ziemlich selten.«

Bei den Dreharbeiten verstanden sich Jack und Kovacs wieder einmal prächtig. Das perfekte Arbeitsverhältnis zu einem anderen Komiker sorgte schließlich dafür, daß Jack vom babygesichtigen Spezialisten für leichte Komik zu einem ernstzunehmenden Darsteller aufblühte, den man nur noch als Schauspieler im wahrsten Sinne des Wortes bezeichnen konnte. *It Happened to Jane* war nicht nur der Wendepunkt in Jacks Karriere, sondern stand auch während der Dreharbeiten unter einem außerordentlich glücklichen Stern.

Jack, Quine und Kovacs teilten sich ein Haus aus dem 17. Jahrhundert komplett mit Eichenbalken. »Um drei Uhr nachmittags«, erzählte mir Steve Forrest, »ließ uns Dick Quine in aller Regel gehen – ob Columbia das je gemerkt hat, weiß ich nicht. Ganz in der Nähe floß ein wunderschöner Forellenbach, in dem sich die Forellen nur so tummelten. So gingen die meisten von uns kurzerhand angeln. Jack nicht. Er ging nach Hause und spielte Klavier.« Ängstlich darauf bedacht, den Rest des Hauses nicht mit seiner Musik zu belästigen, hatte er sich ein elektronisches Klavier mit abschaltbaren Lautsprechern einbauen lassen. Jeden Abend setzte er dann die Kopfhörer auf und lauschte verzückt den Arrangements, während die anderen keinen einzigen Ton hörten – obwohl es sie nicht im mindesten gestört hätte.

Jacks Leistung in *It Happened to Jane* erregte die Aufmerksamkeit eines der angesehensten Regisseure Amerikas, Billy Wilder. Sein Spezialgebiet war jene Art von Filmen, die Jack eigentlich hätte drehen sollen, und er hatte schon seit langem ein Auge auf den Schauspieler geworfen. Einige Jahre zuvor, 1955, hatte Wilder Jack als den am härtesten arbeitenden Schauspieler Hollywoods bezeichnet. »Welche Rolle er auch annimmt, er recherchiert sie äußerst gründlich und kümmert sich um jedes Detail. Und irgendwie läßt er sein Können völlig instinktiv erscheinen. Er ist ein intelligenter, sehr erfinderischer Schauspieler ... irgendwo zwischen Chaplin und Cary Grant.« Was Wilder nun noch abging, war eine Möglichkeit, selbst von diesem Erfindungsreichtum zu profitieren.

Bis zum Frühjahr 1959 hatte Jack insgesamt elf Spielfilme gedreht. Für den Auftritt in der Playhouse-90-Sendung *Face of a Hero* kehrte er nach *It Happened to Jane* nun für kurze Zeit zum

Fernsehen zurück. Das Stück beruhte auf einem Roman von Pierre Boulle, dem Co-Autor von *The Bridge of the River Kwai* (Die Brücke am Kwai), und drehte sich um einen Kleinstadt-Staatsanwalt, der zwar überall als Held angesehen wurde, aus Eigennutz heraus jedoch einen unschuldigen Jungen eines Kapitalverbrechens beschuldigte. Das Stück löste eine derartige Reaktion unter seinen Fans aus, daß sich Jack entschloß, es im nächsten Jahr auf dem Broadway aufzuführen. Bevor es jedoch soweit kam, griff Billy Wilder ein.
Wilder wußte genau, was er wollte. Er hatte eine ganz bestimmte Idee: Seiner Meinung nach war es 30 Jahre nach Al Capone und dem Massaker am Valentinstag endlich an der Zeit, die Bandenkriege von Chicago ins Lächerliche zu ziehen. Das bluti-

Das Schwesternpaar Lemmon und Curtis

ge Gemetzel als Slapstick aufzuziehen lag ihm allerdings fern. Da würde es zwei Männer geben, die sich als Frauen verkleideten und mit echten Frauen ins Bett gingen … aber es würde alles sehr subtil gemacht sein, und deshalb war es auch so wichtig, daß Billy Wilder seine Geschichte selbst inszenierte. Als Wilder Jack anrief und ihm die Rolle des einen der beiden Männer anbot, stand bereits fest, daß es sich bei diesem Film nicht um eine Art *Charley's Tante* im Minirock handeln würde.
Das erste Mal hatten sich Jack und Billy 1958 darüber unterhalten. »Ich saß in einem kleinen Restaurant mit karierten Tischtüchern«, erzählte Jack der *Los Angeles Times,* »und plötzlich kommt dieser Mann an meinen Tisch und sagt ›Hören S' i bin der Billy Wilder. I hätt' aan Film für Sie. I ruf sie dann in oam Jahr wieder an.‹ Ein Jahr später ruft er an und erzählt mir von der Rolle. Ich hab' dann zugesagt, obwohl es noch überhaupt nichts schwarz auf weiß gab.«
Noch bevor Wilder mit dem Drehbuch anfing, hatte er die drei Hauptdarsteller seines neuen Films daher bereits unter Vertrag – Jack (der in den Stabangaben an dritter Stelle stehen sollte), Marylin Monroe und Tony Curtis. Für Regisseur und Schauspieler bedeutete das ein gewisses Risiko. Für Wilder lag das Risiko darin, daß diejenigen, die das Ganze für eine unverzeihliche Pantomime halten würden, möglicherweise seinen guten Ruf in den Dreck ziehen konnten. Jack und Tony hatten es noch schwerer: Der Dreck, mit dem man sie eventuell bewerfen würde, könnte hängen bleiben. Möglicherweise würde man in Zukunft lästern, daß sie sich lieber ganz auf solche Schwuchtelfilmchen konzentrieren sollten.
»*Some Like It Hot* (Manche mögen's heiß) war der Wendepunkt für mich«, erzählt Jack. »Und trotzdem war es seltsam. Vor Beginn der Dreharbeiten hielt uns jedermann für komplett verrückt. Alle dachten, daß Wilder eine Schraube locker hatte … Wie konnte er denn zwei Männer wie Curtis und Lemmon, zwei echte Hollywood-Männer, für 85 Prozent des Films als Frauen herumlaufen lassen? Ich meine, das reicht für einen Fünf-Minuten-Sketch. Aber einen ganzen Film? Und jedermann als Tunte?«
Das Drehbuch schrieb Wilder dann zusammen mit seinem langjährigen Partner I. A. L. Diamond. Darin ging es um zwei arbeitslose Musiker, die sich als Damen verkleiden, um einen Ar-

›Manche mögen's heiß‹: Die Schönheit neben Lemmon heißt übrigens Marilyn Monroe

beitsplatz in einer Frauenband zu bekommen. Überdies sind sie gerade auf der Flucht, nachdem sie am Valentinstag zufällig Zeugen des kleinen Tumults in der Garage geworden sind. Der Erfolg des Films hing zum einen davon ab, daß es Lemmon und Curtis offensichtlich schwerfiel, als Frauen akzeptiert zu werden, sie es aber trotzdem gerade eben schafften. Eine andere wichtige Rolle kam den ungemein komischen Gags zu, die die beiden Schauspieler mit der Ernsthaftigkeit einer Kriegserklärung vortrugen.

»Alle unsere Mädchen sind Virtuosen«, sagt der Band-Leader. »Ich sag' dir, Joe«, meint Jack, »sie haben's gemerkt. Und sie stellen uns an die Wand und ... die Polizei findet zwei tote Frauen, und sie bringen uns in die Leichenhalle, und wenn sie uns dann ausziehen, ich sag' dir, Joe, ich sterbe vor Scham.«

Und als Jack dem reichen Wüstling (gespielt von Joe E. Brown) eröffnet, daß er ihn nicht heiraten könne, weil er ein Mann sei, grinst sein Freier nur: »Na und. Niemand ist vollkommen.«

Ein anderes Problem für die beiden Hauptdarsteller(innen) war die überwältigende Anziehungskraft ihrer Partnerin Marilyn Monroe, die den Part der Sängerin innehatte. Ihr Ruf ließ Schlimmes befürchten. Daß Jack dennoch völlig cool blieb, während sich Marilyn ihren Weg in ihr gemeinsames Zugabteil bahnte und dabei ihre Brüste an sein Kinn drückte, sprach ebenso für ihr schauspielerisches Talent wie für Jacks Fähigkeit, nie die Kontrolle über eine Situation zu verlieren. *Some Like It Hot* sollte sich als ihr bester Film herausstellen.

Auf Jack wartete eine sehr viel schwierigere Aufgabe. Wilder erzählte, daß er von Anfang an geahnt hatte, daß Jack den Test mit fliegenden Fahnen bestehen würde. »Ich habe ihn zu Beginn seiner Laufbahn in zwei, drei Filmen gesehen, und mir war schon damals klar, daß da ein neues Talent im Aufstieg begriffen war. Als er dann mit der Arbeit zu *Some Like It Hot* anfing, hatte ich überhaupt keine Zweifel mehr an seinen Qualitäten. Ich wußte, daß Lemmon für die Rolle eines der beiden Männer wie geschaffen war.«

Wie Wilder es ausdrückt, »lag da ein gewisser Zauber über allem, eine *joie de vivre.* Der Film hatte nichts Parodistisches an sich. Er war keine Satire auf die Frauen; ganz anders als *Tootsie,* ein sehr guter Film übrigens, der dann allerdings sehr philosophisch wurde. Und das lag einzig und allein an ihm. Wenn man so etwas lernen könnte, hätte ich es den anderen Schauspielern beigebracht. Aber Jacks Leistung resultierte ausschließlich aus seinem einzigartigen Talent.«

Wilder erwähnt, daß ihn die Kostümproben endgültig überzeugt hätten. »Ich ging in die Garderobe – einen Wohnwagen. Es war das erste Mal, daß sich Jack und Tony ihre Kleider und die Stöckelschuhe angezogen und ihre Perücken aufgesetzt hatten. Ich sagte: ›Also los. Die Kameras warten schon.‹« Tony war in diesem Moment fest davon überzeugt, daß er sein eigenes Todesurteil unterschrieben hatte. »Er war wie gelähmt«, erinnert sich Billy Wilder. »Er konnte es einfach nicht ertragen, daß man ihn als Frau sehen würde. Jack sagte ›Na, komm schon‹,

packte ihn an der Hand und schleppte ihn nach draußen, als ob überhaupt nichts dabei wäre. Es bereitete ihm enormes Vergnügen, sich als jenes vielseitige Talent zu beweisen, das er ja auch war. So viel Freude an seinem Beruf hatte außer ihm nur noch Charles Laughton.«
Wie so viele andere, beeindruckte auch Billy Wilder die Ernsthaftigkeit, mit der Jack seine Rolle anging. »Bei ihm wirkte alles unbedingt glaubwürdig. Man glaubte ihm ganz einfach, daß er gezwungen war, sich dieses Kleid anzuziehen und sich als Frau auszugeben. Das Ganze hatte nichts gewollt Parodistisches an sich.«
Trotzdem konnte der Regisseur nicht ahnen, wie gut Jack in dieser Rolle sein würde. »Er war sehr viel besser, als ich gedacht

›Manche mögen's heiß‹: »Niemand ist vollkommen.«

hatte. Die ganze Situation erinnerte mich an einen Komponisten, der gerade ein neues Musikstück verfaßt hatte und sich nun darüber freute, wie gut es ihm geglückt war. Doch dann hört er, wie ein Horowitz oder ein Rubinstein sein Stück vorträgt, und es klingt noch mal so gut. Mit Jack und mir war es dasselbe. Er denkt mit und feilt sehr lange an seinen Dialogen herum.«

Jeden Morgen um acht, eine Stunde vor Drehbeginn, stand Billy Wilder auf dem Set. Jack trudelte gewöhnlich um halb neun ein. »Er hielt eine Tasse Kaffee in der Hand und meinte: ›Hör mal, ich habe über diese Szene nachgedacht ... mir ist da was eingefallen.‹ Falls die Idee gut war, habe ich sie einfach übernommen; falls nicht, habe ich ihn einfach nur angesehen und er

Der im Brando-Kostüm ist Lemmon, seine Partnerin, unverkennbar, Doris Day: ›Mit mir nicht, meine Herren‹

›Mit mir nicht, meine Herren‹: Doris Day und Jack Lemmon im Mittelpunkt

reagierte immer mit einem ›Gut geschlafen?‹ oder einem ›So toll fand ich die Idee auch wieder nicht.‹ Er war keiner dieser hochgeistigen Schauspieler, die dann stundenlang mit einem diskutierten.«

Eine schlichte Bemerkung genügte – was ebenso viel über Jacks Berufsauffassung wie über sein Verhältnis zu seinem Regisseur aussagte. »Andere Schauspieler diskutieren stundenlang«, sagte Wilder. »Am Ende erklärte ich dann immer, daß ich gerne den Beweis für meine Behauptungen antreten und die Szene sowohl nach ihren wie nach meinen Vorstellungen drehen würde. Was ich dann auch immer getan habe – allerdings ohne Film in der Kamera. Bei Jack war das nie nötig.«

Während der Dreharbeiten zu *Some Like It Hot* hatte Billy Wil-

der Geburtstag. Man drehte gerade die Szene, in der die Gangster im selben Hotel ihre Jahresversammlung abhielten, in dem auch die Damenband auftrat. Edward G. Robinson junior sollte aus dem Kuchen springen und den von George Raft gespielten Gangsterboß Spats umnieten. Nachdem man die Einstellung mehrfach geprobt hatte, rief Wilder »Action!« und wandte seinen Blick dem Kuchen zu. Statt des jungen Ganoven sprang diesmal jedoch ein völlig nacktes Mädchen aus der Torte.
»Das Ganze war als Geburtstagsgeschenk für mich gedacht«, erinnert sich Wilder. »Jack und Tony waren auf die Idee gekommen. Ich habe mich darüber sehr gefreut.«
Marilyn Monroe wiederum zerbrach sich über jeden Film den Kopf. So sehr wie bei *Some Like It Hot* hatte sie allerdings noch nie gelitten. Sie war gerade schwanger – obwohl sich später, wie bei all ihren Schwangerschaften, herausstellte, daß der Embryo in ihrem Eileiter steckte und deshalb abgetrieben werden mußte –, und ihr Ehemann Arthur Miller sorgte sich um sie wie eine Katze um ihre Jungen. Jack kam mit allen seinen Kollegen bestens aus, einschließlich Marilyn. »Er ist einfach nicht in der Lage dazu, über irgend jemand irgend etwas Schlechtes oder Unangenehmes zu sagen«, wie es Billy Wilder einmal ausdrückte. »Er ist sehr mitfühlend. Irgendeine Möglichkeit findet er immer, etwas Nettes über andere zu sagen.«
Einem Streit am nächsten kam man vielleicht noch, als Marilyn eines Tages Gefallen an Jacks Kleid fand. Wie er später berichtete, steigerte sich Orry-Kelly – über Jahre hinweg Warners Kostümdesigner Nummer eins – deshalb in einen enormen Wutausbruch hinein: »Sie hat dein Kleid angezogen! Das Miststück hat dein Kleid ruiniert!« Viel ausrichten konnte man dagegen allerdings nicht. Marilyn war der berühmtere Star von beiden, und wenn sie auf einem Kleid bestand, das man ursprünglich für Jack vorgesehen hatte, blieb Kelly gar nichts anderes übrig, als für Jack ein neues zu entwerfen. Aber Marilyn war vermutlich durchaus klar, was sie da anrichtete.
»Marilyn hatte so etwas wie ein eingebautes Barometer«, erzählt Jack. »Es dauerte ungefähr zwei Wochen, bis ich mit ihr klarkam. Ich verehrte sie, und wir kamen prima miteinander aus, aber am Anfang hat sie mich schlicht umgehauen. Im Gegensatz zu allen anderen Schauspielerinnen, mit denen ich zeit meines Lebens gearbeitet habe, wußte Marilyn immer genau,

was sie wollte. Wenn ihr irgend etwas nicht paßte, ob das nun eine Dialogzeile oder fünf Seiten waren, hörte sie einfach auf, ob der Regisseur nun ›Schnitt‹ gerufen hatte oder nicht. Sie sagte einfach nur ›Tut mir leid ...‹ Wir spielten eine Szene zusammen, und irgendwas machte ihr Kopfzerbrechen. Sie hatte nur zwei Sätze – ›Wo ist der Bourbon? Ach, da ist er ja.‹ Ich schloß eine Wette mit Tony ab, wie viele Takes sie dafür brauchen würde. Ich schätze, ich habe dann insgesamt 15 Dollar verloren. Tony sagte ›Das riecht doch förmlich nach 30 Takes‹. Ich antwortete ›Auf keinen Fall. 15.‹ Das waren die ersten fünf Dollar. Dann

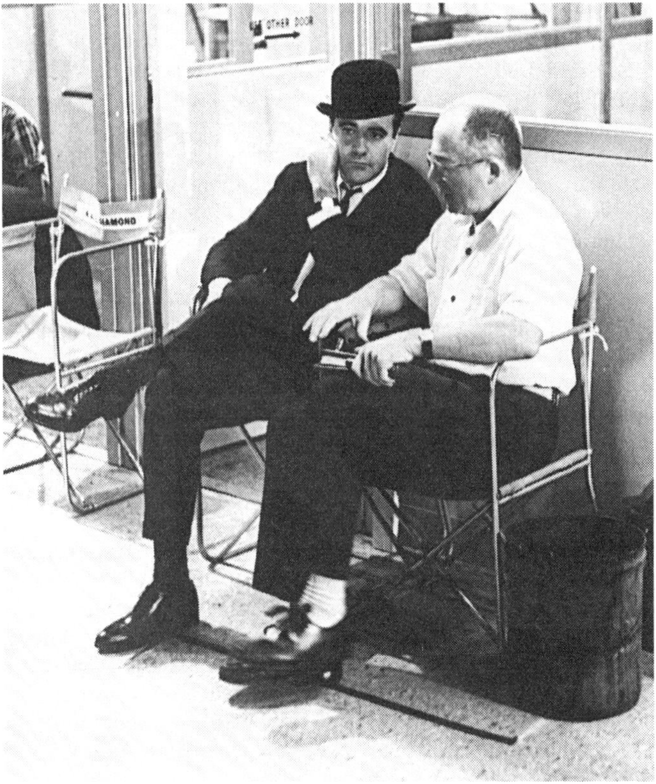

Billy Wilder bespricht mit Lemmon dessen Rolle in ›Das Appartement‹

20 – die nächsten fünf Dollar. Dann 25 – nochmal fünf Dollar. Aber Marilyn wußte genau, was sie tat. Sie war große Klasse. Sie hatte einen guten Riecher.« Mitunter brauchte sie auch bis zu 40 Takes.
Sie war, wie er einige Monate nach Abschluß der Dreharbeiten bemerkte, »absolut unberechenbar. Sie ist ganz einfach nicht wie alle anderen. Wenn wir alle im selben Haus wären und es würde einstürzen, würden wir alle losrennen. Marilyn natürlich auch, aber in eine völlig andere Richtung. Aber der springende Punkt ist, daß sie kein einziger Ziegel dabei treffen würde. Sie ist nicht nur anders, sondern auch intelligenter als wir.«
In einem Interview mit der *Chicago Tribune* aus dem Jahre 1979 meinte Jack, daß sie wahrscheinlich nicht besonders glücklich gewesen sei. »Ich glaube, ihre Fröhlichkeit war nur Fassade. Irgendwann hatte man sie vermutlich einmal sehr verletzt. Zu der Zeit, als ich mit ihr arbeitete, schirmte sie sich bereits ziemlich ab. Wenn sie jemand wirklich mochte, ließ sie ihn mitunter schon an sich heran. Ab einem gewissen Punkt jedoch schirmte sie sich völlig ab, weil sie Angst hatte, daß man sie noch einmal so verletzen könnte.« Das größte Problem bei den Dreharbeiten bestand allerdings darin, daß sie jeden auf sich warten ließ. »Sie war so unpünktlich, daß es fast wie eine Krankheit war. Sie war einfach nicht dazu imstande, aus ihrer Garderobe herauszukommen. Sie machte Billy Wilder völlig verrückt.«
Die Gerüchte, daß Wilder und Marilyn auf dem Set wie Hund und Katze aufeinander losgegangen seien, waren dennoch maßlos übertrieben. Lemmon erinnert sich, wie der Regisseur einmal bemerkte: »Mit diesem Mädchen braucht man zwar sehr viel mehr Takes als sonst. Aber wenn sie eine Szene wirklich einmal hinkriegte, dann war sie ihr Geld auch wert.«
Tony Curtis war da sehr viel unnachsichtiger. Im Film spielte er jenen Musiker, der sich als Ölmagnat mit Cary-Grant-Akzent verkleidete und sich hoffnungslos in Marilyn verliebte. »Tony hatte es sehr viel schwerer mit Marilyn«, sagte Billy Wilder. »Beide konnten einander nicht ausstehen und hatten sich schon vor den Dreharbeiten in die Haare gekriegt. Nach ihrer großen Liebesszene meinte Tony dann ›Hitler würde ich lieber küssen‹. Na ja, ganz so sicher wäre ich mir da auch nicht.«
Jack spielte Daphne, Curtis war Josephine. Im Film sieht sich Jack sein Kleid an und sagt dann zu Curtis: »Es zieht. Die müs-

sen doch dauernd einen Schnupfen kriegen.« Auch die Schuhe bekommen ihr Fett weg: »Wie läuft man in diesen Dingern? Wie halten die eigentlich ihr Gleichgewicht?« »Ich habe das Gefühl, jeder starrt mich an«, fügt er noch hinzu.

»Bei den Beinen?«, erwidert Curtis. »Bist du verrückt?«

Zu lernen, sich wie eine Frau zu bewegen, bereitete beiden Schauspielern das größte Problem; von den so zugigen wie peinlichen Kleidern einmal abgesehen. Die Dreharbeiten erwiesen sich als Mittelding zwischen Leichtathletik und schauspielerischer Tour de force. Die nötigen Kurven erzielte man dabei mit einem ausstaffierten Korsett, die unerwünschten Rundungen beseitigte man mit einem Lederriemen.

Das geringste Problem war die tägliche Rasur. Dreimal am Tag zückten Jack und Tony ihren Rasierapparat, während die Versicherung hoffte, daß sie dabei keine allzu großen Kerben schlugen. Jack schnitt sich einmal ins Bein. Stöckelschuhe hatten eben ihre Tücken.

Ein Frauenimitator aus Europa zeigte beiden Schauspielern dann, mit welcher Grazie eine Dame ihren einen Fuß vor den anderen setzte. »Nach drei Tagen«, erzählte mir Jack, »gab der Mann auf. Seine letzten Worte waren ›Curtis hat durchaus das Zeug dazu. Aber Lemmon ist ein hoffnungsloser Fall.‹« Eine typische Bemerkung für den stets bescheidenen Lemmon.

Nichtsdestotrotz war das Ganze ein Volltreffer. Das zeigte sich, als sie ihre neuen »Körper«, die Kostüme und die Gangart das erste Mal vor einem ahnungslosen Studiopublikum ausprobierten. Es war die größte und zugleich die einzige echte Herausforderung für die beiden Schauspieler: Sie gingen auf die Damentoilette, fuhren ein paarmal mit dem Kamm durchs Haar und brachten ihren Lippenstift in Ordnung. Keine der echten Frauen merkte irgend etwas. Auch die, im Stil der Zwanziger gehaltenen Kostüme erregten kein sonderliches Aufsehen. So etwas war in einem Filmstudio an der Tagesordnung.

Natürlich waren beide Männer hocherfreut, obwohl der erste Blick in den Spiegel ziemlich an den Nerven zerrte – was angesichts der dick aufgetragenen Wimperntusche und dem Cupido-Schmollmund allerdings nur zu natürlich war. Jack blickte in den Spiegel und sah – seine Mutter. Nach einigen Tagen wurde ihm dann klar, daß er sich unbewußt tatsächlich an Millie orientierte. Als er ihr das erzählte, hielt sie die ganze Sache für einen

Heidenspaß, was Jack wiederum als großes Kompliment betrachtete.
Das Publikum im Kino glaubte natürlich keine Sekunde, daß es echte Frauen vor sich hatte. Dennoch mußten sie zumindest so glaubwürdig sein, daß es ihnen wenigstens die Figuren im Film abkaufen konnten. Jack verglich den Film mit einem Thriller, in dem zwar die Zuschauer, nicht aber die Mitspieler den wahren Mörder kannten. Billy Wilder nannte es das »bereitwillige Akzeptieren einer Illusion«. Wenn normale Menschen zweimal hinsahen, dann nur, weil sie sich fragten, wie sich zwei so häßliche Frauen in die Öffentlichkeit wagen konnten.
Überaus anstrengend war die komödiantische Fingerübung trotzdem. So floß in *Some Like It Hot* sehr viel mehr Schweiß als in einigen von Lemmons ernsthafteren Filmen. »Ich bin der Ansicht«, erzählte er, »daß es sehr viel schwerer ist, eine gute Komödie zustande zu bringen als ein ernstes Drama. Und das gilt für alle Teilbereiche – nicht nur für den Schauspieler, sondern auch für Regisseur und Drehbuchautor, weil das Timing auf die Sekunde stimmen muß. Auch ein schwaches Drama kann mitunter durchaus packend sein, sei es, weil die Schlüsselszenen funktionieren, oder weil die Schauspieler gut sind. Bei Komödien dagegen liegt die Verantwortung ganz bei einem selbst.«
Als die letzte Szene des Films im Kasten war, glaubten freilich alle, daß sich die Anstrengung gelohnt hatte. *Some Like It Hot* war vielleicht nichts weiter als eine einzige Aneinanderreihung alter Klischees. Und womöglich waren all diese Klischees, wie Jack es ausdrückte, tatsächlich noch älter als jenes von dem Mann, der sich einen Lampenschirm aufsetzt und sich als Frau ausgibt. Dennoch ließ Wilders Bearbeitung diese 123 Minuten voller Klischees zu einem unvergeßlichen Erlebnis werden. »Und dazu kam noch«, erzählte Jack der *Saturday Evening Post,* »daß sich Wilders Inszenierung auf einem solch hohen Niveau bewegte, daß das Endprodukt zwar unanständig, aber niemals derb oder obszön wirkte.«
Die Studiobosse waren sich dessen nicht so sicher. Die erste Testvorführung erboste sie; sie verabscheuten den Film, der ihrer Meinung nach die Grenzen des Geschmacks viel zu häufig überschritt. Mindestens 15 Minuten müßten raus. Wie erwartet, weigerte sich Billy Wilder und kürzte seinen Film als kleinen Kompromiß um 30 Sekunden. Eine Woche später führte man

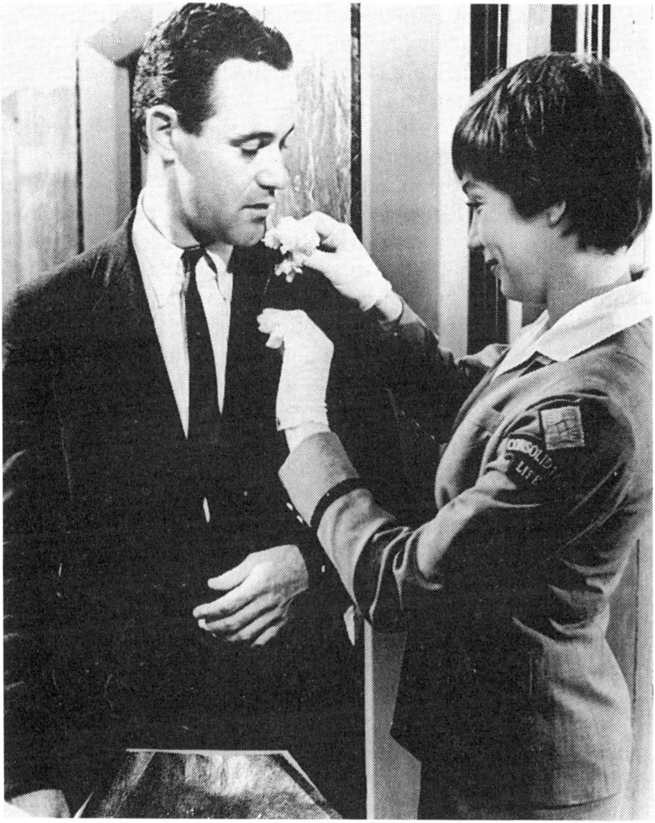

›Das Appartement‹. Lemmons Partnerin ist zum ersten Mal Shirley MacLaine

den Film ein zweites Mal vor. Diesmal fiel es keinem auf, ob Wilder die beanstandeten Dialoge geschnitten hatte oder nicht – aus gutem Grund: Die meisten Zuschauer reagierten so laut und heftig, daß ihr Gelächter minutenlang die Dialoge übertönte. Es sollte allerdings noch eine Weile dauern, bis *Some Like It Hot* in den regulären Kinos anlief und sich Lemmon und der Rest des Teams endgültig sicher sein konnten, daß sie einen Hit in Händen hatten.

»Das ist das Frustrierende am ganzen Filmgeschäft«, erzählt Jack. »Du kannst nicht noch einmal von vorn anfangen, wenn irgend etwas schiefgelaufen ist. Wenn man einem Regisseur vertraut, dann folgt man seinen Anweisungen, klar, schön. Ob sein Timing stimmt, merkt man aber erst, wenn der Film in den Kinos anläuft. Und dann ist es zu spät. Im Theater kann man's in einer anderen Stadt noch mal versuchen. Und wenn man an einem Abend die Rolle so interpretiert und das haut nicht hin – oder wenn man einen Witz zu lang hinausgezögert hat –, dann ist das okay. Morgen kann man's ja noch mal versuchen. Und irgendwann kommt man dann schon auf den Trichter.«

Some Like It Hot öffnete ihm Tür und Tor. Jack erhielt eine Oscarnominierung als bester Hauptdarsteller, Billy Wilder eine für die beste Regie, und auch Charles Lang wurde für seine Kameraführung mit einer Nominierung ausgezeichnet. *Time* wiederum beschrieb Jacks schauspielerische Leistung so: »Mit Lippenstift, Wimperntusche und gefährlich vornübergeneigtem Gang ... pickt sich Lemmon die meisten Witze aus dem Drehbuch.« Was Jack selbst betraf, fühlte er sich nun auch ohne Stöckelschuhe wie ein Riese. Inzwischen konnte er sich mit Fug und Recht als Star bezeichnen.

Billy Wilder war sich dessen bewußt und fuhr fort, Jack mit all der Beflissenheit eines Kunsthändlers anzupreisen, der ein unbekanntes Gemälde eines alten Meisters entdeckt hatte. Er jedenfalls sah in Jack Lemmon einen jungen Meister seines Fachs. Wenn ihn die Leute mit Chaplin oder Grant vergleichen wollten, okay. Aber Wilder war sich sicher, daß man Lemmon in absehbarer Zeit selbst als Vorbild bezeichnen würde.

Nun hatte er Gelegenheit, den alten Spruch zu widerlegen, wonach der Blitz niemals zweimal an derselben Stelle einschlug. Das lag keineswegs nur daran, daß die Anhänger von *Some Like It Hot* den Streifen langsam zu einem Kultfilm machten und nun mehr von Lemmon sehen wollten. Strenggenommen war *The Apartment* (Das Appartement) überhaupt keine Komödie, obwohl Jack darin die Zuschauer des öfteren zum Lachen brachte. Wieder zeitigte seine Zusammenarbeit mit Billy Wilder jedoch einen ungeahnten Erfolg.

Im einen Augenblick sprudelte Jack einige der witzigsten Gags hervor, die man im Kino je gehört hatte; im nächsten versuchte er verzweifelt, der Heldin zu Hilfe zu kommen, die sich nach ei-

ner Überdosis Schlaftabletten in sein Bett gelegt hatte. Es war ein frühes Beispiel dafür, wie leicht Jack Lemmon der Übergang von Komödie zu Tragödie fiel; ein Übergang, der meist nicht länger dauerte als einen Atemzug. Seine Partnerin war Shirley MacLaine, eine junge Schauspielerin, die Billy Wilder mit ihrer Angewohnheit, ihre Dialoge zu improvisieren, beinahe rasend machte – von ihrer ausgesprochenen Abneigung gegen Proben ganz zu schweigen. »Wir haben uns dann an sie gewöhnt«, erzählte Jack *Variety,* »vor allem deshalb, weil sie einfach ein Klassemädchen ist.«
Er selbst konnte sich bestens in seine Figur hineinversetzen – einen Mann, der in einem fort ein Nasenspray benutzte und dabei auch mal in Fred MacMurrays Augen zielte. »Sagen Sie mal, Baxter«, will sein Boß MacMurray in einer der ersten Szenen

Den Neurotiker kann er am besten: ›Das Appartement‹

von ihm wissen, »warum sind Sie hier eigentlich so beliebt? ... Da gibt's doch einen gewissen Schlüssel.« Und besagter Schlüssel öffnete nicht nur die Tür zu Baxters Wohnung, sondern sicherte Lemmon auch seinen Arbeitsplatz.

Wieder war es Wilders eigene Geschichte. Sie drehte sich um einen recht jungen Büroangestellten, der sich dadurch bei seinem Chef einschmeichelt, daß er ihm sein Appartement für diverse Techtelmechtel zur Verfügung stellte. Daneben zogen aber auch noch einige andere Angestellte Nutzen aus seiner Großzügigkeit. Der eigentliche Gewinner freilich war das Publikum. Das Drehbuch bekam Jack dabei erst kurz vor Beginn der Dreharbeiten zu sehen, und es dauerte eine ganze Weile, bis er sich in seine Figur hineinversetzen konnte. »Als ich es schließlich geschafft hatte«, sagte Jack Jahre danach, »fand ich sie ausgesprochen sympathisch. Zeitweise hatte ich Angst, daß mir die Figur recht langweilig und fad geraten würde, daß ich sie nicht so sehr spielen, sondern sein würde. Das klingt jetzt sehr eingebildet. Aber ich hatte wirklich Angst, daß ich meine Arbeit vielleicht zu gut getan hatte – daß ich zu ehrlich gewesen war.« Solche Sorgen machte er sich indes recht selten. In der Regel befürchtete er eher, daß er nicht gut genug gewesen war, um die Geschichte zu erzählen, die der Regisseur erzählen wollte.

Nach Abschluß der Dreharbeiten flogen Wilder und Jack nach Europa, um die Tatsache auszunützen, daß es dem Regisseur gelungen war, »den Blitz zum zweiten Mal in derselben Flasche einzufangen«, um seine Variante des alten Sprichwortes zu verwenden. Ihre PR-Tournee für *The Apartment* führte sie durch Frankreich, Belgien, England, Deutschland und Dänemark. »Uns bereitete das einen Heidenspaß«, erinnert sich Wilder. »Mit ihm zusammen durch Europa zu fahren war wunderschön, weil ich da so richtig angeben konnte.«

Allerdings gab Wilder, der mit den Sehenswürdigkeiten von Paris, London und Kopenhagen bestens vertraut war, dabei nicht *vor* Jack, sondern *mit* ihm an. »Wissen Sie«, sagte er, »es gibt tatsächlich so etwas wie den freundlichen Amerikaner.« Jack zeigte sich tief bewegt, als Wilder ihm sein Wiener Geburtshaus zeigte. Daneben fuhren sie auch zusammen nach Ost- und Westberlin. Seine eigene Flucht aus Österreich oder die Tatsache, daß er seine Familie im Holocaust verloren hatte, erwähnte Billy allerdings nicht.

Der Chef pfeifft, und »Bud« hat sein Appartement zur Verfügung zu stellen

Im Dorchester Hotel in London amüsierte sich Jack königlich über die Tatsache, daß man ihn in der »Maharadscha-Suite« einquartiert hatte, wie er sie bezeichnete – eine Suite komplett mit echtem Marmor, echtem Rasen auf der Terrasse und einem echten Hotelmanager im Frack. Und das alles um zwei Uhr nachmittags. »Sowas gefällt mir.« Daneben schätzte er auch die Gesellschaft Billy Wilders. Beide Männer bewunderten sich gegenseitig. »Die Arbeit mit Billy«, erzählte er der *New York Times,* »war eine der schönsten Erfahrungen in meinem ganzen Leben. Die in Hollywood so weitverbreitete Unentschlossenheit geht Billy völlig ab. Er macht keine Kompromisse, und wenn es ihn den letzten Heller kostet.«
Bei den Dreharbeiten ging Jack einmal mehr seine Mutter im

Kopf herum. Das einsame Mädchen in der Bar erinnerte ihn an sie; eine Frau, die sich für unwiderstehlich komisch hielt, aber in Wahrheit nur mit dem Alkohol befreundet war, verstand er nur zu gut. Wenn jemand daran Zweifel hegte, daß ihn seine Rollen in Mitleidenschaft zogen, belehrte ihn der verzerrte Ausdruck auf seinem Gesicht und die schweren Augenlider bald eines Besseren. »Ich lebe meine Rollen wirklich«, sagte er einmal. »Ich war dieser kleine Hanswurst, auch in den Nächten und an den Wochenenden.«

In gewisser Hinsicht machte ihn die Rolle aber auch unsterblich. Kurz nach dem Film lud man Jack und Shirley ein, ihre Hand- und Fußabdrücke vor dem Eingang des Grauman's Chinese Theatre in Zement zu verewigen. Ihre Sterne trugen die Nummern 141 und 142.

Wieder nominierte man Jack und Billy für den Oscar. Billy gewann in zwei Kategorien: Er erhielt den Oscar als bester Regisseur und teilte sich den Preis als bester Drehbuchautor mit seinem Partner I. A. L. Diamond. Jack gewann überhaupt nichts, nur eine Nominierungsurkunde und die Bewunderung aller, die den Film im Kino gesehen hatten. *The Apartment* war ein enormer kommerzieller Erfolg und festigte Jacks Ruf als immens kassenträchtiger Schauspieler. Und wenn er es einmal nötig hatte, daß ihn jemand wieder auf die Erde herunterholte, konnte er stets auf seinen Sohn Christopher zählen. »Mann, Dad«, meinte er kurz nach der Premiere, »ich hab' grade jemand getroffen, der war noch älter als du.«

The Wackiest Ship in the Army (Auf schrägem Kurs), Jacks zweiter Film im Jahre 1960, hielt sich eher an das Rezept seiner früheren Erfolge – reine Komödie mit einem kleinen Schuß *Mister Roberts.* Nach der Begeisterung für *Some Like It Hot* und *The Apartment* schien die Annahme beinahe vernünftig, daß solche Filme nun die Regel werden würden. Ganz so kam es dann aber doch nicht, obwohl die Geschichte vom Segelschiff, das im Südpazifik langsam auseinanderfällt und das japanische Kaiserreich in helle Aufregung versetzt, durchaus mit einer Reihe netter Einfälle aufwarten konnte. Als Meilenstein in der Karriere Jack Lemmons konnte man den Film allerdings trotzdem nicht bezeichnen – eher schon als Erfüllung seiner Pflichten für Columbia.

Was ihn zur Zeit mehr interessierte, war sein Verhältnis zu Felicia, obwohl ihre gemeinsamen Freunde von den ewigen Streitigkeiten langsam genug hatten. Cynthias Ehe mit Cliff Robertson hatte mit einer unangenehmen Scheidung geendet, und nun rumorten die Gerüchte in den Klatschspalten, daß sie und Jack wieder zusammenfinden würden. Offensichtlich hatte Jack das Gerücht selbst in die Welt gesetzt: »Wäre es nicht schön, wenn Cinnie und Chris auf einen Besuch herüberkämen?«, hatte er unabsichtlich verlauten lassen. Was er eigentlich damit hatte sagen wollen, war, daß er gerne mehr Zeit mit seinem Sohn verbringen würde. Andererseits konnte man in diesen Satz natürlich sehr viel mehr hineinlesen. Schließlich entschied er sich für Felicia und eine Beziehung, die man mit einigem Recht als stürmisch bezeichnen konnte. Was ihn betraf, hielt das Verhältnis jedoch mehr Sonne als Regen bereit, und auch die magnetische

Mit Shirley MacLaine in Billy Wilders ›Das Appartement‹

Anziehungskraft, die beide miteinander verband, ging nicht nur von seinem Pol aus. Sie liebten einander, aber das war es auch schon. Jack hatte seine Karriere und den sechsjährigen Christopher, der seine Zeit sehr oft in Anspruch nahm; Felicia ihre Schauspielerei und ihre achtjährige Tochter Denise. Falls sich Jack doch zu einer Ehe entschließen sollte, hätte man die Heirat zwischen ihre jeweiligen Filmverpflichtungen einschieben müssen. Inzwischen prasselten die Drehbücher immer schneller vor seine Tür. Jack freilich hatte immer noch den Ehrgeiz, allen zu beweisen, wie recht er mit seiner Behauptung gehabt hatte, daß die echten Herausforderungen für einen Schauspieler auf den Broadway-Bühnen lagen. Die Zeit war reif für einen Theaterauftritt in New York.

Für ›Pepe – Was kann die Welt schon kosten‹ setzte Lemmon nochmal die Perücke auf

Die Tage des Weines und der Rosen

Die Bühnenfassung von *Face of a Hero* erwies sich als herbe Enttäuschung, sowohl für Jack wie für seine Bewunderer. Seit er damals in den Fernsehstudios den Entschluß gefaßt hatte, daß es sich wunderbar für das Theaterrund eignen würde, hatte er großes Vertrauen in das Stück gehabt. Trotzdem hatte man ihn gewarnt. Wie konnte Hollywoods Goldjunge seine Karriere für etwas aufs Spiel setzen, das alles andere als vielversprechend klang?

Sein Interesse an dieser herbstlichen Tollheit – das Stück sollte am 20. Oktober im Eugene O'Neill Theatre in der West 49th Street seine Premiere erleben – war doppelter Natur. Er wollte nicht nur endlich wieder Theaterboden unter seinen Füßen spüren, sondern auch den Hollywood-Mogulen ein für allemal beweisen, daß er mehr als nur eine Kapitalanlage war.

Das Ganze war ein bekanntes Symptom der berüchtigten Star-Krankheit. Gegen zahlreiche andere Symptome dieser Infektion hatte sich Jack bislang als immun erwiesen – das Primadonna-Verhalten, die Forderungen nach besonderen Vergütungen, das Beharren auf neuen Cadillacs und ähnlichen Nebengewinnen, die Weigerung, freundlich zur Presse und zu den Leuten zu sein, die ihn eigentlich erst zum Star gemacht hatten. Dennoch legte er nun ein klassisches Symptom dieser Krankheit an den Tag, die schon so viele andere erwischt hatte: den dunklen Verdacht, daß man seine Arbeit nicht als Kunst im eigentlichen Sinne akzeptierte.

Ähnliche Sätze hatte Jack schon bei seinem Auftritt im Walnut Theatre in Philadelphia von sich gegeben, kurz bevor man ihn »rausgeworfen« hatte. »Ich wollte mal wieder meine Muskeln spielen lassen«, sagte er. »Ich bin schon jetzt ein besserer Schauspieler – und das nach nur drei Proben. Und wenn das Stück morgen durchfällt, fange ich übermorgen wieder von vorne an.« Genau das tat das Stück dann auch. »In Philadelphia haben sie uns achtkant rausgeworfen«, erinnert sich Jack. »Nur in Boston ließen sie uns eine Weile lang auftreten. Und auch das nur, weil ich ein Einheimischer war.« Das Ganze war ein schwerer Schlag für sein Selbstbewußtsein, mußte er doch erkennen, daß die

Bühne, die er noch immer als seine erste und einzige Liebe bezeichnete, weniger höflich mit ihm umsprang als ein Filmstudio. Vielleicht war ihm der Sieg in Hollywood so leicht gefallen, daß er nun unbewußt seine Leinwanderfolge als unwichtig abtat.
»Mein Problem ist«, gab er zu, »daß ich jede Rolle besser spielen will als alle anderen Schauspieler. Ich weiß, das ist eine Art Egoismus. Aber ich bin auch der Ansicht, daß man nur dann zu Höchstleistungen – im Gegensatz zu lediglich kompetenten Leistungen, die allen gefallen – angespornt wird, wenn man mit einem solchen Vorsatz an seine Arbeit herangeht.« Das Statement in der *New York Times* verriet sehr viel über Jacks Einschätzung seiner eigenen Fähigkeiten. Daß er Talent besaß, war ihm klar. Gleichzeitig fürchtete er sich aber auch, daß man den Gebrauch dieses Talents als Eitelkeit mißverstehen könnte.
Die Dinge liefen von Anfang an schief. Lange nach den ersten Drehbuchkonferenzen und der Besetzung der Hauptrollen mußte die Hauptdarstellerin – sie sollte Jacks Frau spielen – ausgetauscht werden. Schließlich übernahm die erfolgreiche Broadway- und Hollywood-Schauspielerin Betsy Blair, eine enge Freundin von Drehbuchautor Robert L. Joseph und Regisseur Alexander Mackendrick, den Part. Mackendrick hatte bislang eine Reihe erfolgreicher Filme inszeniert, darunter den brillanten Streifen *Sweet Smell of Success* (Dein Schicksal in meiner Hand) mit Burt Lancaster und Tony Curtis. Auf der Bühne arbeitete er allerdings das erste Mal, und möglicherweise besaß er auch jetzt noch nicht jene Autorität, die Jack von einem Regisseur gewohnt war. Wie auch immer: Die Proben liefen nicht gerade glatt, und jedem, der Jack etwas näher kannte, war klar, daß ihm diesmal sein Auftrieb und die übliche Zuversicht abgingen.
Als sich Betsy der Truppe anschloß, hatte das Stück bereits mehrere Proben hinter sich. Da die anderen Schauspieler bereits ein gutes Stück weiter waren als sie, probte sie notgedrungen mit Jacks Ersatzmann. Zu allem Überfluß schrieb man dann auch noch ihre Rolle beinahe völlig um und machte sie zu einer Trinkerin. Als das Stück schließlich auf die Bühne ging, strich man diesen Teil wieder heraus, so daß Betsy kaum genügend Zeit blieb, sich gründlich auf ihre Rolle vorzubereiten. »Keiner von uns glaubte, daß das Stück funktionieren würde«, erzählte sie mir später. »Jack litt ziemlich darunter.«

Jack versuchte, seine Frustration nicht allzu offen zu zeigen. In Philadelphia und Boston nahm er mehrere Einladungen an und erschien auch pflichtgemäß zu den jeweiligen Veranstaltungen. Nichts und niemand würde ihn dazu bringen, jene Leute zu enttäuschen, die auf ihn zählten. Nach einem Mittagessen mit einer Damenvereinigung bahnte sich ein grau und erschöpft aussehender Lemmon den Weg durch eine Horde Autogrammjäger zurück ins Walnut Theatre, wo gerade die Generalprobe begann. Um ein Uhr morgens, nachdem er ein letztes Mal das noch einmal überarbeitete Drehbuch durchgearbeitet hatte, sah er zum Himmel auf und murmelte: »Oh Gott, ich brauche meine Mutter – und meinen Agenten.«

»Er war ungeheuer nervös«, erinnert sich Betsy Blair, »nicht im mindesten frenetisch. Ich glaube, er war der Ansicht, daß bei seinem ersten Theaterstück nach seinem enormen Erfolg in Hollywood alles perfekt sein sollte. Ich hatte den Eindruck, daß er ungeheuer angespannt war und die Geduld mit sich selbst verloren hatte. Ansonsten benahm er sich allerdings mustergültig.« Felicia stand die meiste Zeit an seiner Seite und redete ihm gut zu. Dennoch nahm ihn das Stück voll in Beschlag. Das hatte nichts mehr mit der schönen Zeit bei Columbia oder Warner Brothers zu tun, wo er gelegentlich abschalten und die Gesellschaft der anderen Schauspieler genießen konnte. Betsy Blair kann sich nicht einmal daran erinnern, ob er in seiner Freizeit neben der Bühne Klavier gespielt hatte; was wiederum eine ganze Menge darüber aussagt, wie es wirklich um das Stück stand. Das war nicht mehr jener Spaßmacher, als den man ihn an der Westküste kannte. »Er war sehr charmant und höflich. Vielleicht ist das Stück deshalb nichts geworden, weil niemand so recht damit zufrieden war.«

Nach den ersten Kritiken in Philadelphia und später in Manhattan hatte Jack dann Grund genug, nach seiner Mutter und seinem Agenten zu brüllen. »Die Eier flogen nur so auf das *Gesicht des Helden,* das letzte Nacht im Eugene O'Neill Theatre Premiere hatte«, schrieb Howard Taubman in der *New York Times.* Der Drehbuchautor sei völlig unfähig, ging es weiter, und Jack Lemmon »... ein recht freundlicher junger Mann, der in Hollywood eine Reihe enormer Erfolge verbucht hatte, hier aber nicht die geringste Chance hat ... sein Talent als Theaterschauspieler unter Beweis zu stellen ... Er redet viel, enthüllt jedoch

nichts von seinem Charakter. Und selbst am Höhepunkt, als das wahre Gesicht des »Helden« entlarvt wird, wirkt er ungefähr so überzeugend wie ein Papiertiger.«
Die Sticheleien sollten noch schlimmer werden. »Wie so viele Leute mit zum Teil sehr gutem Ruf in ein solches Mißgeschick geraten konnten, ist eines dieser berühmten Broadway-Geheimnisse. Alexander Mackendrick, der einige bemerkenswerte Filme auf seinem Konto hat, ist verantwortlich für die Inszenierung, wenn man sie so nennen kann ... Albert Dekker, James Donald, George Grizzard, Russell Collins und Roy Poole rasen im Eiltempo durch das nebulöse Stück, um zu beweisen, daß sie etwas von ihrem Beruf verstehen. Betsy Blair ... spricht ihren Text laut und eintönig, und Frank Conroy als Dekan scheinen seine Dialoge ebenso peinlich zu sein wie er uns.«
Jack versuchte verzweifelt, sich von all dem nicht entmutigen zu lassen. Es war ein Stück, mußte er zugeben, »das keiner so recht verstehen konnte, weder die Zuschauer, die Schauspieler noch ich selbst.« Drei Jahre später versuchte er immer noch, seine Fehler zu analysieren. Das Ergebnis war in etwa dasselbe, auch wenn er das Ganze nun sehr viel kritischer einschätzte. »Ich habe den Helden nie wirklich entdeckt«, erzählte er der *Chicago Tribune.* »Ich fand keinen Ansatzpunkt. Das Drehbuch war schon von vornherein nicht so besonders, und mein Spiel riß es dann auch nicht gerade raus. Bis auf drei oder vier Minuten stand ich während des ganzen Stücks andauernd auf der Bühne. Pro Abend habe ich gleich mehrere Kilo verloren. Wenn das Stück ein Erfolg geworden wäre, wäre ich heute ein völliges Wrack.« Es hörte sich witzig an, aber einen solchen Kommentar konnte nicht einmal Jack durchgehen lassen. »Nein«, verbesserte er sich, »das stimmt natürlich nicht. Wenn man etwas Gutes an der Angel hat, empfindet man eine andere Art Erschöpfung. Man fühlt sich aufgebraucht, aber auf einer völlig anderen Ebene.«
Jack betätigte sich als »Engel« und investierte neben seiner Energie und seinem Talent auch noch sein eigenes Geld in das Stück. Finanziell profitierte das Unternehmen von einer ansehnlichen Zahl von Vorbestellungen aus den umliegenden Städten, wo man regelrechte Omnibusfahrten ins nächtliche Manhattan organisierte. Das Stück lief die vertraglich festgesetzten 36 Vorführungen, und trotz der Kritiken verkauften sich

die Karten nie so schlecht, daß sich die Leitung des Eugene O'Neill zu einer vorzcitigen Absetzung durchringen konnte. Sobald Jacks Vertrag abgelaufen war, setzte man das Stück jedoch heimlich, still und leise ab. Jack schluckte die Enttäuschung mit seinem üblichen Humor hinunter und bezeichnete das Stück von da ab als *Trace of a Zero.** »Aber ich würde es jederzeit wieder tun«, sagte er hinterher. »Daran herumzutüfteln, wie man ein mißratenes Stück wieder auf die Beine kriegt, ist zwar ein schmerzhaftes Vergnügen, macht aber irgendwo doch Spaß.«
Das schmerzhafte Vergnügen sollte er noch des öfteren erleben. Momentan konzentrierte er sich freilich auf seine Rückkehr nach Hollywood. Und zu Felicia. Langsam brach ihr gemeinsamer Widerstand gegen eine Heirat zusammen, obwohl noch keiner von ihnen wirklich dazu bereit war, sich endgültig an den anderen zu binden. Es lag nicht so sehr daran, daß sie sich ewig stritten. Ihre Auseinandersetzungen waren von einer Art, die ihnen unter ihren Freunden schnell den Titel »Liebesvögel« einbrachte. Sie brüllten sich an, stürmten aus dem Haus, knallten die Türen zu – und riefen sich bei nächster Gelegenheit an, um sich wieder auszusöhnen. Und immer, wenn sie sich dann wieder ausgesöhnt hatten, beneideten sie alle ihre Freunde um ihre Beziehung.
Inzwischen stattete auch Millie dem hoch über Beverly Hills in Bel Air gelegenen Vierzimmerlandhaus ihres Sohnes von Zeit zu Zeit einen Besuch ab. Wenn er dann auftauchte, wärmte sie ihm einige tiefgefrorene Menüs für den Fall auf, daß er einmal nicht mit Felicia oder einem Berufskollegen auswärts essen ging. Wirklich entspannen konnte er sich allerdings nur in seinem eigenen Garten, wobei er sich stets einen ebenso schmuddeligen wie teuren Kaschmir-Pullover überstreifte. Gezwungenermaßen nahm er zwar gelegentlich an den üblichen Hollywood-Feiern und Filmpremieren teil, im großen und ganzen zog er sein Zuhause jedoch vor; seine Arbeit war anstrengend, und er brauchte einfach einen Ort, wo er sich davon erholen konnte. Wenn er einmal einen Nachtclub besuchte, dann in erster Linie wegen dem Cabaret-Programm, obwohl er einem gelegentlichen Saufgelage durchaus nicht abgeneigt war. Ab und an lud er bis zu 40 Freunde zu einer kleinen Party ein und tischte ihnen

* Etwa: Spur einer Null (A. d.Ü.)

dabei chinesische Gerichte auf. Die eigentliche Attraktion eines solchen Abends waren natürlich Jacks Klavierdarbietungen. Bevorzugte Gäste lud er dabei auf seinen Balkon ein, um sich durch sein Teleskop die Sterne anzusehen – obwohl ein Beobachter einmal bemerkte, daß sein Haus so hoch oben lag, daß dafür auch eine normale Lupe gereicht hätte.

Nach seiner Rückkehr von dem Fiasko in New York erkannte Jack allerdings auch ganz ohne Lupe, daß er noch immer sehr gefragt war. Nun, da er einen Flop hinter sich hatte, mußte er beweisen, daß er die Zuschauer immer noch für sich und seine Arbeit begeistern konnte. Und die Rollenangebote strömten nur so herein: Jack konnte es sich leisten, nur jene Rollen für sich auszuwählen, die ihm zusagten und sein Talent auf die Probe stellten. Einfach war das allerdings nicht. »Nach einem Riesenhit«, meinte er nach seinem Mißerfolg am Broadway, »muß man darauf achten, daß der nächste Film nicht minder bedeutend ist. Wenn man auf die 40 zugeht, kann man es sich nicht leisten, eine schwächere Rolle anzunehmen. Und die anderen Bedingungen müssen auch alle stimmen – gutes Drehbuch, gute Regie, andere Stars als Partner. Wenn man sich gegen das System stellt – ab und zu eine Charakterrolle annimmt, wie es in England so viele erstklassige Schauspieler tun –, ist man bald kein Star mehr, und die besten Filme, die besten Skripts, gehen an einem vorbei.«

Jack hatte den Finger genau auf die Wunde gelegt. Selbst für Hollywood-Verhältnisse hatte er den Weg vom Debütanten über die ersten Sprechrollen zum gefragten Charakterdarsteller, jenen Weg, der von der Hoffnung auf eine gelegentliche Hauptrolle über ein Dasein als Star bis an die Spitze Hollywoods führte, in erstaunlich kurzer Zeit zurückgelegt. »Was ich nicht einsah, was mir auch niemals in den Sinn kam, war, daß man als Star eigentlich kein Schauspieler mehr ist. Man legt eine Münze unter sein Kopfkissen und träumt von großen Rollen. Dann bekommt man sie, und plötzlich muß man einsehen, daß man auch seine Grenzen hat.«

Folglich war er ungeheuer vorsichtig. 1961 schloß er dann sogar eine Versicherung ab – namens Fred Astaire. Keiner glaubte ernsthaft, daß er *The Notorious Landlady* (Noch Zimmer frei) nur deshalb gedreht hatte, weil er jegliches Risiko vermeiden wollte. Dennoch sprach einiges dafür. Selbst mit 62 war Fred

›Noch Zimmer frei‹ bei Kim Novak

Astaire noch immer eines der verläßlichsten Erfolgsrezepte für einen Film. »Ich bewunderte seinen Perfektionismus«, gestand Jack. »Diese Grazie in seinen Bewegungen. Wow!« Fred wiederum ließ verlauten, daß die Arbeit mit Lemmon für ihn Grund genug gewesen sei, sich noch nicht aufs Altenteil zurückzuziehen.

Der Film wurde einmal mehr von Richard Quine inszeniert, der mit Fred ebenso gut befreundet war wie mit Jack. Ihre gegenseitige Hochachtung füreinander, die man auch in dieser Geschichte über einen amerikanischen Diplomaten in London spüren konnte, war einer der großen Pluspunkte des Films. Ein anderer war der riesige Billardtisch, den man auf dem Set aufgestellt hatte. Er hielt nicht nur Jack und Fred bei guter Laune, sondern bot Astaire auch die Gelegenheit, sich noch einmal so ähnlich zu bewegen wie in seinen großen Tanzszenen. Daneben gab es natürlich auch das unvermeidliche Klavier, dem Astaire ebenso gern zuhörte, wie es Jack genoß, darauf zu spielen.

Im Film verkörperte Jack Freds Assistenten; durchaus mehr als nur eine kleine Nebenrolle. Zum größten Teil drehte sich die Geschichte um sein Verhältnis mit der »berüchtigten Hauswirtin«. Gespielt wurde besagte, in einen Mordfall verwickelte Dame dabei von der gertenschlanken Schönheit Kim Novak.

Der englische Akzent, den sich Kim für diese Rolle zulegen mußte, bereitete ihr einige Schwierigkeiten. Richard Quine erzählt, daß es wohl keiner außer Jack fertiggebracht hätte, ihr bei den Dreharbeiten so gut über die Runden zu helfen. »Ich kenne keinen geduldigeren, verständnisvolleren und toleranteren Schauspieler als Jack. Er war einfach wunderbar. Es waren immer nur ganz kleine Dinge – ein tröstlicher Witz zur rechten Zeit vielleicht. Sein Mitleid ging nie so weit, daß man es als Herablassung hätte auffassen können. Er besaß die Gabe, stets so zu tun, als ob es überhaupt keine Probleme auf der Welt gäbe.«

Die Einheimischen wiederum amüsierten sich besonders über eine Szene, in der die Stars versuchten, in den Buckingham Palace zu kommen und dabei in Windeseile wieder nach draußen befördert wurden. Der Film sollte aussehen, als habe man ihn ausschließlich in England vor Ort gedreht, obwohl er zum größten Teil auf der amerikanischen Halbinsel Monterey entstanden war. Während der Dreharbeiten enthielt sich Jack ausführlicherer Kommentare über seinen neuen Film. »Was das Drehbuch angeht, weiß ich nicht so recht«, sagte er. »Aber die Kostüme sind erstklassig.« Als der Film schließlich anlief, erwies sich diese Beschreibung als recht passend. *The Notorious Landlady* entpuppte sich – nicht zuletzt dank Astaire und Novak – als leidlich ansehbar, sollte aber keinen sonderlichen Stellenwert in den Lemmonschen Annalen einnehmen.

»Jack und ich standen beide bei Columbia unter Vertrag«, erklärte Quine, »und wir suchten ständig nach irgendwelchen Schnellschüssen, daß wir uns möglichst bald wieder fruchtbareren Dingen zuwenden konnten. So lukrativ waren unsere Verträge auch wieder nicht, und jeder dieser Filme bedeutete für uns im Grunde nur, daß wir Columbia wieder einen weniger schuldeten. Wir suchten ständig nach Projekten, die uns von unseren Verpflichtungen entbinden würden. Und dieser Film war halt einer davon.« Ihre Freundschaft machte die Arbeit recht angenehm. »Wir haben zusammen Pool gespielt, wir haben zusammen Golf gespielt, wir sind zusammen mit den Frauen ausgegangen ...«, sagte Quine.

Seit einiger Zeit schon sah ihm Felicia nun regelmäßig bei der Arbeit zu. Was ihre Zukunft anbetraf, wollten sich beide allerdings nach wie vor nicht festlegen. Ihre Unentschlossenheit frustrierte die Klatschreporter, machte ihre Freunde beinahe verrückt und bescherte auch ihren Familien einiges Kopfzerbrechen. Doch in gefühlsmäßiger Hinsicht machte Jack, ungeach-

›Noch Zimmer frei‹

tet aller Zweifel in punkto Liebesleben, gerade eine schwierige Zeit durch. Eine kleine Nebenrolle in *The Notorious Landlady* – die eines eleganten älteren Herrn mit dunklem Anzug, Homburg und einer jener Brillen, die einem Mann immer eine gewisse Autorität verleihen – hatte man an John Uhler Lemmon II übertragen, der inzwischen zu seinem Sohn nach Kalifornien umgezogen war.

In der Zwischenzeit versuchte Jack, eine möglichst enge Beziehung zu seinem eigenen Sohn aufzubauen. Die Probleme, die geschiedene Väter für gewöhnlich erwarten, erfuhr er nun am eigenen Leib. Die Ungezwungenheit, die bislang sein Verhältnis zu Christopher gekennzeichnet hatte, hatte sich in nichts aufgelöst. Bei Chris' regelmäßigen Besuchen in Jacks Haus offenbarten sich immer größere Spannungen zwischen ihnen, und die Atmosphäre versteifte sich zusehends. Chris lebte zwar bei seiner Mutter, doch der Star nützte jede Gelegenheit, um bei seinem Sohn zu sein. Sie planschten gemeinsam im Swimmingpool, und Jack brachte Chris den Umgang mit der neuen Taucherausrüstung bei, die er ihm geschenkt hatte. »Es dauerte immer einen ganzen Tag, bis ich mich wieder von Chris' Besuchen erholt hatte. Aber ich würde sie um nichts auf der Welt vermissen wollen«, gab Jack in einem seltenen Anflug von Offenheit zu.

Der Grundgedanke hinter Jacks Entschluß, seine eigene Produktionsfirma – Jalem – zu gründen, war der, sich damit eine Position zu schaffen, von der aus er zu beiden Welten Zugriff hatte – der des kommerziellen Kinos und der der Filmkunst. Dafür unterschrieb er sogar einen weiteren Dreijahresvertrag mit Columbia. Allerdings handelte es sich dabei nicht um eine Verlängerung jener Sorte von Vertrag, dem er und Quine so begierig hatten entkommen wollen. Insgesamt würde er nun von 1961 bis 1964 nicht mehr als drei Filme drehen: pro Jahr einen, bei freier Wahl des Studios. Er ließ verlauten, daß er bei der Auswahl seiner Filme endlich seine eigenen Entscheidungen treffen wolle, ohne dabei auf die Wünsche der Studios Rücksicht nehmen zu müssen. »Ich möchte die Freiheit haben, ... auch einmal ein Bühnenstück zu übernehmen, wenn das richtige des Weges kommt.« Bis Ende 1963 war er allerdings völlig ausgebucht, so daß er sich in dieser Hinsicht kaum Sorgen zu machen brauchte.

Die Aussichten für eine Rückkehr zum Fernsehen, jenem Medium, in dem er dereinst angefangen hatte, standen denkbar schlecht. »Ich ärgere und schäme mich wegen des Fernsehens«, sagte er in einem Interview. »Früher konnte man noch darauf stolz sein, wenn man im Fernsehen auftrat. Inzwischen ist es schier unmöglich, ein ordentliches Skript zu finden. Oder wenigstens eines, gegen das der Sponsor nichts einzuwenden hat.« Immer wieder brachte er dieses Thema zur Sprache. Man konnte es all jenen, die ihn nicht näher kannten, nicht verdenken, wenn sie glaubten, daß er nun aus einem versteckten Zorn heraus nach der Hand schnappte, die ihn dereinst gefüttert hatte. *Variety* gegenüber sagte er sogar: »Fernsehen ist etwas Hundsmiserables! Engstirnig bis zum Geht-nicht-mehr. Sie beschränken sich da nur noch auf den kleinsten gemeinsamen Nenner. Sie verkaufen keine Unterhaltung mehr, nur noch irgendwelche Konsumartikel. Wie gut eine Show tatsächlich ist oder sein könnte, ist ihnen egal. Denen geht es nur darum, möglichst viele Zuschauer dazu zu bringen, sich die Werbespots anzuglotzen. Es ist eine echte Krankheit.«

Sein Plan, eine eigene Firma zu gründen, hatte vor allem wirtschaftliche Beweggründe. 90 Prozent seiner persönlichen Einkünfte landeten derzeit beim Finanzamt. Für Gesellschaften dagegen lag der höchste Steuersatz bei 48 Prozent, und überdies konnte er dann sogar noch alle Produktionskosten abschreiben. Und wenn er die Firmengelder schon nicht für private Zwecke nutzen durfte, konnte er sich damit doch seine beruflichen Träume erfüllen.

Im März 1962 verstarb der vor kurzem zurückgetretene Vizepräsident der Doughnut Corporation of America in einem Krankenhaus in Santa Monica und wurde kurz darauf in Maryland zu Grabe getragen. Einen Tag vor dem Begräbnis seines Vaters verbrachte Jack die Nacht in einem Zimmer über der Kapelle des Bestattungsinstituts. Er ging hinunter in die Leichenhalle und sprach eine Zeitlang mit dem Sarg seines Vaters. Als er den Raum wieder verlassen wollte, merkte er, daß der einzige Ausgang hinaus auf die Straße führte: Einmal mehr stand Jack im Schlafanzug auf einer öffentlichen Durchgangsstraße. Ebenso nonchalant wie damals, klingelte er mitten in der Nacht an der Tür und ging nach oben. Sein Vater, sagte er, »hatte lange genug gelebt, um den Erfolg seines Sohnes noch mitzuerleben. Und das hatte ihm so viel Freude bereitet, daß er die ganzen

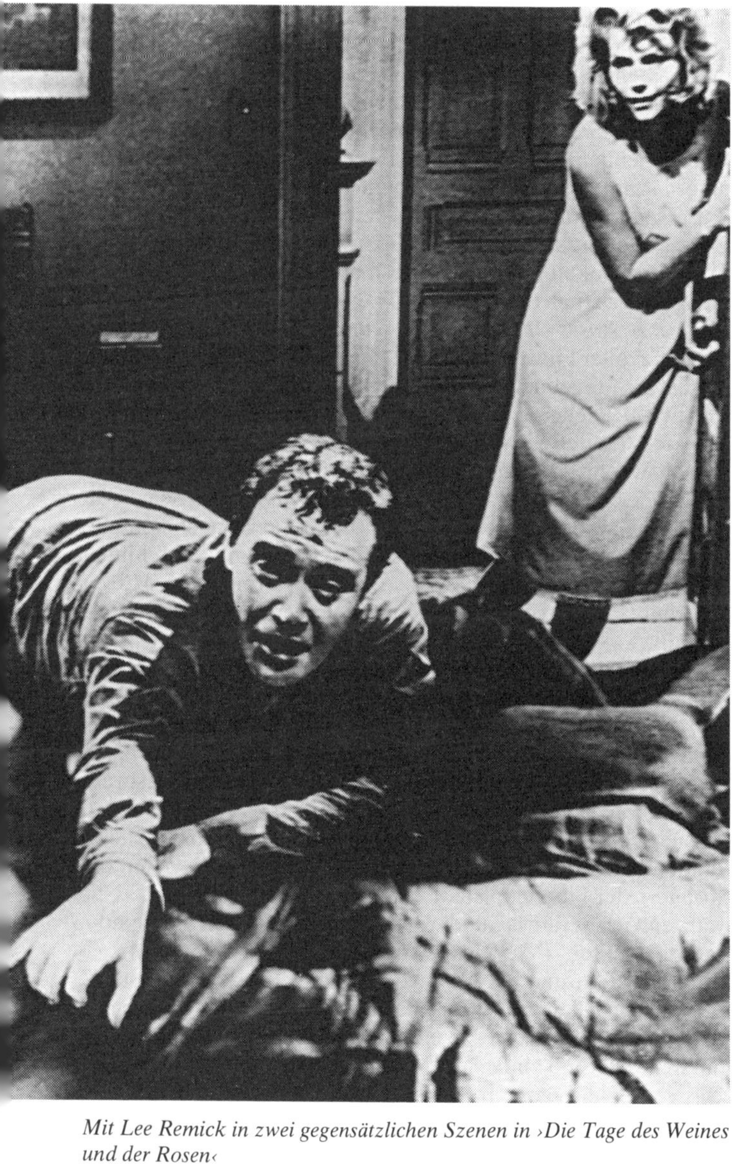

Mit Lee Remick in zwei gegensätzlichen Szenen in ›Die Tage des Weines und der Rosen‹

Jahre davor kurzerhand vergaß.« Nun, da sein Vater von ihm gegangen war, schätzte er die enge Beziehung zu seiner Mutter um so mehr. Sie trank noch immer ziemlich viel – aber sie lachte nun auch wieder gerne. Schließlich zog Millie nach Kalifornien um, damit ihr Sohn sie öfter zu sehen bekam und Jack an den Wochenenden auch einmal in ihrer Wohnung vorbeischauen und sie zum Essen ausführen konnte.

Für Trauer hatte Jack allerdings keine Zeit, steckte er doch gerade mitten in der Arbeit an einem Film, der seine ungeteilte Aufmerksamkeit verlangte. Diesmal verwischte sich die Trennung zwischen Komödie und Tragödie nicht mehr: *Days of Wine and Roses* (Die Tage des Weins und der Rosen) war ein schmerzvoller Film, der nur jene Zuschauer zum Lachen brachte, die sich regelmäßig darüber amüsierten, wenn Jack auf der Leinwand wieder einmal in offensichtlichen Schwierigkeiten steckte – immerhin wußte inzwischen so gut wie jeder, daß es nur die wenigsten fertigbrachten, in noch größere Schwierigkeiten zu geraten als Jack in seinen Filmen. Dennoch schien die Rolle eher wie eine Generalprobe für alles, was noch kommen sollte; wie ein Ausblick auf jenen Jack Lemmon, der in Filmen wie *The China Syndrome* (Das China-Syndrom) und *Missing* (Vermißt) eine völlig neue Zuschauergeneration begeistern sollte.

Jacks Talent bestand vornehmlich darin, die für ihn geeigneten Rollen auszuwählen. Seine Partnerin in *Days of Wine and Roses* war die sehr gut aussehende Lee Remick; der Film als solches eine *menage-à-trois,* mit der Flasche als Drittem. Die Vorbereitungen für diesen Film hatten beinahe zwei Jahre in Anspruch genommen. Einmal abgesehen von *The Lost Weekend* (Das verlorene Wochenende), hatte sich Hollywood entschlossen, keine Filme über Alkoholiker zu drehen, weil das Thema vielen Bewohnern der Filmhauptstadt zu dicht unter die Haut ging. »Und während ich herumsaß und wartete, atmete ein Teil in mir auf«, sagte er später. »Vielleicht würde der Film überhaupt nie gedreht werden, und ich wäre vom Haken. Etwas in mir sagte: ›Hör mal, vielleicht bist du überhaupt nicht in der Lage dazu, diesen Kerl zu spielen – laß es lieber. Geh zurück zu deinen Komödien. Die sind einfacher. Mit denen wirst du eher fertig.‹«

Das ging Jack Lemmon freilich gegen den Strich. Nun hatte er schon einmal eine Möglichkeit gefunden, aus der Zwangsjacke

zu entkommen, und jetzt war er auch fest dazu entschlossen, sie durchzuziehen, trotz aller Einwände und Widerstände. Ganz wohl war ihm dabei nicht.
Die beiden Stars spielten ein Ehepaar, das dem Alkohol nicht minder zugetan war wie dem jeweiligen Partner – außer, daß der Ehemann das eher zugeben wollte. Jack und Lee hatten einige Treffen der Anonymen Alkoholiker – jene Organisation, die auch im Film eine große Rolle spielt – besucht und die Situation aus der Perspektive der Betroffenen erlebt. Was Jack besonders beunruhigte, war, wie leicht ihm dabei die Anpassung an die Gruppe fiel. Daneben verbrachten sie auch einige Abende in sogenannten *drunk tanks* und studierten die Auswirkungen von rosa Elefanten und ähnlichen Halluzinationen auf bislang noch nicht kurierte Alkoholiker. »Es war sehr schmerzhaft«, sagte Jack, »aber auch sehr heilsam.«
In einer Filmszene sollte der Alkoholiker Lemmon auf einen Tisch geschnallt werden. Die Idee stammte nicht von Regisseur Blake Edwards, sondern von Jack selbst, der bei seinen Sitzungen eine ähnliche Szene miterlebt hatte. »Da habe ich erlebt, wie ein auf den Tisch gefesselter Mann zu sich kam und überhaupt nicht wußte, was los war. Man ist auf einen Tisch geschnallt wie ein Verrückter und weiß nicht, wieso. Gott, das ist so erniedrigend. Allerdings ist es auch sehr viel dramatischer, als wenn man einfach nur auf dem Boden eines dieser Tanks sitzt.«
Was ihm nun noch fehlte, war ein wenig Humor. Die Szene, als seine Figur des Morgens stockbesoffen aus einem Taxi stieg, schien dafür ideal. Er schlug Blake Edwards vor, die Stimmung vor dem tragischen Höhepunkt – die Szene, wo er das Baby aufweckt, selbst zusammenbricht und zu weinen anfängt – ein wenig aufzulockern. Wieder willigte der Regisseur ein, und man drehte eine kurze Einstellung, in der Jack direkt in die Fensterscheibe seiner Wohnung lief. Die Szene war im Grunde ausgesprochen tragisch, brachte die Leute aber zur selben Zeit zum Schmunzeln. Wieder hatte Jack bewiesen, daß er die Situation jederzeit völlig beherrschte. Die eigentliche Bedeutung dieser Szene resultierte allerdings daraus, daß es ihm gelungen war, die beiden unvereinbaren Sphären von Komödie und Tragödie für kurze Zeit zu vereinen, ohne daß man ihn deshalb gleich wieder als Komiker bezeichnete.

Angefangen hatte *Days of Wine and Roses* als Warner-Brothers-Fernsehstück. Die Hauptrollen hatten seinerzeit Jacks alter Kollege – und Ehenachfolger in Sachen Cynthia – Cliff Robertson und Piper Laurie gespielt. Kurz darauf äußerte Bill Orr, der Leiter von Warners Fernsehabteilung, die Ansicht, daß das Thema einen guten Spielfilm abgeben würde und schlug Jack Lemmon für die Hauptrolle vor. Auf seine Empfehlung hin ließ sich Orrs Schwiegervater Jack L. Warner ein Kineskop des Stücks kommen; eine primitive Aufzeichnung, die man direkt vom Fernsehschirm abgefilmt hatte, weil es zu dieser Zeit noch keine MAZ-Bänder gab. Die Bildqualität war entsprechend schlecht, der Ton kaum zu hören, und gegen Alkoholiker-Geschichten hatte Jack L. Warner sowieso eine ausgeprägte Abneigung. Warner fühlte sich bestätigt und lehnte Orrs Vorschlag ab.

»Wenn du noch einmal einen Film über eine Handvoll Besoffener drehen willst«, ließ er Orr wissen, »vergiß es besser gleich. Was ich da gesehen habe, war ja fürchterlich. Fürchterlich und viel zu düster.«

Ungefähr eine Woche später rief ihn sein Schwiegervater wieder an.»Ich habe da gerade ein tolles Skript gelesen«, sagte er. »Und wir werden einen Vertrag mit William Morris abschließen. Es ist einfach toll. Nennt sich übrigens *Days of Wine and Roses.*« Es war die alte Geschichte: Filmmogule begeistern sich in der Regel erst dann für ein Projekt, wenn sie den Leuten einreden konnten, daß die Idee dazu von ihnen stammt.

Ursprünglich sollte die Twentieth Century-Fox den Film produzieren. Dort leckte man allerdings noch die Wunden, die ein teures Kostümepos namens *Cleopatra* (Cleopatra) geschlagen hatte, und besann sich schließlich eines Besseren. Warner Brothers sollte seinen Entschluß, in die Fußstapfen der Fox zu treten, nicht bereuen. Im übrigen war die Twentieth Century-Fox keineswegs das einzige Studio gewesen, das den Film in Betracht gezogen hatte. Jack, sein Produzent Martin Manulis und Regisseur Blake Edwards hatten den Film praktisch jedem Hollywood-Studio wie sauer Bier angeboten. Ein Studio nach dem anderen lehnte ab. Die Begründung war immer dieselbe, wie Jack später berichtete: »Komm schon, Jack. Du willst doch nicht wirklich in sowas mitspielen. Dreh' doch lieber eine schöne Komödie. Wir produzieren jede Komödie, die du haben

willst. Aber schlag dir doch dieses stimmungstötende Ding aus dem Kopf! Wer will denn einen besoffenen Werbefachmann auf der Leinwand sehen?« Jack dachte da ganz anders darüber und sollte damit recht behalten.
Schließlich willigte Warner unter der Bedingung ein, daß der Film ein Happy-End haben sollte. Das hatte er zwar nicht, und Warner war auch entsprechend sauer, als er in Paris davon erfuhr – aber da war es natürlich schon zu spät. Als man den Film dann das erste Mal einem zahlenden Publikum vorführte, erkannte er, wie recht Lemmon gehabt hatte. Ein Happy-End gab es nur für die Filmemacher, nicht für die Zuschauer – außer man rechnete die Befriedigung mit, einen sehr guten Film gesehen zu haben.
Time hatte einige Vorbehalte gegenüber *Days of Wine and Roses.* »Was dem Film abgeht, ist der zugrundeliegende Versuch,

›Die Tage des Weines und der Rosen‹

die soziale, emotionale und geistige Natur des Alkoholismus zu verstehen. Was dem Film schadet, ist der Versuch, in jeder Sekunde unterhaltsam zu bleiben, obwohl man die Geschichte mit einigen besinnlichen Momenten durchaus hätte vertiefen und ausbauen können.« Für Jack indessen hatte die Kritik nichts als Lob übrig. »Lemmons Spiel ist mit Abstand die intelligenteste, intensivste und vielschichtigste Leistung eines Schauspielers, der als Spezialist für leichte Komödien begonnen hat und doch vor der Kamera scheinbar alles vollbringen kann, wonach ihm gerade ist. Und die meiste Zeit übertrifft er dabei jeden anderen amerikanischen Filmschauspieler seiner Generation.«

Days of Wine and Roses war zweifellos Jacks bester Film bis zu diesem Zeitpunkt. Sowohl Lee Remick als auch er selbst erhielten eine Oscarnominierung, obwohl Jack einmal mehr leer ausging: Der Gewinner des Oscars als bester Hauptdarsteller hieß Gregory Peck für *To Kill a Mockingbird* (Wer die Nachtigall stört). Die Ergebnisse der Umfrage, die Hollywood jeden März direkt vor der Oscarverleihung durchführte, wiesen auf ein Kopf-an-Kopf-Rennen zwischen den beiden Schauspielern hin. Viele hatten ihr Geld auf Jack gesetzt. Auch Greg Peck war sich nicht so sicher, ob ihn Jack nicht kurz vor der Ziellinie abfangen würde. »Ich habe mir *Days of Wine and Roses* angesehen und fand Jack einfach überragend«, erzählte er mir.

Sophia Loren war es schließlich, die die Spannung brach und den Gewinner bekanntgab: Peck. Als er auf die Bühne ging, um seine Auszeichnung in Empfang zu nehmen, tippte Greg Jack leicht auf die Schulter. Veronique Peck, die die Geste ihres Ehemanns beobachtet hatte, betrachtete sie als Beweis für die gegenseitige Zuneigung zwischen den beiden Schauspielern. Jack mochte das Nachsehen gehabt haben. Aber da war immer noch die Befriedigung, eine, wie Peck es genannt hatte, überragende Leistung abgeliefert zu haben. »Ich mochte *Wine and Roses* sehr«, sollte Jack später sagen, obwohl ihn die Emotionen ebenso ausgezehrt hätten wie seinerzeit der Broadway-Auftritt. Darüber hinaus war er auch noch nicht völlig über die ständigen Besuche im Krankenhaus von Santa Monica hinweggekommen, wo man seinen Vater wegen der Krankheit behandelt hatte, die ihn innerlich auffraß.

Genau diese Emotionen durchzogen auch Jacks Interpretation seiner Rolle. War er nur ein Clown, der beweisen wollte, daß er

Die Junggesellenzeit geht zu Ende

im Rahmen seines Berufs auch zu etwas Pathos fähig war? Oder ging das Ganze tiefer?
Wie seine Mutter war auch Jack gelegentlich mit der Flasche zusammengeraten, obwohl ihn das allein noch kaum für eine Mitgliedschaft bei den Anonymen Alkoholikern qualifizierte. Ei-

gentlich, witzelte er, sei es ja erst dieser Film, der ihn zum Trinken treiben würde. Sicher lag die Vermutung nahe, daß der Film eher eine Art Entwöhnungskur darstellte und daß Jack nach dieser Gehirnwäsche eher ein Fläschchen Gift als einen Martini zu sich nehmen würde. In der Praxis funktionierte die Sache allerdings genau andersherum. Selbst während der Dreharbeiten trank er stets einen Cocktail und einige Gläser Wein zum Abendessen.

Das Thema Alkohol – besser gesagt: eine Arbeit, die er in Harvard zum Thema »Alkoholverdrängung von Oliven« verfaßt hatte – verhalf ihm auch zu einem seiner besten Bonmots. Als er eines Abends in einer New Yorker Bar seinen zweiten Martini bestellte, instruierte er dabei die Kellnerin sehr höflich, wie sie ihm seinen Cocktail servieren sollte. »Schatz, sag dem Bartender, daß er keine Olive ins Glas tun soll. Eine Olive verdrängt zwischen sechs und acht Prozent des Alkohols. Am Jahresende habe ich dann für eine Unmenge Gin bezahlt und in Wahrheit nur Oliven bekommen.«

Andere hätte man nach einer solchen Bemerkung vielleicht schief angesehen, aber nicht Jack. Was natürlich wiederum ein Teil des Lemmonschen Erfolgsrezepts war: Er konnte Kellnerinnen davon überzeugen, daß er es völlig ernst meinte und gleichzeitig vielleicht doch einen kleinen Lacher verdient hatte. Genau dieselbe Wirkung übte er auch auf das Publikum von *Days of Wine and Roses* aus.

Hunderte von Menschen schrieben Jack, daß der Film ihr Alkoholproblem gelöst habe. Andere erhofften sich diesbezüglich einige Ratschläge von ihm. Wieder andere schrieben sehr viel persönlichere Briefe und versicherten ihm, daß er mit seinem Problem fertig werden könne, wenn er sich nur tatsächlich den Anonymen Alkoholikern anschließen würde. Andere Schauspieler hätten über solche Briefe nur gelacht oder die guten Ratschläge wütend abgelehnt. Jack antwortete auf alle Briefe, bedankte sich für die gutgemeinten Ratschläge und schrieb dann, daß er in Wirklichkeit nur eine Rolle gespielt habe.

Einige Leute hielten es für eine gute Idee, wenn Jack eine ähnliche Geschichte über die Gefahren des Tabaks drehen würde. Immerhin war er ein Kettenraucher, der es pro Tag gleich auf mehrere Schachteln brachte. Seine Ausrede lief darauf hinaus, daß er die Zigaretten brauche, um seine überschüssigen Energien zu verbrennen – obwohl ihm natürlich klar war, daß das nicht besonders gut für seine Gesundheit war. Schließlich stieg er auf längere (und teurere) Zigarren um. Obwohl er noch immer Kette raucht, ist er fest davon überzeugt, daß er nun weniger Nikotin inhaliert als vorher. »Meine Freunde behaupten, daß ich nie lange genug still sei, um sie tatsächlich zu rauchen – immer am Quasseln, das ist Lemmon.«

Das sollte sich in Kürze freilich ändern. Im Juli 1962 trat er zusammen mit Felicia in einer Episode der TV-Serie *The Defenders* auf. Dann flog er zusammen mit Shirley MacLaine im Rahmen eines Kulturaustauschprogramms nach Rumänien. Nach seiner Rückkehr ging er mit Christopher auf einen Angelausflug. Kurz darauf war er schon wieder unterwegs – diesmal nach Paris zu den Dreharbeiten eines neuen Films, der sein Leben alsbald völlig umkrempeln würde. Jack Uhler Lemmon und Felicia Farr waren endlich zu einer Übereinkunft gekommen.

Krieg zwischen Männern und Frauen

Noch ahnte kaum jemand, daß Jack und Felicia etwas sehr Spezielles planten. Für die meisten hielt sich Jack nur deshalb in Paris auf, um einen neuen Film mit Billy Wilder zu drehen. Dabei handelte es sich um dessen Version von *Irma La Douce* (Das Mädchen Irma La Douce), einem recht intimen, eher für kleinere Bühnen geeigneten Stück, dem Wilder aber dennoch zutraute, daß es auch auf der großen Leinwand eine erstklassige Komödie abgeben würde. Sich Jack in einem Musical vorzustellen, fiel ihm schwer. Dennoch konnte sich Wilder für die Rolle des Gendarmen, der sich in eine Pariser Prostituierte mit dem sprichwörtlichen Herz aus Gold verliebte und sich schließlich zu ihrem Zuhälter entwickelte, keinen Besseren als seinen Freund Jack vorstellen. Klar war ihm allerdings auch, daß Jack in dieser Rolle nicht als junger Maurice Chevalier auftreten konnte; dann schon eher als kalifornischer Jüngling, den der Zufall nach Paris verschlagen hatte. Bislang hatte sich das allgemeine Interesse an diesem Film auf Jacks ursprüngliche Partnerin Elizabeth Taylor beschränkt. Binnen kürzester Zeit jedoch lag die Rolle, und auch alles andere, fest in der Hand Shirley MacLaines.

Auch Felicia hielt sich gerade in Paris auf. Da sie Jack in letzter Zeit regelmäßig zu den Dreharbeiten begleitet hatte, dachte sich zunächst niemand etwas dabei. Kurz darauf gab Jack jedoch vor seinen Freunden bekannt, daß er Felicia heiraten würde. Die Heirat würde schon in wenigen Tagen, am 15. August 1962, und zwar hier in Paris stattfinden. Seine Freunde organisierten die Zeremonie mit bewährter Hollywood-Gründlichkeit. Wie in den meisten Filmen mit Jack Lemmon ging dann jedoch so ziemlich alles schief, was überhaupt schiefgehen konnte. Zwar hatte man einen Bräutigam, eine Braut und auch eine Brautführerin, Billy Wilders Frau Audrey. Mit der Auswahl von Jacks Brautführer freilich fingen die Probleme an. Immerhin ging es dabei um mehr als nur die Frage, wer denn nun den Bräutigam zum Altar führte: Zugleich war das Ganze auch eine definitive Aussage; ein Statement, wen Jack als seinen engsten, besten Freund betrachtete.

Wohl jeder hätte bei einer solchen Aufgabe seine Schwierigkei-

ten. Für Jack indessen erreichte die Frage alsbald die Dimensionen einer Glaubenskrise. Wählte er den einen, brüskierte er vermutlich den anderen, und dazu war er einfach nicht in der Lage. Schließlich entschied er sich für die einfachste Lösung: Statt einem ernannte er zwei Brautführer, Billy Wilder und Richard Quine. Was diese beiden Brautführer dann allerdings erlebten, könnte durchaus Teil einer Komödie mit einem wiederverjüngten Jack Lemmon in der Hauptrolle sein.
Billy Wilder probte mit Jack für die standesamtliche Trauung, die der Bürgermeister von Paris höchstpersönlich vornehmen würde. »Es war einfach unglaublich«, erzählte er mir. »Jack ist jemand, der seitenlange Dialoge auswendig lernen kann und sich dann bei den Aufnahmen kein einziges Mal verhaspelt.

Lemmon (das ist der mit dem falschen Bart) heiratet am Drehort von ›Irma La Douce‹ Felicia Farr. Hinter der Sonnenbrille versteckt sich Billy Wilder

Und nun mußte man stundenlang mit ihm pauken, bis er sich ein einziges französisches Wort merken konnte.« Wilder trichterte Jack ein, daß er auf die französische Frage des Bürgermeisters, ob er diese Frau Felicia Farr zu seiner rechtmäßig angetrauten Ehefrau nehmen wolle, nur ein einziges Wort zu sagen brauche: »Oui.« Vorsichtshalber, meinte Wilder noch, werde er ihm zur rechten Zeit einen Ellenbogenstoß versetzen.
Richard Quine drehte in Paris gerade an einem eigenen Film, *Paris When It Sizzles* (Zusammen in Paris). Da sich noch eine ganze Reihe anderer Filmleute in der Stadt aufhielten, sorgte er dafür, daß absolut nichts schief ging. Felicias Auftritt würde er mit derselben Präzision inszenieren, wie die Amerikaner ihren letzten größeren Auftritt in Frankreich, die Landung in der Nor-

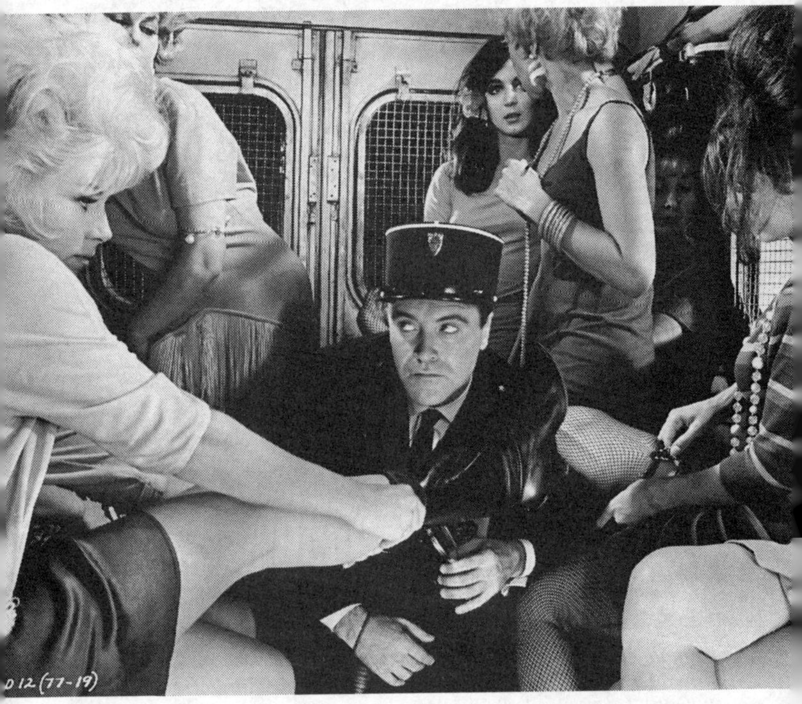

Der Polizist ist bei den leichten Mädchen Hahn im Korb: ›Irma la Douce‹

Auch eine solche Dusche kann seine Leidenschaft nicht dämpfen: ›Irma La Douce‹

mandie, abgewickelt hatten. Unnötig zu erwähnen, daß er dazu auch eine ganze Reihe von Statisten parat hatte – darunter Shirley MacLaine und Audrey Hepburn, die Hauptdarstellerin von Quines Film. Schließlich stellte er seinen eigenen Drehplan dahingehend um, daß man zum betreffenden Zeitpunkt gerade vor dem Elysees Park Hotel drehte, in dem Felicia untergebracht war. Während die Braut oben ihr Hochzeitskleid anlegte, setzten sich Quine und Wilder unten zusammen, um gemeinsam den historischen Augenblick auf Film zu bannen, als Jack Felicia endlich zu seiner rechtmäßig angetrauten Frau machte. Während Audrey Wilder der Braut bei den letzten Vorbereitungen zur Hand ging, drehte Quine in der Lobby eine – für beide Filme nötige – Szene, in der Audrey Hepburn mit dem berühmten Paternoster des Hotels rauf und runter fahren sollte. »Wir hatten es so geplant, daß wir Felicia filmen würden, wie sie im Aufzug herunterkam und durch die Empfangshalle ging«, erklärt Quine. Die Crew hielt dann noch einige Gladiolen bereit, so daß die zukünftige Mrs. Jack Lemmon durch ein regelrechtes Blumenmeer schreiten würde. »Aber der blöde Aufzug muß mindestens zehnmal auf und ab gefahren sein, jedesmal mit Audrey Hepburn drin«, erzählt Quine. »Sie sollte uns ein Zeichen geben, wenn die Braut fertig war. Aber wir sollten es nie erfahren. Wir konnten ihr kein Walkie-Talkie oder so etwas geben, weil das unseren Plan zunichte gemacht hätte. Also fuhr der Aufzug mit Audrey rauf und runter, immer wieder. Jedesmal hieß es ›Es dauert noch zehn Minuten‹. Also warteten wir zehn Minuten. Dann schnarrte der Liftsummer, und wir steckten Audrey in den Lift und schickten sie wieder nach oben. Diesmal hielt der Lift im falschen Stock. Schließlich kam sie wieder runter und meinte ›Noch drei Minuten. Wenn der Summer das nächste Mal schnarrt, ist sie soweit.‹ Also fuhr sie wieder rauf. Und als der Lift dann wieder herunterkam, da standen sie tatsächlich alle drin: Felicia, Audrey Wilder und Audrey Hepburn.«

Ende gut, alles gut. Oder doch nicht ... »Es war einer der schlechtesten Filme meines Lebens«, erinnert sich Quine und wird beinahe rot, als er erzählt, was dann passierte. »Ich hatte vergessen, Audrey zu erzählen, daß ihr Mann das Ganze aufnahm und eigentlich Felicia sehen wollte.« Als der Aufzug unten ankam, richtete Audrey Wilder gerade Felicias Frisur und stand dabei genau zwischen ihr und der Kamera. Später im Film sah man dann nur ganz kurz, wie Felicia durch die Gladiolen ging.

Die nächsten Probleme folgten auf dem Fuße: der weiße Rolls-Royce zum Beispiel, den Quine in seinem Film benützte und den er nun in den Dienst der sehr viel wichtigeren Hochzeit stellte. Die Requisite hatte den Wagen angemessen dekoriert – mit den größten Gulaschkanonen, denen man habhaft werden konnte. Die Hochzeit selbst stand wieder auf einem anderen Blatt. Im kritischen Moment puffte Wilder Jack in die Rippen. Keine Reaktion. »Wie heißt das Wort gleich wieder?«, wollte der Bräutigam wissen. Es war der einzige Dialog, der Jack jemals Probleme bereitet hatte. Auf dem Weg zurück ins Hotel

George V., wo der Hochzeitsempfang stattfand, schepperten und klapperten die Blechdosen dann hinter dem Rolls über das holprige Pflaster – zur gelinden Verblüffung der armen Pariser. Quine fand erst sehr viel später heraus, daß es in Frankreich *nicht* üblich war, Konservendosen hinter dem Hochzeitswagen herzuziehen.

Der Hochzeitsempfang selbst ging dann ohne Zwischenfall über die Bühne. Quine und sein Art Department hatte den Raum speziell für diese Gelegenheit dekoriert – mit Limonenbäumen

Hollywoods berühmteste Sparringpartner endlich vereint. Im Hintergrund ein skeptischer Richard Quine

auf der einen Seite und Olivenzweigen auf der anderen. Als einer der wenigen kannte der Regisseur und Innenausstatter Felicias wahren Namen: Olivia. »Diesen Drehtag und die damit verbundenen Kosten, fürchte ich, konnte Paramount abschreiben.« Paramount war der Produzent von *Paris When It Sizzles.*
Jack und Felicia standen einmal mehr am Beginn von etwas, was jeder bald als Hollywoods glücklichste Ehe bezeichnen sollte – ein Glück, das auch durch die häufigen Auseinandersetzungen und anschließenden Versöhnungen nicht im mindesten getrübt wurde. Jack blieb seinem Ruf treu, fiel kurz nach der Heirat in die Seine – es war ein Unfall, obwohl eine ähnliche Szene auch im Drehbuch seines Films stand – und schluckte dabei so viel von der dreckigen Brühe, daß er sich eine schwere Magenverstimmung zuzog. Es war nicht gerade die ideale Art und Weise, seine Flitterwochen zu verbringen.

Von diesem Moment an war es Jack egal, ob sich *Irma La Douce* zu einer französischen Farce oder einer Art *Macbeth* entwickelte. Was auch immer Wilder von ihm wollte, das bekam er auch. Er war ebenso erleichtert wie damals als junger Leutnant, als er entdeckt hatte, daß die richtige Flagge zum Auslaufen doch an Bord war. Mehr noch: Jeden, der es hören wollte, ließ er wissen, daß er in seinem ganzen Leben noch nie glücklicher gewesen sei. Er scherzte mit der *Irma*-Crew, spielte seine Lieder und unterschrieb Autogramme. Wenn ihn jemand auf dem Set besuchte, stellte er sich nur zu gerne für Fotos in Positur. All das tat Jack zwar sonst auch, doch diesmal widmete er sich diesen Aufgaben mit besonderem Enthusiasmus. »Jack will einfach bei jedem beliebt sein«, sagte Felicia damals, »auch bei der zweiten Sekretärin des Produktionsleiters.«

Am Ende jedes Drehtags lud er alle in seine Garderobe ein und schenkte Drinks aus, ganz so, als sei er Angestellter in einer New Yorker Getränkehandlung. Jeder, der hereinkam, wurde persönlich von ihm begrüßt, auch wenn es nur ein flüchtiger Bekannter oder gar ein Vertreter jenes Menschenschlags war, der sich gerne mit Filmstars sehen ließ und es irgendwie geschafft hatte, die entsprechenden Sicherheitsvorkehrungen zu umgehen. Sofern er ihn kannte, begrüßte er jedermann mit seinem Namen. Kannte er ihn nicht, galt sein herzliches Hallo einem »alten Kumpel« oder einem »guten Jungen«. Manchmal behalf er sich auch mit »Kleiner« oder »Baby«.

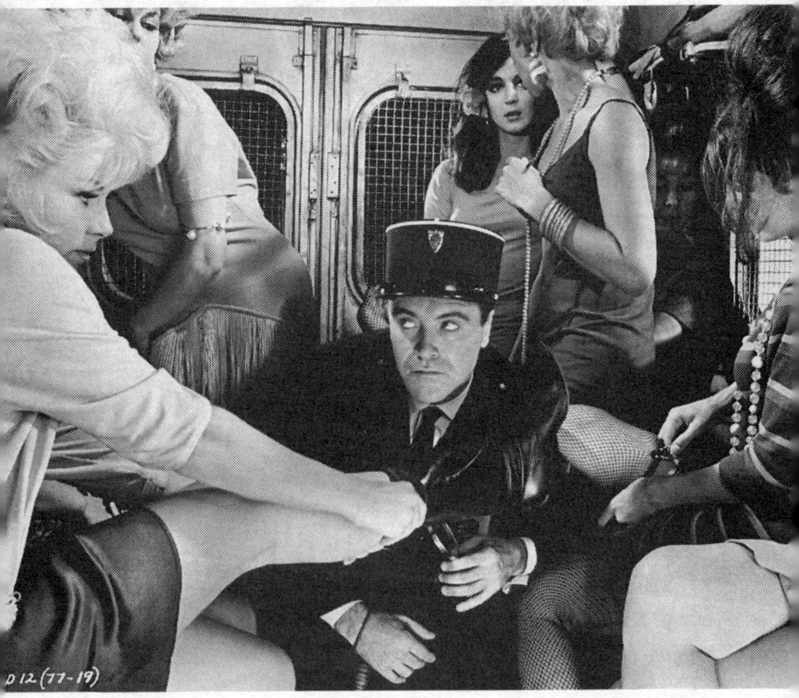

Umgeben von lauter Schweinen, aber was tut man nicht alles für die süße Irma

Jack hätte *Irma La Douce* auch dann begeistert, wenn sich der Film als Mißerfolg herausgestellt hätte; einfach wegen der romantischen Erinnerungen, die sich für ihn damit verbanden. Vor Beginn der Dreharbeiten zu *Irma* tat Jack das, was er immer tat, wenn er das erste Mal auf eine Bühne oder einen Set ging. Er schrie: »Zeit für die Magie!« Das war keineswegs nur bloßer Aberglaube seinerseits, obwohl es bald ähnliche Formen annahm. Jack sah darin einfach eine Tatsache. Er genoß jeden Augenblick seiner Arbeit, und den anderen würde es über kurz oder lang ganz ähnlich gehen.
Er hatte schon in *The Apartment* sehr viel mehr Humor eingebracht, als Wilder ursprünglich geplant hatte; nun passierte das-

selbe mit *Irma La Douce*. Dieses Mal hatte sich Wilder geschworen, ihn nicht »mit all seinen wunderbaren Tricks und Kniffen anfangen zu lassen. Aber ich war hilflos. Jacks Talent führte mich in Versuchung. Ich war zu schwach, um ihm zu widerstehen.«

Wie immer machte sich Jack zunächst an die Recherchen für seinen Part. Dieses Mal verliefen sie allerdings wesentlich angenehmer als seinerzeit für *Days of Wine and Roses*. Er besuchte einige französische Bordelle – mit Shirley MacLaine als Rükkendeckung – und unterhielt sich mit den Damen der Nacht und der Besitzerin. Alle naselang entschuldigten sich die Damen und gingen nach oben, um einen neuen Freier zu bedienen. »Sie waren ziemlich stolz auf ihren schnellen Umsatz«, erinnert er sich an die häufig unterbrochenen Gespräche. Um dann zuzugeben: »Unsere Augen waren so groß wie Untertassen.«

Time zeigte sich begeistert ob der Tatsache, daß die beiden Stars von *The Apartment* wieder gemeinsam in einem Film auftraten: »*Irma* brodelt und sprudelt in allen Technicolor-Kesseln. Shirley MacLaine ist einfach entzückend als Popanz in grüner Unterwäsche und pechschwarzer Perücke. Ihr ausgeprägtes Selbstbewußtsein ist das perfekte Gegenstück zu Lemmons Unbeholfenheit. Dank seines verschmitzten Terrier-Lächelns, das sich beim ersten bösen Wort zu einer finsteren Bluthund-Miene verdüstert, holt Jack – nachdem man ihn erst einmal aus dem Polizeidienst gefeuert hat – das Beste aus seiner Rolle als Shirleys *mec* heraus. Er ist der einzige Zuhälter in ganz Paris, der sich noch eine Pfadfindermoral bewahrt hat.«

Doch der Schwung sollte nicht anhalten; in beruflicher Hinsicht schlossen sich dem Erfolg eine ganze Reihe von Fehlentscheidungen an. In der ersten davon, *Under the Yum Yum Tree* (Ein Ehebett zur Probe), spielte er den Hauswirt zweier College-Studenten, die sich gerade zu einer Ehe auf Probe entschlossen hatten, wie man es damals nannte. Das Ganze verkaufte man schließlich als sexuelle Farce. Jack machte den Eindruck, als ob er am liebsten sein Gesicht verbergen würde. Heute gilt dieser Film allgemein als der schlechteste in seiner ganzen Laufbahn, obwohl er an der Kasse relativ gut abschnitt und der Eindruck vorherrschte, daß er wohl in der Tat ein sehr großer Star sein müsse, wenn er selbst einem derart fürchterlichen Film zum Erfolg verhelfen konnte.

Sein nächster Film hieß *Good Neighbor Sam* (Leih mir deinen Mann). Dieses Mal verstrickte er sich in die Abenteuer seines frisch geschiedenen Nachbarn, und wieder verkaufte man den Film als frivole Komödie. Als Jack das Skript zum ersten Mal zu sehen bekam, hielt er es für »nichts als ein Stück Dreck« und ließ es zweimal umschreiben. Aber damit waren die Probleme noch nicht ausgestanden. Als nächstes kam ein Zwist mit der Werbeabteilung von Columbia, die die Poster mit der Zeile »Ein neues

Als Zuhälter in ›Irma La Douce‹

Ehebett zur Probe« versehen hatten. Später gab Lemmon zu, daß er die Inhaltsangabe nicht gründlich genug gelesen hatte, bevor er dem Studio zugesagt hatte. Immerhin schuldete er Columbia mindestens einen Film pro Jahr: Im Grunde hielt er sich nur an einen Vertrag, der seiner üblichen Arbeitsmethode völlig zuwiderlief.

Damals versuchte er freilich noch, jedermann davon zu überzeugen, daß die Rolle des Sam auch ihre guten Seiten hatte. »Gottlob hatte der Typ ziemlich viele Fehler. Wenn ich etwas nicht ausstehen kann, dann sind es Figuren ohne die geringsten Schwächen. Je besser das Drehbuch, um so schwerer faßbar die Figur. Genau wie mit echten Menschen: Wir sind alle Chamäleons.« Der Höflichkeit halber könnte man vielleicht behaupten, daß es Jack sehr leicht fiel, sich in die Rolle hineinzuversetzen.

Das ›Ehebett zur Probe‹ ist ganz schön anstrengend

In Wahrheit freilich sah die Sache völlig anders aus. Jack war über die mangelnde Tiefe seiner Figur ebenso unglücklich wie die meisten Zuschauer, auch wenn sie sich noch immer willig an den Kinokassen anstellten.

Was seine Freunde eher bestürzte, war jedoch die Tatsache, daß er nun in drei Sex-Filmen hintereinander aufgetreten war. Inzwischen mußte er sich deshalb sogar – für Jack Lemmon etwas völlig Ungewohntes – entsprechende Ausreden für sie ausdenken. Eine seiner schwächsten Ausreden, wie er selber zugeben mußte, lief darauf hinaus, daß er den Vertrag für *Yum Yum Tree* bereits vor drei Jahren unterschrieben hatte; zu einer Zeit, als sein Geschmack und der des Publikums vielleicht noch weniger

»sophisticated« gewesen war. Der Titel seines neuen Films machte die Sache auch nicht gerade besser. *How to Murder Your Wife* (Wie bringt man seine Frau um?) entstand als Co-Produktion zwischen United Artists und einer Zweigstelle der Jalem Productions mit Namen Murder Inc., die Jack ins Leben gerufen hatte, um die Unkosten besser verrechnen zu können. »Wenn *Days of Wine and Roses* zwischen *Irma* und *Yum Yum* angelaufen wäre«, erzählte er Louella Parsons, »wäre der Film vermutlich auf weniger Kritik gestoßen. In letzter Zeit hat die Geschmacklosigkeit so vieler neuer Filme einen ziemlichen Aufruhr ausgelöst. Ich weiß nicht recht, was ich über dieses ganze Thema Sex und Film sagen soll, weil es so viele Leute gleichzeitig betrifft. Eigentlich sollte ich der Frage ausweichen, aber ich tu's nicht. Ich bin nicht der Ansicht, daß *How to Murder Your Wife* irgendwie anstößig ist. Falls doch, gebe ich auf. Der Film ist auch nicht anstößiger als die großen Komödien von einst, die raffinierten Komödien aus der Lubitsch-Zeit, die heute alle so vermissen. Er ist keine Sex-Komödie, sondern eine Komödie über den Kampf zwischen den Geschlechtern.«
Felicia machte sich ihre eigenen Gedanken über die Einstellung mancher Leute, die glaubten, Jack einen Gefallen zu tun, wenn sie ihn über den grünen Klee lobten. »Man kann niemandem trauen«, sagte sie. »Die Leute sagen oft Dinge, die sie gar nicht meinen. Ich bin der Zyniker in der Familie, der Bösewicht. Den lieben langen Tag laufe ich herum und sage ›Pah, Humbug!‹«
Jack hatte da mehr Verständnis. Dennoch bereitete ihm die Tatsache einen gewissen Trost, daß er nicht der einzige war, der gelegentlich einen Fehler machte. Als sich Billy Wilders *Kiss Me Stupid* (Küß mich, Dummkopf) – ein Dean-Martin-Film mit einigen bislang (zu Recht) verschollenen Gershwin-Kompositionen, an die sich der Komponist gar nicht gern erinnerte – als grandioser Mißerfolg entpuppte, brachte Jack sehr viel Verständnis für seinen alten Freund auf. »Er hat sich an einer frivolen Satire versucht und dabei danebengehauen. Je mehr Talent man hat, um so größer auch die Chance, einmal danebenzuhauen ... Nun hat Billy halt einmal danebengehauen. Darauf hat er ja wohl auch ein Anrecht.«
Die meisten hätten den Film wohl als Fehlschlag bezeichnet. Daß Jack da sehr viel mehr Verständnis aufbrachte, hält Billy Wilder für einen der besten Züge des Schauspielers: »Ich bin mit

ihm durch dick und dünn gegangen, durch sehr gute Filme, durch Erfolge und durch Fehlschläge, aber Jacks Einstellung war immer dieselbe. Nach einer Reihe von Flops spürt man den Umschwung, wenn man für so etwas ein wenig empfänglich ist.

›Ehebett zur Probe‹. Mit Edie Adams

Ein Tänzchen in Ehren für ›Leih mir deinen Mann‹

Der Wächter am Studioeingang lächelt nicht mehr ganz so breit, wie wenn man gerade eine Reihe von Hits hinter sich hat; irgendwie bekommt man in seinem Restaurant nicht mehr den Tisch, den man eigentlich haben will; man wird nicht mehr als Sargträger zu irgendwelchen wichtigen Begräbnissen eingeladen. Man ist einfach nicht mehr so gefragt wie früher, und das Telefon klingelt nicht mehr ganz so oft. Die Leute neigen dazu, ihre Aufmerksamkeit immer denjenigen zuzuwenden, die im Moment gerade erfolgreich sind. Bei Jack ist das völlig anders. Nach einer Reihe von Flops fragt er ganz unbefangen: ›Wann drehen wir denn nun den nächsten?‹. Oder er erkundigt sich, ohne daß man ihm ein Skript gezeigt hat: ›Hast du irgendwas für mich? Falls ja, wann geht es los?‹. Es sind diese wunderbaren Vertrauensbeweise, die ich an ihm so schätze.«

›Leih mir deinen Mann‹

In seinem Privatleben erlebte er zur selben Zeit gerade einige Enttäuschungen. Christopher sah er seltener, als ihm lieb war – es hätte ihm riesige Freude bereitet, seinen Sohn unter seinem Dach aufzunehmen, aber Cynthia hatte das Sorgerecht. Überdies hatte er gerade einen sehr guten Freund verloren. Ernie Kovacs, der sich noch vor einiger Zeit seelisch bereits auf eine Rolle als Lemmons ständiger Partner vorbereitet hatte, war gestorben – ein trauriges Ereignis, das ihn dazu gebracht habe, etwas kürzer zu treten und über alles gründlich nachzudenken, wie Jack behauptete.
1963 ernannten ihn dann die United Theatre Owners of the Heart of America zu ihrem Star des Jahres – eine angemessene Auszeichnung für einen Mann, der sich acht Jahre nach seinem Filmdebüt immer mehr zu einem ihrer wichtigsten Brötchenge-

ber entwickelte. Sein Erfolg zeigte sich auch auf seinem eigenen Bankkonto. Ganz offensichtlich paßte seine Junggesellenwohnung in Bel Air kaum noch zu einem frischverheirateten Ehepaar, und Felicia war so schön anzusehen, daß er sie nicht den Blicken seiner Nachbarn entziehen wollte. Schließlich kaufte sich das Paar ein französisches Landhaus und zog in die Tower Road nach Beverly Hills um.

Das *Life*-Magazin fragte sich: »Ist Jack Lemmon hier wirklich bei jedermann beliebt?« und kam zu dem Schluß, daß dem tatsächlich so war. Zumindest bei den Studios war er so beliebt, daß sie ihm eine Million Dollar für jeden neuen Film bezahlten. Weniger beliebt war er dagegen bei den Ehemännern schöner Frauen. Da gab es zum Beispiel den Fall Virna Lisi: Signora Lisi ließ die Kurven anderer Frauen flach aussehen. Sie war eine italienische Schauspielerin, in deren Händen auch starke Männer zu Wachs wurden, und sie spielte das Opfer in *How to Murder Your Wife*.

Vorläufig sah es freilich eher danach aus, als ob ihr Ehemann Jack umbringen wollte; besonders, nachdem er ganz beiläufig in ihre Garderobe gegangen war und Virna dort splitternackt vor einem Spiegel vorgefunden hatte. Ihr Ehemann saß auf dem Sofa und konnte sich ganz und gar nicht mit Jacks Vertraulichkeiten anfreunden. »Ihm war nicht aufgefallen, daß alle Garderoben ziemlich gleich aussahen«, erzählt Regisseur Quine, »und daß Jack gedacht hatte, er ginge in seine eigene.« Später wurden die Lisis und die Lemmons enge Freunde.

Der Film selbst kam nicht sehr gut an. Jack spielte einen ehemüden Cartoon-Zeichner, der in seinen Zeichnungen Mittel und Wege ersann, seine Frau endgültig loszuwerden. Die Mordmethoden dann auch tatsächlich auszuführen, die er da auf dem Papier entwarf, war allerdings das letzte, das ihm im Sinn stand. »Das Ganze ist eine grelle, wunderbare Rolle«, erzählte er Louella Parsons, die solche Geschichten über wunderbare Filme schon öfter in ihrem Leben gehört hatte. »Wenn man sie mir morgen noch einmal anbieten würde, würde ich ohne Zögern wieder zugreifen. Die Rolle ist so schlagfertig, so sophisticated, so exzellent geschrieben. Ich hoffe nur, der Film geht nicht einfach über die Köpfe der Zuschauer hinweg.«

Im großen und ganzen tat er freilich genau das. Der *Sunday Telegraph* bezeichnete den Film als »eine Art Werbespot für die

Playboy-Clubs, eine klamaukige Tirade über die Freuden des Junggesellendaseins, wie geschaffen für fette alte Männer, die Angst vor Frauen haben, aber trotzdem gerne über sie nachdenken.«

Jacks einziger Trost bestand in dem Bewußtsein, daß ihn die meisten Zuschauer noch immer als Mister Wunderbar betrachteten. Vor kurzem hatte man ihn zum einspielträchtigsten Schauspieler des Jahres 1964 ernannt; populärer als er war nur noch Doris Day. Rock Hudson, John Wayne und Cary Grant, die ebenfalls in dieser Liste auftauchten, standen weit hinter Jack.

Kurz darauf feierte er ein Wiedersehen mit Tony Curtis. Der Film hieß *The Great Race* (Das große Rennen rund um die Welt) und entstand 1965 in einer Co-Produktion zwischen Warner Brothers und Jacks eigener Firma Jalem. Ein Film vom Kaliber eines *Some Like It Hot* war er zwar nicht, aber dafür kostete er immerhin mehr. Auf einem echten Autorennen zu Anfang des Jahrhunderts beruhend und in Breitwand gedreht, wirkte er wie Warners Antwort auf *Around the World in Eighty Days* (In achtzig Tagen um die Welt). Zu bewundern gab es dabei unter anderem Saloon-Schlägereien im Wilden Westen, einen Goldrausch in Alaska, einen Trip nach Ruritanien à la *The Prisoner of Zenda* (Der Gefangene von Zenda), Tony Curtis als Helden im weißen Gewand und Jack Lemmon alias Professor Fate als schwarzgekleideten Bösewicht – komplett mit hochgezwirbeltem Schnurrbart, von dem man beim besten Willen nicht behaupten konnte, er sei nicht angeklebt.

Tony Curtis spielte den großen Leslie. In Wahrheit freilich war es Fate, der den Leuten auffiel. »Fate ist ein Spinner«, sagte Jack, »ein Psychopath, ein Bilderbuchschurke. Stellen Sie sich den schlimmsten Shakespeare-Darsteller vor, den sie in ihrem Leben je gesehen haben, und fügen Sie dann noch das doppelte Selbstvertrauen eines Laurence Olivier dazu, dann haben Sie Fate.« Das hemmungslose Chargieren nach Art eines viktorianischen Melodramas schien allen Schauspielern großen Spaß zu machen – auch der hübschen Natalie Wood, die im Film eine suffragettenhafte Reporterin spielte, die als Zielscheibe für eine ganze Menge Schlamm und Dreck herhalten mußte und daneben auch in Situationen geriet, die einer überzeugten Feministin gar nicht gut zu Gesicht standen. »Jack war einfach wunderbar

in diesem Film«, meinte sie kurz vor ihrem Tod. »Ich habe noch nie jemanden erlebt, der gleichzeitig in so viele verschiedene Richtungen gehen und sich dabei doch mit allen seinen Figuren perfekt identifizieren konnte.«
Zu lachen gab es reichlich – besonders in jener Szene, als der teuflische Professor ein Streichholz an seinen eigenen Vorderzähnen anzündete. Besonders intelligent war der Humor allerdings nicht, und gelegentlich konnte man Curtis murmeln hören, daß sich Jack offenbar für sehr viel komischer hielt, als er eigentlich war. Einem Reporter gegenüber sagte er sogar einmal, daß Jack »eigentlich recht albern war, auf sehr unterhaltsame Art allerdings«. Der Satz, daß nichts für einen Schauspieler so schwierig sei wie eine Komödie, ist mittlerweile fast schon ein Klischee. Dennoch: Jack war der lebende Beweis dafür. Wie in allen anderen Filmen arbeitete er auch in *The Great Race* so hart an seinen Witzen, als ob es darum ginge, eine Straße aufzureißen. Wenn er nach einer Reihe von Takes schließlich mit seiner Arbeit zufrieden war und alles ganz natürlich aussah, standen die Chancen nicht schlecht, daß auch die Zuschauer darüber lachen würden.
In Wirklichkeit waren Jacks Witze auf dem Set sehr viel komischer, als Curtis zugeben wollte. *The Great Race* entstand zu einer Zeit, als die Billardkugeln dem Klavier in Jacks Gunst beinahe den Rang abliefen. Jack hatte durchblicken lassen, daß er einen Billardtisch neben dem Set durchaus zu schätzen wissen würde, und Bill Orr tat ihm den Gefallen nur zu gern. »Ich hab's wirklich gern getan«, erzählte mir Orr. »Jack hatte nie irgendwelche Sonderwünsche. Was eigene Garderobe und so etwas anging, hatten wir mit ihm nie Ärger gehabt.«
Was als bloße Ablenkung auf dem Set von *The Notorious Landlady* begonnen hatte, entwickelte sich schnell zu einem wesentlichen Bestandteil des Lemmonschen Alltags. Mitte der Woche veranstalteten er und seine beiden Mitstreiter aus dem *Landlady*-Film, Fred Astaire und Dick Quine, einen regelmäßigen Billardtag. So mußten denn die Techniker mit ihren Gabelstaplern neben dem üblichen schweren Gerät auch noch einen überdimensionalen Billardtisch von Drehort zu Drehort schleppen. Um die Sache etwas interessanter zu gestalten, kam Jack eines Tages auf die Idee, seinen persönlichen Zahnarzt Dr. Sheffield zu dem Spiel einzuladen. Was er seinem Mitspieler Peter Falk

Die arme Virna Lisi weiß noch gar nicht, daß ihr Mann sie halbwegs elegant aus dem Weg schaffen will: ›Wie bringt man seine Frau um?‹

dabei allerdings nicht verriet, war, daß es sich bei »Dr. Sheffield« in Wirklichkeit um einen Billardprofi namens Jimmy Carras handelte, der jedes Spiel mit links gewann. »Wenn Sie genauso gut Zähne füllen wie Billard spielen«, meinte Falk zu ihm, »dann sind Sie der beste Zahnarzt auf der ganzen Welt.« Jack amüsierte sich königlich.

Blake Edwards war kein Billy Wilder, inszenierte das Ganze aber trotzdem recht geschickt. Das große Rennen von New York nach Paris war amüsant genug, daß der Film schließlich als einer der amerikanischen Beiträge auf dem vierten Moskauer Filmfestival lief. Die anderen waren *To Kill a Mockingbird* (Wer die Nachtigall stört), Henry Fondas *The Best Man* (Der

Kandidat) und *Lilies of the Field* (Lilien auf dem Felde) mit Sidney Poitier in der Hauptrolle.

The Great Race erhielt die silberne Auszeichnung. »Nach den ganzen seriösen Filmen«, erzählte er der *New York Times,* »kamen wir mit unserer wilden Farce. Und dann passierte etwas sehr Merkwürdiges«. Die 2500 Russen im Publikum, für die man den Film eigens synchronisiert hatte, waren begeistert. Sie hatten sich durch all die anderen amerikanischen Beiträge hindurchgequält, die wichtigen Filme mit ihren großen Botschaften und Denkanstößen. »Dann zeigten wir *The Great Race* – reinen Klamauk für elf Millionen Dollar. Gleich zu Anfang gab es schallendes Gelächter. Und die nächsten drei Stunden konnten sie mit dem Lachen gar nicht mehr aufhören.«

Zum Teil ging dieser Erfolg auf die Tatsache zurück, daß der Film nichts enthielt, was man als politische Propaganda hätte werten können. Jack konnte nicht verstehen, weshalb ein solcher »Kulturaustausch« nicht auch in Hollywood möglich war. »Wenn man nicht miteinander redet, kommt man nie zu einer Lösung«, unterstrich er eine Tatsache, die ihm klargeworden war, als er und seine Kollegen das erste Mal in Rußland ankamen. Über Moskau tobte gerade ein unerwarteter Sturm, und das Flugzeug mußte auf einen anderen Flughafen umgeleitet werden – wo niemand wußte, woher sie kamen und wer sie eigentlich waren. Schließlich streckte man ihnen eine Handvoll russischer Formulare entgegen – die natürlich niemand lesen, geschweige denn unterschreiben, konnte. »Vier Stunden lang ging gar nichts mehr«, erzählte Jack später. »Erst standen wir in der einen Schlange, dann in der anderen, bis dann endlich jemand, der der französischen Sprache mächtig war, auf die Idee kam, uns einige französische Formulare auszuteilen, die wir dann auch ausgefüllt haben. Erst dann haben sie uns einreisen lassen.«

Der Heimflug gestaltete sich wesentlich glücklicher als die Ankunft. Nach seiner Rückkehr nach Hollywood unterschrieb er dort einen neuen Vertrag mit Columbia – wieder zugunsten von Jalem Productions. Seine Gesellschaft würde sechs Filme für die Columbia produzieren, vier davon mit Jack in der Hauptrolle. Jack selbst würde über diese Filme das »kreative Sagen« haben. Das war an sich nichts Ungewöhnliches; seit *Days of Wine and Roses* hatte er soviel wie irgend möglich für seine Filme getan.

Dennoch hatte er seine Vollmachten nun auch endlich schriftlich. Und damit, wie er sich ausdrückte, zugleich die Chance, auf die eigene Schnauze zu fallen. »Von da ab konnte ich in meinen schlaflosen Nächten die Schuld nicht mehr auf meinen Boß schieben«, bemerkte er, »aus dem einfachen Grund, weil ich jetzt mein eigener Boß war.« Die Vorstellung, in einem Büro zu

Ein echtes Anhängsel: ›Wie bringt man seine Frau um?‹

sitzen, wenn er nicht gerade im Scheinwerferlicht stand, gefiel ihm. Auch die Arbeit mit Regisseuren und Drehbuchautoren machte ihm Spaß. »Ich find's toll«, sagte er. »Ich vertiefe mich so lange in die Arbeit, bis die Dreharbeiten unmittelbar bevorstehen und der Schauspieler Lemmon wieder zum Zug kommt. Und dann delegiere ich die Verantwortung an andere, so daß mich – in aller Regel – nichts mehr von der Rolle ablenken kann, die ich spielen soll.«

Jack kehrte rechtzeitig nach Beverly Hills zurück, um die Geburt des neuesten Familienmitglieds mitzuerleben. Am 7. Januar 1966 brachte Felicia ihre zweite Tochter, ihr erstes gemeinsames Kind, zur Welt. Die Eltern tauften den Säugling auf den Namen Courtney. Die Rolle eines Vaters war und ist auch heute noch Jacks Lieblingsrolle. Trotz seiner Leidenschaft für die Schauspielerei gibt es doch seit dieser Zeit nichts Schöneres mehr für ihn als die Beschäftigung mit dem eigenen Kind.

Ähnlich ging es ihm auch mit Christopher: Die gemeinsamen Angelausflüge mit seinem Sohn zählten zu den glücklichsten Tagen in Jacks Leben. Chris war nun zehn Jahre alt, und sein Vater fragte sich langsam, ob der Apfel in schauspielerischer Hinsicht wohl weit vom Stamm gefallen war. Auf einem dieser Ausflüge verschwand der Junge plötzlich. Als ihn Jack endlich wiederfand, baute Chris am Strand gerade einen Stapel Cocktailwürstchen auf und verkündete laut: »Eisgekühlte Limonade! 25 Cents das Glas!« Geschichten dieser Art erzählen Väter natürlich immer gern. Und doch hatte sie für Jack eine besondere Bedeutung. »Damals erkannte ich, daß ich im Prinzip genau dasselbe tat. Außer Chris war der Strand völlig menschenleer. Er tat einfach so, genau wie ich. Und ich bin dabei auch so glücklich wie ein Kind.«

Als Chris dann in der Baseball-Juniorenliga spielte, brach Jack regelmäßig seine Geschäftssitzungen ab, um noch rechtzeitig zum Spiel zu kommen. »Bis jetzt hat das Team in 13 Spielen einmal gewonnen«, erklärte er den Grund seiner Eile. »Chris hatte schon zwei Hits. Na ja, das heißt, nicht gerade Hits. Er hat den Ball zweimal getroffen. Ich hab' dem Trainer schon oft gesagt, daß er kurzsichtig ist. Vergiß es.«

Es war Jacks ganz spezielle Art, sich über seine Lieblingsthemen auszulassen. Zerlegte er ein Wort in mehrere Silben, bedeutete das bei ihm stets ein gewisses Vergnügen an der Sache.

Einmal zog er in ein Büro ein, das vor ihm Elvis Presley gehört hatte. Er rechnete fest damit, daß noch einige benützte Gitarrensaiten auf dem Fußboden herumliegen würden und meinte kurz und knapp »Na pri-ma«.
Jacks Mutter war inzwischen nach Los Angeles umgezogen und hatte ihre Gunst vom Ritz-Carlton auf die Bar des Bel Air-Hotels übertragen. Mit Felicia kam sie relativ gut aus, obwohl sie sich angesichts der vielen Auseinandersetzungen bisweilen darüber wunderte, ob es Jack genauso ging. »Meiner Meinung nach sind sie sehr heilsam«, antwortete Jack. Felicia wiederum gab willig zu, daß sich ihre Auseinandersetzungen um »alles und nichts zugleich« drehten.
Gelegentlich drohte sie noch immer, ihn zu verlassen. »Es jagt ihm immer Angst ein«, sagte sie einmal, »wenn ich ihm dann sage, daß er alles haben kann – die Kinder, das Haus, die Verantwortung. Was bleibt uns Frauen denn schon? Tropfende Wasserrohre, unzuverlässiges Dienstpersonal und kein Mann im Haus, der den ganzen Ärger mitmachen muß.« Wenn sie einmal wütend aus der Wohnung stürmte, dann allerdings nur, um sich zu überlegen, wie sie wieder hineinkam. In der Regel setzte sie sich in den Wagen, fuhr einmal um den Block und ging dann ins Kino. »Mittlerweile ist er draufgekommen. Wenn ich jetzt zurückkomme, fragt er immer, welchen Film ich mir angesehen habe.«
Zu anderen Gelegenheiten machte sie ihren Gatten zum Opfer ihrer Scherze – etwa die Geschichte, als das Telefon plötzlich läutete. Am anderen Ende meldete sich eine Schülerin, die sich erst umständlich entschuldigte und dann wissen wollte, ob Herr Lemmon – dessen Nummer sie zufällig herausgefunden hätte – ihr nicht einen Job beim Theater beschaffen könne. Sie baute darauf, daß sie der stets höfliche Jack Lemmon nicht einfach abwimmeln oder mit einer ruppigen Antwort abfertigen würde. Nichtsdestotrotz wollte er der jungen Dame die Wahrheit nicht verheimlichen. »Sehen Sie mal«, sagte er, »das ist ziemlich schwierig«. Schließlich bröckelte seine Höflichkeit langsam ab, und er teilte dem jungen Mädchen unmißverständlich mit, daß er ihr nicht helfen könne. Daraufhin fluteten ganze Tränenbäche aus dem Hörer. »Hören Sie mal«, sagte er, »es gibt eine ganze Menge Profis, die haben auch keine Arbeit. Warum sollte ich ausgerechnet Ihnen einen Job besorgen? Ich kenn' Sie nicht ein-

Die Lemmons mit Tochter Courtney auf dem Londoner Flughafen Heathrow

mal. Ich hätte ja nicht einmal den Nerv, meiner eigenen Frau eine Arbeit zu beschaffen.«
»Nicht mal ihrer eigenen Frau?«, schluchzte die Stimme.
»Nein«, antwortete er. »Nicht mal, wenn sie die beste Schauspielerin für diese Rolle wäre.«
»Aha.« Die Stimme am anderen Ende klang plötzlich viel vertrauter. »Du dreckiger B ...«
Felicia legte den Hörer im Schlafzimmer auf und stürmte die Treppe hinunter, um ihren Mann für seine mangelnde Rück-

sicht zusammenzustauchen. Dann sperrte sie sich in einen Schrank ein, worauf Jacks Hand beinahe ein zweites Mal Bekanntschaft mit einer Türe schloß. »Man muß einen Menschen wirklich sehr, sehr lieben, wenn man sich von ihm derart aufregen läßt«, erklärte er.
Von Zeit zu Zeit trat auch Felicia in einem Film auf, obwohl ihr Jack immer wieder sagte, daß sie nicht genügend daran arbeitete. Sie entgegnete stets, daß ihr für einen echten Durchbruch der Antrieb fehle und sie seit ihrem Auftritt in Billy Wilders Mißerfolg *Kiss Me Stupid* nichts mehr getan hätte. Aber sie sah Jack bei der Arbeit zu und litt dabei mit ihm. »Er ist immer davon überzeugt«, sagte sie, »die Figur nicht wirklich zu verstehen. Die ersten Wochen sind die reine Hölle. Alles geht schief, und er redet die ganze Zeit nur darüber.«
Momentan, mit dem neuen Columbia-Vertrag unter Dach und Fach, war allerdings ein neuer Film mit Billy Wilder im Gespräch. Die alte Firma würde noch einmal den Betrieb aufnehmen – und dieses Mal mit einem neuen Geschäftspartner, Walter Matthau.

Der Glückspilz

Walter Matthau fand bald heraus, daß es schier unmöglich war, Jack Lemmon nicht zu mögen. »Du wirst an ihm nichts auszusetzen haben«, sagte Sidney Poitier zu ihm. »Falls doch, sag' uns um Himmels willen, was.«

Der Film, der Wilder vorschwebte, hieß *The Fortune Cookie* (Der Glückspilz) – ein Titel, den man in England dann gegen *Meet Whiplash Willie* eintauschte, weil ein Engländer, so dachte man zumindest, mit dem amerikanischen Titel nicht viel anfangen konnte. Billy Wilder würde den Film für Jalem produzieren, Regie führen und, zusammen mit I. A. L. Diamond, auch das Drehbuch schreiben.

Jack und Walter kannten zwar die Filme ihres jeweiligen Partners, waren sich aber, bevor sie Wilder auf dem Set von *The Fortune Cookie* einander vorstellte, nie zuvor begegnet. Als der Film schließlich abgedreht war, bezeichnete Matthau Jack als seinen besten Freund. Wilder erzählte, daß sie wie Brüder seien. Jack wiederum beschrieb ihn als »seine Frau«. Im Gegensatz zu Jacks echter Frau stritt er sich mit Walter freilich niemals. »Wir wissen beide genau, was der andere als nächstes tun wird«, sagte er. »Wir denken für den anderen mit. Es ist richtig unheimlich.«

Ihr erster gemeinsamer Film drehte sich um einen cleveren Anwalt, der einen Sportverein auf eine Million Dollar Schadenersatz verklagt, als sein Klient, ein Kameramann vom Fernsehen, bei einem Football-Spiel leicht verletzt wird. Der Ball trifft ihn am Kopf. Er ist nur leicht verletzt, doch der Anwalt beschließt, den Fall trotzdem groß aufzuziehen. Jack spielte den Klienten – und verbrachte den größten Teil seiner Zeit in einem Rollstuhl. Walter spielte den Anwalt, Whiplash Willie.

Die Story war insgesamt etwas dünn, saß der Klient doch die ganze Zeit im Rollstuhl, während der Anwalt nach Gesetzeslükken suchte und dabei so linke Täuschungsmanöver inszenierte, daß es normalerweise gleich mehrfach für den Ausschluß aus dem Anwaltsstand gereicht hätte. Ohne einen exzellenten Schauspieler in dieser Rolle wäre der Film vermutlich sang- und klanglos untergegangen. Jack hätte sich die Rolle selber schnap-

pen und damit an den Erfolg seines Professor Fate und des hilflosen Angestellten in *The Apartment* anknüpfen können. Er bestand jedoch darauf, daß Walter den Part des Anwalts übernahm.
»Das ist auch so eine Sache mit Jack«, sagte Billy Wilder. »Seine unglaubliche Großzügigkeit. Jeder andere Schauspieler in Jacks Position hätte sich sofort selbst die beste Rolle geschnappt. Aber nein: Jack war der Ansicht, daß Walter mehr damit anfan-

›Der Glückspilz‹ hat wider Erwarten Pech mit seiner Frau (Judi West)

gen konnte.« Auch Walter konnte Jacks Großzügigkeit zunächst nicht verstehen. Du lieber Gott, immerhin war er nicht nur der Star des Films, sondern auch der Chef der Produktionsgesellschaft. Jack antwortete nur, daß sich Walter seine Brötchen auch einmal ehrlich verdienen sollte.

Matthau war ein erfolgreicher Broadway-Schauspieler, der bereits in ungefähr 28 Stücken mitgespielt hatte, von denen allerdings nur die wenigsten außerhalb der New Yorker Theaterszene je gehört hatten. Als es ihn auf seiner Suche nach dem großen Durchbruch schließlich nach Hollywood verschlug, hatte er seine jungen Jahre bereits hinter sich gelassen. Die Rollen, die Hollywood ihm anbot, waren allerdings zumeist recht klein, so etwa der Part in dem Dean Martin/Lana Turner-Film *Who's Got the Action* (Immer nur deinetwegen), wo er ebenfalls eine etwas zwielichtige Figur gespielt hatte. In Elvis Presleys *King Creole* (Mein Leben ist der Rhythmus) verkörperte er einen Ganoven; in *Charade* (Charade) und *Mirage* (Die 27. Etage) entpuppte er sich dann als verläßlicher Nebendarsteller. In beiden Filmen war er so etwas wie der große Unbekannte – was auch seine Position in Hollywood sehr akkurat umschrieb. Was man von ihm verlangte, erledigte er zwar zur vollsten Zufriedenheit aller; eine echte Gelegenheit zum Durchbruch hatte sich bislang allerdings noch nicht ergeben. In *Lonely Are the Brave* (Einsam sind die Tapferen) spielte er einen Sheriff; wieder eine Nebenrolle, wenn auch eine außerordentliche. Ein Star war er deshalb jedoch noch lange nicht. Als sich ihm dann tatsächlich eine Gelegenheit bot – im Gespräch stand der Part des verlassenen Ehemanns in *The Seven Year Itch* (Das verflixte siebente Jahr) an der Seite von Marilyn Monroe –, stand Produzent Charles K. Ewell der Sinn nach einem bekannteren Schauspieler. Schließlich entschied er sich für Tom Ewell, der zwar auch nicht bekannt war, aber den Anforderungen der Rolle doch gerecht wurde. Jack wußte das alles und überließ Walter die Rolle des Whiplash Willie nur zu gerne – ohne zu ahnen, daß sein Kollege demnächst einen schweren Herzanfall erleiden würde.

Nach dem Herzanfall dachte Matthau gründlich über sein Leben nach. »Wenn man einen Herzanfall durchgemacht hat – warum es passiert war, wußte keiner so genau; ich hatte bislang nie Herzbeschwerden gehabt –, ist man sich plötzlich seiner Sterblichkeit bewußt. Man sagt sich dann nicht mehr ›He, Mo-

›Der Glückspilz‹. Hollywoods neues Traumpaar heißt Jack Lemmon und Walter Matthau

ment mal. Ich kann jetzt noch nicht sterben. Ist doch gar nicht die Jahreszeit dafür.‹ Man kann sehr wohl sterben, einfach so.« Von nun an würde er seine Wettleidenschaft aufgeben, die ihn bereits eine ganze Stange Geld gekostet hatte, und er würde auch seine Arbeit etwas auf die leichtere Schulter nehmen. In der Tat wirkte er in *The Fortune Cookie* sehr viel gelöster, zu seinem eigenen Vorteil.

Billy Wilder selbst hält den Film im übrigen für keinen sonderlichen Erfolg. Im Film spielten die beiden Schwäger, was der Geschichte eine zusätzliche Dimension gab; eine Aufgabe, mit der beide bestens zu Rande kamen. Eine nicht unwesentliche Rolle spielte allerdings auch Wilders Drehbuch. Trotz Wilders Beteuerung, daß er Ideen gegenüber immer sehr aufgeschlossen sei, bestritt Jack entschieden, je ein Wort seines Dialogs geändert zu haben – obwohl der Regisseur und Autor die Skripts mitunter buchstäblich auf dem Set verfaßte; kurz bevor die Szene dann gedreht wurde. »Bei Wilder improvisiert man nicht«, sagte Jack. »Bei Shakespeare macht man das ja auch nicht ... Und die Frage, wie man den Autoren *interpretieren* soll, wie er dieses oder jenes gemeint haben könnte, die stellt sich überhaupt nicht. Billy weiß genau, wie. Immerhin ist er ja der Autor.«

The Fortune Cookie bot Regisseur und Star eine neue Gelegenheit, ihre gegenseitige Zuneigung zu festigen. Besonders Billys Detailversessenheit gefiel Jack. Billy, sagte er, entging nichts: weder ein Stäubchen auf der Requisite »noch ein falsches Augenzwinkern. Ich kenne niemand Wachsameren als ihn. Billy sieht alles.«

Es war sein bedingungsloses Vertrauen in Wilder, das Jack überzeugte, Walter Matthau so herzlich willkommen zu heißen – und wohl auch der Grund dafür, warum Matthaus Spiel in *The Fortune Cookie* so genau den Punkt traf. Jack ließ es geschehen, daß Walter sowohl die besten Dialoge wie auch den meisten Applaus erntete. *Time* faßte die vorherrschende Meinung so zusammen: »Regisseur Billy Wilder ist in diesem Film das enorme Risiko eingegangen, sein bestes Geschütz quasi festzunageln. In *Cookie* zwingt er Lemmon – einen quirligen Komiker, dem der Instinkt für ruhige Komik völlig abgeht – dazu, die ganze Zeit im Rollstuhl zu sitzen. Was ihn zwar albern, aber nie wirklich komisch wirken läßt. Und nachdem er Lemmon derart aus dem Verkehr gezogen hat, konnte eigentlich nur noch ein Wunder verhindern, daß sich das Ganze zu einem ebensolchen Langweiler wie Wilders letzter Film *Kiss Me Stupid* entwickeln würde. Glücklicherweise ist ein solches Wunder zur Hand: Walter Matthau.«

Walter gewann einen Oscar, Jacks unvergängliche Liebe und Freundschaft und die Sicherheit, daß aus ihnen demnächst eine Art Laurel & Hardy-Team werden würde, das immer mal wieder einen Film zusammen drehen und ansonsten seine eigenen Wege gehen würde. »Die beiden verknallten sich förmlich ineinander«, meint Billy Wilder. »Vom ersten Tag an waren sie unzertrennlich.« Sie erfanden eine eigene Ausdrucksweise und gebrauchten Formulierungen, die kaum ein anderer außer ihnen verstand. Auch der Name »Jack« gefiel Matthau nicht besonders. Für ihn hieß sein Freund Uhler. Nach all den Jahren rückte Jacks zweiter Vorname so endlich ans Tageslicht. Auch politisch gab es einige Gemeinsamkeiten: Beide sympathisierten mit den Demokraten, und beide waren gute Staatsbürger. Carol Matthau und Felicia schlossen den Kreis dann.

Auf seine Rolle als guter Staatsbürger war Jack regelrecht versessen. Als er während den *Fortune Cookie*-Dreharbeiten im Cleveland-Browns-Stadion Zeuge einer Fahrerflucht wurde, verfolgte er den Mann und versorgte die örtlichen Polizeibehörden hinterher mit allen nötigen Informationen. Eine Woche später lud man ihn vor Gericht. Das Ganze fiel ihm schwerer als alle Dreharbeiten.

Nach Abschluß von *The Fortune Cookie* fing er mit einem neuen Film für Jalem an, dem ersten, in dem er selbst nicht auftreten würde. *Cool Hand Luke* (Der Unbeugsame), eine Bandengeschichte, lag nicht so ganz auf seiner Wellenlänge, und so übergab er den Part an Paul Newman. Eine Hauptrolle an einen anderen Schauspieler abzugeben und selber nichts auf der Leinwand tun zu dürfen, fiel ihm nicht gerade leicht. In *The Fortune Cookie* hatte er zwar auch die ganze Zeit im Rollstuhl gesessen und Walter Matthau den Film überlassen. Dennoch galt es da wenigstens noch, einige Regieanweisungen auszuführen und gelegentlich einmal in die Kamera zu sehen. Bei *Cool Hand Luke* dagegen war er einfach nur – eine gehörige Untertreibung, wie er bald herausfinden sollte – ausführender Produzent.

»Jack widerstrebt die Rolle des Industriekapitäns«, bemerkte einer seiner Kollegen seinerzeit. »Das Image paßt nicht zu ihm. Er ist einfach zu desorganisiert, zu menschlich, um auf eine solche Beschreibung zu passen.« So desorganisiert, daß er, als Felicia ihm ein Autotelefon zum Geburtstag schenkte, behauptete, daß es überhaupt nicht zu ihm passen und er es auf keinen Fall benutzen würde. Als er an drei Tagen hintereinander einen Platten hatte und das Telefon dringend gebraucht hätte, überlegte er es sich dann doch noch mal. Das Telefon beseitigte allerdings nicht nur einige Probleme, sondern sorgte auch gleichzeitig für ein neues: Er vergaß ständig, den Hörer aufzulegen – was bedeutete, daß man ihm regelmäßig die Gebühren für einen 24-Stunden-Anruf berechnete. Einmal ließ er den Hörer sogar ein ganzes Wochenende neben dem Telefon liegen. Die Rechnung war entsprechend saftig und die Autobatterie natürlich leer.

Was seine neue Arbeit anging, betrachtete er jeden Tag als eine neue Herausforderung. »Zwischen zwei Filmen«, erklärte er, »kann so ein Schauspielerleben sehr langweilig sein. Ich habe genug zu tun. Ich beschwere mich auch gar nicht. Aber zwischen zwei Filmen werde ich immer ungeduldig. Und ich mag es auch nicht besonders, wenn man ständig das Drehbuch ändert und dabei meine Rolle mitunter völlig auf den Kopf stellt. Aber die Verantwortlichen in den großen Studios haben ja wohl ein gutes Recht dazu. Jetzt, wo ich meine eigene Firma habe, bin ich völlig unabhängig. Außerdem befriedigt es mich, endlich kreativ tätig sein zu können. Als Schauspieler ist man im eigentlichen Sinne nur sehr selten kreativ. Man bekommt ein Drehbuch, man interpretiert die Rolle. Als unabhängiger Produzent ... kann ich mir das Endprodukt ansehen, ob ich nun darin mitspiele oder nicht, und die Genugtuung genießen, im schöpferischen Sinn tatsächlich etwas beigesteuert zu haben.«

Als *Cool Hand Luke* dann abgedreht war, zeigte er sich vom Ergebnis regelrecht entzückt. »Ich habe den Film nicht produziert, ich habe ihn nicht inszeniert, und ich habe nicht darin mitgespielt«, sagte er, »und trotzdem begeistert er mich mehr als alle meine eigenen Filme.« Natürlich hatte er sich nicht nur des Geldes wegen der Filmproduktion verschrieben. »Ich bin ein lausiger Geschäftsmann«, beteuerte er. »Zuvörderst bin ich Schauspieler. Produzent bin ich erst an zweiter Stelle.«

Seine Produktionsfirma entwickelte sich schnell zu einem florierenden Unternehmen, obwohl es in der Aufbauphase einige unerwartete Probleme gegeben hatte. Gerüchte wollten wissen, daß Jack ein derart netter, anständiger Mensch mit derart netten, anständigen Verträgen sei, daß er das gesuchte Talent vermutlich unter den gängigen Tarifen erhalten würde. Entgegen dieser Gerüchte neigte Jack allerdings eher dazu, seine Angestellten überzubezahlen und den anderen damit gleichzeitig die besten Männer wegzuschnappen. Zum Großteil ging sein Erfolg auf den kreativen und geschäftlichen Rapport mit seinem neuernannten *executive producer* Gordon Carroll zurück. »Ich war stets der Ansicht, daß die wirklich kreativen Schauspieler unterbezahlt, statt überbezahlt seien«, sagte er über die Schauspieler in seinen ersten Produktionen. »Man verspricht uns immer große Summen, und am Ende bleiben uns nur ungefähr 15 Prozent davon. Und überhaupt stehen die Berufsaussichten für einen

Schauspieler ziemlich schlecht. Er kann das Opfer einer neuen Laune oder irgendeiner Modeerscheinung werden; er muß ganz einfach sein Geld verdienen, solange er noch gefragt ist. Unsereins hängt ständig zwischen Wohlstand und Hungertuch. Letztes Jahr lief's vielleicht noch ganz gut, dieses Jahr vielleicht auch noch. Dann eine Serie von Mißerfolgen, und – zack – im nächsten Jahr läuft gar nichts mehr.« Dafür gab es Ende der Sechziger auf Jack Lemmons Erfolgsbarometer allerdings nicht die geringsten Anzeichen.

»Solange ein Schauspieler wirklich mitdenkt, ist er durchaus in der Lage dazu, gute Filme zu drehen, Profit abzuwerfen und gute schauspielerische Leistungen abzuliefern«, erklärte er. Jack hatte stets behauptet, »alles zu tun«, wenn ihm eine Story gefiel. 1966 beschloß er daher, sein Glück mit einem Stück namens *Luv* (Versuch's doch mal mit meiner Frau) zu versuchen. Es stammte aus der Feder Murray Shisgals und drehte sich um die Folgen eines vereitelten Selbstmordversuchs. Das Stück hatte bereits auf dem Broadway und in London Erfolge gefeiert, und Jack arbeitete sehr eng mit dem britischen Regisseur Clive Donner und dem Drehbuchautor Elliott Baker zusammen.

Die Figur, die Jack darin spielen sollte, erwies sich als echte Herausforderung für ihn. Henry Berlin war nicht nur eine dürre Vogelscheuche, sondern auch ein echter Menschenfeind – was Jacks eigener Natur völlig zuwiderlief. Damit man ihm die angeblich 60 Kilo schwere Figur auch abkaufte, nahm Jack ganze 14 Kilo ab. Statt in der Chefkantine sah man ihn nun des öfteren unter den gewöhnlichen Sterblichen auf dem Studiogelände, wo er sich von Zeit zu Zeit für 30 Cent ein Schinkensandwich kaufte. Er trug schlecht sitzende Anzüge und Hüte, die nicht einmal die Heilsarmee mehr angenommen hätte. Alles in allem vertiefte er sich so sehr in *Luv,* als ob er fest davon überzeugt sei, für die Rolle einen Oscar zu bekommen.

Alles in allem entpuppte sich der Film jedoch als ehrenvoller Schlag ins Wasser. Das *Monthly Film Bulletin* schrieb: »Aus der leichtgewichtigen, aber bissigen Theaterkomödie über die Liebe in der heutigen Freud-besessenen Gesellschaft ist eine dümmliche, tödlich witzlose Farce geworden.« Nichtsdestotrotz sollte sich Jack immer wieder an ähnlichen Rollen versuchen, war er doch der Ansicht, daß er mit solchen Parts gegen das übliche Lemmon-Image ankämpfen konnte. Und obwohl er stets behauptete, daß so etwas wie ein Lemmon-Image eigentlich gar nicht existiere, gab es da doch den berühmten Lemmon-Charme; jenen Charme, der auch in seinen reizlosesten Rollen zum Vorschein kam und selbst außerhalb des Studiogeländes noch ungeheuer augenfällig war.

Ein typisches Beispiel dafür war das hochelegante Dinner im

Haus des ehemaligen Hollywood-Tycoons William Goetz. Das Ganze war eine ungeheuer schicke Angelegenheit, und als derzeit beliebtester Hauptdarsteller war Jack natürlich ein gern gesehener Gast. Neben ihm am Tisch saß der Ehrengast des Abends, die Gattin des bekannten Verlegers Gardner Cowles. Die ersten Schwierigkeiten deuteten sich an, als der wie üblich mit Frack und weißen Handschuhen ausstaffierte Kellner ein Tablett Rotkohl hereinbrachte. Jack, dem an diesem Abend scheinbar europäisch zumute war, aß mit Messer und Gabel, anstatt, wie in Amerika üblich, die Gabel in die rechte Hand zu nehmen. Was sich an diesem Abend dann genau zwischen Messer, Gabel und Rotkohl abspielte, ist Jack heute nicht mehr so ganz klar. Auf jeden Fall glich Mrs. Cowles hinterher, wie Jack es ausdrückte, einem »wandelnden Blutgerinnsel«. Irgendwie mußte ein großer Löffel Rotkohl auf das teure Abendkleid seiner Nachbarin geraten sein.

Jack war wie vor den Kopf geschlagen – wenn auch nicht ganz so sehr wir Mrs. Cowles. Felicia sah aus, als ob sie jeden Moment mit der Gabel auf ihn losgehen würde. Ihm blieb nichts anderes als die Devise »Frechheit siegt«. Er schlug mit dem Löffel an sein Glas, stand auf und verkündete: »Ich verlange einen sauberen Nebenmann.« Lemmon, der ewige Tolpatsch, hatte die Sache wieder einmal überstanden.

Wenig später freilich überschattete ein tragisches Ereignis Jacks Privatleben. Am 4. September 1967 starb seine Mutter Millie. Die Lemmons hatten sie an diesem Tag zu sich nach Hause eingeladen; für den Besuch der Großmama hatte Felicia das Baby sogar besonders schön herausgeputzt. Es hätte einer jener angenehmen Tage im Kreis der ganzen Familie werden sollen, die Jack in seiner eigenen Kindheit so schmerzlich vermißt hatte. Wie immer bei diesen Gelegenheiten fuhr Jack zu Millies Wohnung, um seine Mutter abzuholen – mit einem breiten Lächeln und einem kleinen Witz sowie dem berühmten Lemmon-Glucksen auf den Lippen.

Als er bei ihr klingelte, kam niemand an die Tür. Um in die Wohnung hineinzugelangen, tat er schließlich das, was er auf der Leinwand schon tausendmal getan hatte – er trat die Tür ein. Millie lag quer auf ihrem Bett; in dem Kleid, das sie sich für den Besuch im Hause ihres Sohnes angezogen hatte. Sie hatte einen Herzanfall erlitten.

In Momenten wie diesen schießen für gewöhnlich Erinnerungen durch den Kopf; Erinnerungen an das eigene Leben und Erinnerungen an das Schicksal all der anderen, die sich schon einmal in einer ähnlichen Lage befunden hatten. Jack entsann sich einer Schauspielerin, mit der er einst gearbeitet hatte. Sie hätte damals eine Frau spielen sollen, die gerade ihre Mutter verloren hatte. Eines Abends, kurz bevor der Vorhang hochging, überreichte man ihr ein Telegramm. Drinnen stand zu lesen, daß ihre eigene Mutter gerade gestorben sei. Sie ging wie betäubt auf die Bühne und lebte auf einmal denselben Part, für den man sie sonst bezahlte. Als sie schließlich wieder von der Bühne ging, stauchte sie der Regisseur zusammen – weil sie die Rolle zu kühl gespielt habe, ohne das geringste Verständnis dafür, was eine solche Figur in diesem Augenblick empfinden würde.
Jack erinnerte sich an diesen Abend, während er den eigenen Verlust betrauerte, und entschied, daß Millies Tod keine Auswirkungen auf seine eigene Arbeit haben dürfte. »Ich würde nicht einmal im Traum daran denken, bei meinem Spiel aus einer persönlichen Tragödie Nutzen zu ziehen«, erklärte er. »Ich neige dazu, meine eigenen Gefühle auszusperren. Manchmal fühle ich mich richtiggehend schuldig. Ich glänze bei meiner Arbeit, obwohl in mir alles brodelt. Ich habe mich schon gefragt, ob ich vielleicht gefühllos bin.« Dessen hat man ihn allerdings noch nie beschuldigt.
Obwohl er seine privaten Gefühle niemals auf der Leinwand zeigen wollte, gab es doch Zeiten, in denen es beinahe einem Wunder gleichkam, daß ihm das gelang. Es waren keineswegs die gelegentlichen Kabbeleien mit Felicia, die ihm Sorgen machten. Die gingen immer harmlos aus, und falls sie einer von ihnen jemals zu ernst nehmen sollte, gab es immer noch die kleine Courtney, die ihnen vor Augen führte, wie glücklich sie doch waren. Bei Jacks älterem Sohn Chris lagen die Dinge freilich anders.
Jack liebte ihn deshalb nicht minder, aber dennoch gab es klare Anzeichen eines Generationskonflikts, als Chris langsam auf die 18 zuging. Nur ein erfahrener Psychologe könnte wohl herausfinden, was genau zwischen ihnen schiefgelaufen war. Es hätte Eifersucht auf Jacks neue Familie sein können, vielleicht auch der Zusammenbruch von Cynthias zweiter Ehe. Beiden Elternteilen fiel es immer schwerer, mit dem Jungen zurechtzu-

kommen. Als er dem Spielzeug, das bislang eine Brücke zwischen ihnen gebildet hatte, endgültig entwachsen war, fiel es Chris schwer, irgendwelche Gemeinsamkeiten zwischen sich und seinem international berühmten Vater zu entdecken. Die Situation machte Jack großen Kummer. Probleme mit Drogen tauchten auf. Als Chris dann zwischen 14 und 20 Jahre alt war, wußte Jack einfach nicht, wie er sich seinem Sohn gegenüber verhalten sollte. Es war mehr als nur eine Generationenlücke, eher schon eine Kluft. »Ich weiß nicht, wohin es ihn damals getrieben hat – auf den Mond, schätze ich. Er lag auf einer völlig anderen Wellenlänge. Mehr weiß ich auch nicht.« Wenn Jack auch behauptete, daß es nie zu einem echten Bruch gekommen sei, hatten die beiden dennoch keine Ahnung, wie sie miteinander zurechtkommen sollten. Und wie Jack einst gesagt hatte: ohne Verständigung kein Fortschritt. »Die Meinungen sind so verschieden ... Man versucht es, in aller Liebe und mit größter Sorge. Aber man liegt einfach auf einer anderen Wellenlänge.« Aber Jack versuchte es trotzdem und nahm den Jungen mit in seinen Urlaub. Regeln gab es dabei nur eine – keine Frauen. Sie würden in der freien Natur leben und deshalb keinen großen Wert auf Proteste seitens der Damen legen, daß sie sich schmutzig machen oder irgendeinem wilden Tier begegnen würden. Trotzdem vergrößerten diese Ausflüge eher noch die Kluft zwischen Vater und Sohn.

Er hegte keinen Zweifel daran, daß die Scheidung von Cynthia sehr viel damit zu tun hatte. Er gab sich zuviel Mühe, hoffte zu sehr darauf, daß er und Chris echte Kumpel werden würden, obwohl beide einander argwöhnisch belauerten. Jack hatte nur ein schwaches Verhältnis zu seinem eigenen Vater gehabt und tat nun alles Menschenmögliche, um zu verhindern, daß es der nächsten Generation ebenso ergehen würde. Als der Fall dann doch eintrat, konnte Jack nicht verstehen, was er falsch gemacht hatte. Andere Eltern haben sich dieselbe Frage gestellt und auch keine einleuchtende Antwort darauf gefunden.

In der Zwischenzeit bewiesen Felicia und er der Welt, wie glücklich sie wirklich miteinander sein konnten – sofern sich alle erst einmal mit der Tatsache abfinden würden, daß sie sich dabei ihren eigenen Weg zum Glück suchten. Auf jeden Fall verdiente er genug, um der Familie jenen Lebensstandard zu garantieren, den sie ihrer Meinung nach verdient hatte. Seine Einnahmen aus *Cool Hand Luke* beliefen sich auf eine Million Dollar plus zehn Prozent der Nettoeinnahmen, die nun langsam, aber sicher in die Höhe kletterten. Man überredete ihn dazu, in Ölquellen zu investieren – insgesamt 5000 Bohrtürme, wie er verlauten ließ. Angeben wollte er mit dieser Zahl allerdings nicht, im Gegenteil. »Nur einmal sind wir auf ein bißchen Erdgas oder sowas gestoßen«, erklärte er.

Jedermann, so schien es, wollte sich an den Lemmonschen Erfolg anhängen. Ende der Sechziger trat Jack in so vielen *Rowan and Martin Laugh-In*-Shows auf, daß die Sendung Gefahr lief, in *Jack Lemmon Laugh-In* umgetauft zu werden. Der wichtigste Entschluß in seiner Karriere bestand allerdings darin, einen neuen Film mit Walter Matthau zu drehen.

The Odd Couple (Ein seltsames Paar) vereinte das neue Laurel & Hardy-Team endgültig. Sie kamen sich vor wie zwei Freunde, die einander lange nicht gesehen hatten und sich nun darüber wunderten, wie sie es die ganze Zeit ohne den anderen ausgehalten hatten. Ähnlich war es ihnen schon nach *The Fortune Cookie* gegangen; nach *The Odd Couple* freilich fühlten sie sich wie Blutsbrüder, auch wenn sie sich nicht in die Daumen geschnitten und sie dann aufeinandergepreßt hatten.

Im Gegensatz zu den Figuren in Neil Simons Männerwirtschaftskomödie entwickelte sich die chemische Beziehung zwischen Lemmon und Matthau beinahe wie von selbst. Die Tatsache, daß Matthau inzwischen fast ebenso bekannt war wie er, änderte nichts an der Rücksicht und der Achtung, die ihm Jack entgegenbrachte. Einmal stand zum Beispiel im Gespräch, die jeweiligen Rollen auszutauschen. Nun sollte Jack den unordentlichen Dreckfink und Gastgeber des wirklichkeitsfremden, von seiner Frau verlassenen Schriftstellers mit dem ausgeprägten Sauberkeitsfimmel spielen. Auf dem Broadway hatte seinerzeit Walter diese Rolle verkörpert – und das mit phänomenalem Erfolg. Die ganze Sache jetzt auf einmal umzudrehen ging Jack gegen den Strich.

Mike Nichols, der Regisseur, hätte es ebenfalls lieber gesehen, wenn Matthau seine alte Rolle auch im Film beibehielt. »Walter«, sagte er zu ihm, »du bist für diese Rolle geboren.«

»Und das war er auch«, sagte Jack.

»Na ja«, entgegnete Matthau, »mein Leben hatte mich auf diese Rolle tatsächlich recht gut vorbereitet. Der Part fiel mir sehr

›Ein seltsames Paar‹. In keiner Ehe könnte es besser zugehen als in der Beziehung Matthau/Lemmon

leicht. Das soll jetzt nicht heißen, daß ich auch so schlampig wäre. Besonders reinlich bin ich allerdings auch nicht. Ich kenne diese Art von Mensch durchaus. Erfolg gibt einem eine gewisse innere Gleichgültigkeit. Man lebt einfach damit.«
Walter sah tatsächlich wie ein Dreckfink aus; anders konnte

man es nicht nennen, wenn mitten im Sommer noch die Socken für den Weihnachtsmann am Kamin hingen und die Milch im Kühlschrank stand, ohne daß sie dafür irgendeine Flasche brauchte.

Jack wiederum spielte einen Pedanten, der Höllenqualen ausstand, wenn er einen Fetzen Papier am Boden liegen sah und ihn nicht aufheben durfte. So mußte er im Film eine ganze Menge Demütigungen ertragen – angefangen von der Zigarettenasche auf dem Boden bis zum Ketchup an der Wand. Er spielte diesen ewig verschnupften Hypochonder so perfekt, daß man bei jedem Nieser am liebsten »Gesundheit« gerufen hätte und aus dem Kinosessel aufgestanden wäre, um ihm ein sauberes Taschentuch zu überreichen. Die Beziehung trägt alle Anzeichen einer gescheiterten Ehe – allerdings ohne die leiseste Andeutung irgendeiner latenten oder realen Homosexualität.

Der Erfolg des Films ging vor allem auf die ungewöhnliche Art und Weise zurück, mit der die beiden Hauptdarsteller miteinander zu Rande kamen. »Viele, viele Schauspieler – auch gute – arbeiten nicht wirklich mit einem zusammen«, erzählt Jack. »Man sieht ihnen in die Augen, und sie schauen in irgendeine andere Richtung. Aber wenn der andere den Blick erwidert, dann kann das ein magischer Augenblick sein.«

Genau das war auch *The Odd Couple* – ein Film voll magischer Augenblicke. *Time* bemerkte, daß der Streifen keine hundertprozentig perfekte Komödie wäre, weil die Kamera zu statisch sei. Aber dieses seltsame Paar, fügte der Kritiker dann noch hinzu, bestünde doch aus »echten Menschen, die mit genügend Substanz gezeichnet sind, um neben den Gags auch noch einen Schatten zu werfen.« Mit anderen Worten: Der Film funktionierte; eine Tatsache, die Jack nicht minder befriedigte als fast alles andere auch. Selbst schrieb er den Erfolg in erster Linie seiner Zusammenarbeit mit Walter zu. »Wenn einem von uns in der Mitte einer Szene etwas Neues einfällt, zögern wir nicht lange, sondern tun es einfach.« Er sagte, daß der Film ihm Glück gebracht habe. Das hatte er in der Tat.

Auch eine Menge Politiker hätten sich glücklich geschätzt, Jack Lemmon auf ihrer Seite zu haben. Immerhin galt es in Hollywood schon seit langem als Tradition, wenn sich die Stars um die politischen Größen der jeweiligen Zeit scharten – spätestens seit eine ganze Wagenladung Filmstars nach Washington gezogen war, um Präsident Franklin D. Roosevelt bei seiner Wahlkampagne zu unterstützen. Jack indes enthielt sich solcher Aktivitäten. Obwohl seine Freunde wußten, daß er dem liberalen Flügel der Demokraten zuneigte, gehörte er doch nicht zu jenen, die sich darum drängten, irgendwelche Siegesfeiern zu organisieren oder neben dem jeweiligen Kandidaten am Rednerpult zu stehen.

Ende der Sechziger richtete sich das Augenmerk dann auf einen ehemaligen Hollywood-Schauspieler, dessen Ehrgeiz sich vorläufig noch auf die Gouverneursresidenz in Sacramento/Kalifornien beschränkte – Ronald Reagan. Selbst Jack, der ansonsten nie ein böses Wort über irgend jemand verlor, fiel die Freundlichkeit seinem ehemaligen Kollegen gegenüber schwer.

Der Sauberkeitsfanatiker Lemmon droht seinem verständnislosen Freund Matthau

»Grundsätzlich gibt es drei verschiedene Meinungen zu Reagan«, meinte er nach dessen Wahlsieg. »Die erste ist, daß es sich bei ihm um einen sehr scharfsinnigen Politiker handelt. Die zweite geht dahin, daß er sich als besserer Gouverneur erwiesen hat, als man eigentlich erwartet hatte. Der dritten nach ist er einfach nur ein Witz. Selber stehe ich irgendwo zwischen Meinung zwei und Meinung drei. Aber ich verrate ihnen gerne, wie er wirklich auf den Posten gekommen ist. Es ist Wahltag, es ist ungefähr ein Uhr, ich fahre gerade aus dem Studio, und Reagan liegt angeblich ziemlich hinten. Da bringen sie im Radio die Nachricht, daß Reagan gesagt haben soll, er würde auf jeden Fall wieder in seinen alten Beruf zurückkehren, wenn er die Wahl verlieren würde. Ich hab' so gelacht, daß ich fast von der Straße abgekommen wäre. Ich konnte es mir lebhaft vorstellen: Ganz Kalifornien rast zu den Wahlurnen, um diese schreckliche Gefahr zu bannen.«
Wollte man erklären, weshalb Jack Lemmon zu einem solchen Superstar geworden ist, könnte sich die Erklärung eigentlich nur auf seine Gabe berufen, auch die schlimmsten Katastrophen zu überstehen. Es lag nicht einfach nur daran, daß Jack dem Mißerfolg mit jenem Verständnis begegnete, von dem auch Billy Wilder schon berichtet hatte. Fehlschläge akzeptierte er mit dem Gleichmut eines enttäuschten Welpen, dem der heißbegehrte Knochen letztlich doch entwischt war. Er machte einfach weiter und schnupperte nach neuen Gelegenheiten.
The April Fools (Ein Frosch in Manhattan) war jedenfalls ein Knochen, den er lieber liegengelassen hätte. Boshaftere Betrachter der Hollywood-Szene vermuteten, daß er deshalb nicht abgelehnt hatte, weil er damit zugleich auch auf den Auftritt an der Seite einer der bestaussehenden Schauspielerinnen unter dem heißen Licht der Studiosonnen verzichtet hätte. Catherine Deneuve hatte mittlerweile die Nachfolge Brigitte Bardots angetreten, sowohl als Frankreichs Sexsymbol Nummer eins wie als Geliebte Roger Vadims. Im Film spielte sie ein Mädchen, das mit Jack nach Paris durchbrannte, um dort eine ausgesprochen unglückliche Ehe mit ihm zu führen. Niemand wußte so recht, ob der Film ernst gemeint war oder nicht. Am Ende gelang es *The April Fools* dann weder, diese Zweifel zu beseitigen, noch seine Produktionskosten wieder einzuspielen.
Einige hofften immer noch, daß Jack noch einmal ins Fernsehen

Der Ehekrach nimmt kein Ende

zurückkehren würde. 1969 erfüllten sich die Hoffnungen dann. Allerdings trat er dabei nicht in einer jener Produktionen auf, wie man sie sonst von ihm gewöhnt war. Statt dessen drehte er *The Slow Guillotine,* einen Dokumentarfilm über Umweltverschmutzung. Jack sprach den Kommentar und erhielt anschließend auch das Lob der Presse wegen seines Einsatzes für gesellschaftliche Belange.

Auch bei seiner nächsten Rolle, einer Wiederaufführung von *Idiot's Delight,* war er nicht der einzige Glückliche. Sein Auftritt am Ahmanson Theatre in Los Angeles – das erste Mal, daß er seit *Face of a Hero* wieder auf der Bühne stand – begeisterte Publikum und Kritik gleichermaßen. Das Stück stammte aus der Feder Robert E. Sherwoods; die Regie führte Garson Kanin, der Jack versprach, sich bei den Proben soweit wie irgend möglich an der üblichen Praxis bei Filmdreharbeiten zu orientieren. Er würde, ließ er ihn wissen, hinter der Bühne stehen und immer dann »Schnitt!« brüllen, wenn er es für nötig hielt. Wie sich herausstellte, brauchte er das Wort kein einziges Mal.

Während der gesamten zwölfwöchigen Laufzeit des Stücks war Jack unumstrittener Herr der Lage; bei einem Film hätte er in derselben Zeit eine runde Million verdient. In diesem speziellen Fall jedoch, ließ er verlauten, schrecke er davor zurück, seinen Agenten zu fragen, wieviel man ihm für die Rolle des Harry Van bezahlen würde; eines amerikanischen Musikers, der in den Jahren kurz vor Ausbruch des Zweiten Weltkriegs mit einer Mädchentruppe, deren eigentliches Talent verborgen unter Büstenhaltern schlummerte, durch ganz Europa tingelte. Die Rolle gefiel Jack deshalb, weil er in der Geschichte des gegen Ende der Dreißiger heraufziehenden Sturms ein Antikriegsstück sah; ein Antikriegsstück zudem, das ihm sehr viel wirkungsvoller schien als die ungleich direkteren, modernen Stücke. Auf der Bühne hatte Alfred Lunt den Part das erste Mal gespielt. Daneben markierte die Rolle auch einen der weniger geglückten Leinwandauftritte Clark Gables, der sich seinerzeit vergeblich bemüht hatte, als Steptänzer und Frauenliebling gleichermaßen überzeugend zu wirken.

Zum Teil beruhte der Erfolg des Stücks auch auf den Nebenrollen, in deren Reihen sich unter anderem ein deutscher Wissenschaftler (brillant gespielt von Sam Jaffe), ein italienischer Armeehauptmann, ein französischer Kommunist und ein britisches Ehepaar in den Flitterwochen befanden. Insofern freute die Zusage Lemmons Kanin ganz besonders, bedeutete sie doch, daß er nun auch diese Nebenrollen mit Top-Stars besetzen konnte. »Jetzt kann ich wirklich jeden fragen«, meinte der Regisseur. Schließlich fragte er Rosemary Harris, und sie sagte zu.

Über einen Aspekt des Stücks hielt Jack die Presse allerdings im

Dunkeln. Bis die Tatsache im Programm schließlich schwarz auf weiß zu lesen stand, verschwieg er allen, daß die Musik des Stücks von ihm persönlich stammte. Zuschauer, die über die andere Seite von Jacks Talent nicht im Bilde waren, zeigten sich etwas von dem Geschick verblüfft, mit der er auf der Bühne da Klavier spielte. Seine Tanzszenen wiederum besaßen zwar nicht die Klasse eines Fred Astaire, warfen aber doch ein bezeichnendes Licht auf die Fähigkeiten Clark Gables.
Das Stück lief während der dritten Gala-Saison der Center Theatre Group an. Vor der Premiere, der auch solche Schauspielgrößen wie Gregory Peck und Dyan Cannon beiwohnten, erhielt Jack ein Glückwunschtelegramm vom ersten Van, Alfred Lunt, und seiner Frau Lynn Fontaine, die ihm beide versi-

Eine schmerzensreiche Freundschaft

cherten, daß er nichts zu befürchten habe. Sie wünschten ihm zwar nicht direkt »Hals- und Beinbruch« – im Showbusineß die beliebteste Rückversicherung gegen all die anderen Theaterkatastrophen –, deuteten aber doch so etwas an. Am selben Abend erhielt Jack noch ein zweites Telegramm – vom selben Ronald Reagan, an dem er so profunde Zweifel hegte. Der Gouverneur hatte größtes Vertrauen in Jacks Fähigkeiten: BIN ÜBERZEUGT DAVON, DASS IHRE TEILNAHME ANDERE STARS IHRER GRÖßENORDNUNG ERMUTIGEN WIRD, SICH AN DIESEN GROSSARTIGEN STADTVERANSTALTUNGEN ZU BETEILIGEN.

Immerhin war das Ereignis wichtig genug, daß auch das restliche Amerika von dem Stück Notiz nahm. In der *New York Times* schrieb Mel Gussow, daß Rosemary Harris zwar sehr gut spiele, das Stück in Wirklichkeit jedoch einem anderen gehöre. »Es bleibt Jack Lemmon überlassen, das Stück zu tragen. Allein schon wegen seiner Leistung ist das Stück die Mühe einer Wiederaufführung wert. Naßforsch, aber dank des karierten Anzugs und der Fliege dabei doch recht schäbig wirkend, hetzt er seine sechs Mädchen durch abgestandene Nummern und hinterläßt im ganzen Balkan eine Spur abgestandener Witze. Wie er so mit einem leichten Buckel einherläuft, ist er der perfekte Vaudeville-Komiker: kein Geld in den Taschen und trotzdem immer noch einen flotten Spruch auf den Lippen.« Gussow hatte insofern recht, als sich die Rolle des gutmütigen Verlierers in der Tat kaum von jener unterschied, die er seit *The Apartment* nun schon so oft verkörpert hatte. »Sie erlaubt ihm, jedes Quentchen Humor voll auszukosten, sei er nun locker oder bissig. Und die Produktion braucht das Leben, das ihr Lemmon auf diese Weise einhaucht, wirklich sehr dringend.« Für das Stück selbst war es ein etwas zweideutiges Kompliment. Für Jack jedoch waren es die süßesten Worte, die er seit Jahren über einen seiner Bühnenauftritte gehört hatte.

Das nächste Mal erlebten die Zuschauer Jack wieder in einer vertrauteren Umgebung – im Kino. *The Out-of-Towners* (Nie wieder New York) drehte sich um ein Ehepaar, das zu einem Vorstellungsgespräch in die Großstadt fährt und die Reise alsbald bitter bereut. Sie bekommen kein Hotel, sie standen im Regen ... was Jack Lemmon in der Regel auf der Leinwand eben so passiert. Mit dem Unterschied, daß es ihm diesmal auch im wirklichen Leben passierte: »Als wir für die Dreharbeiten

In ›Nie wieder New York‹ geht einfach alles schief: Lemmon verzweifelt zusammen mit seiner Partnerin Sandy Dennis

nach Bosten flogen und aus dem Flugzeug ausstiegen, war unser Gepäck auf einmal verschwunden. Genau wegen dieser Szene sind wir nach Boston geflogen. Und tatsächlich landete das Gepäck prompt in Kansas City. Wir waren derweil in Boston. Als wir dann im Ritz ankamen, hieß es: ›Wer sind Sie eigentlich? Noch nie von ihnen gehört.‹ Um Mitternacht hatten wir endlich alle ein Zimmer – in drei verschiedenen Hotels. Keine Vorbuchungen. Es war zum Durchdrehen. Zuerst habe ich noch geglaubt, der Produzent wäre vorausgefahren und wollte uns auf den Arm nehmen. Ich glaubte, die Kameras liefen schon, so eine Art *cinema vérité,* wissen Sie. Tja, denkste.«
Jacks Frau wurde von Sandy Dennis gespielt; einer Schauspielerin, die man schon öfter in der Rolle der neurotischen Frau, die

ohne eigenes Verschulden in eine Krise hineinschlitterte, gesehen hatte. Sie war schon einmal zuvor mit Jack zusammen aufgetreten – in *Face of a Hero*. Mittlerweile hatte sie diesen Auftritt allerdings noch gründlicher aus ihrer Speicherbank gelöscht als Jack. Vielleicht erinnerte er sich ja noch an die »Spur einer Null« – sie konnte sich inzwischen nicht mal mehr an den Titel erinnern. An die Arbeit mit Jack in *The Out-of-Towners* allerdings denkt sie gern zurück. »Ich liebe ihn einfach, sofern man das über jemanden sagen kann, den man eigentlich kaum kennt. Er ist einer der kreativsten Schauspieler und angenehmsten Menschen, die mir in meinem Leben je begegnet sind.«

Bei den Dreharbeiten erwies sich die Witterung als gewisses Problem. Man schrieb gerade März, die Temperaturen lagen weit unter Null, und es schneite ständig. Das Drehbuch freilich war der Ansicht, daß es gerade Herbst war und daß es regnete. »Wir hatten, wenn ich micht recht entsinne, zwei ganze LKW-Ladungen Wasser zur Verfügung«, erinnert sich Sandy. »Jack entschied, daß es wohl das Beste sei, eine Taucherjacke unter seinem Anzug anzuziehen. Ich war für sowas viel zu eitel und beließ es bei Rock und Slip. Aber als sie dann das Wasser über uns gossen, gefror es. Wir hatten richtige Eiszapfen im Haar. Er hat sich dabei die schlimmste Erkältung von allen eingefangen, wahrscheinlich, weil er unter der Taucherjacke schwitzte. Mir ist überhaupt nichts passiert.«

Der Film beruhte einmal mehr auf einer Vorlage von Neil Simon und war genauso komisch, wie man es inzwischen von einem Neil-Simon-Stück erwartete. Die Regie führte Arthur Hiller. »Das meiste im Film ist dem einen oder anderen tatsächlich einmal passiert. Im Grunde hat Neil Simon alles nur zusammengestellt«, meinte Hiller. Für ihn war Jack sensationell – sowohl als Mitarbeiter wie im fertigen Film. »Ich meine das in persönlicher und schauspielerischer Hinsicht. Es ist schwer für jemand, wenn die Leute nur freundliche Dinge über einen sagen, aber in seinem Fall stimmt das wirklich.« Und erwähnt auch gleich ein Beispiel: »Um uns herum standen große Menschenmassen. Ich habe andere Schauspieler in derselben Situation erlebt, die sich dann mit Recht weigern, ihre Arbeit zu unterbrechen und Autogramme zu verteilen. Jack hat es irgendwie doch fertiggebracht.«

»Wir drehten gerade in einer vielbefahrenen Straße in Manhattan, und die Polizei mußte in vier Blocks den Verkehr anhalten. In solchen Fällen muß man einfach in der Lage sein, ›Action!‹ zu rufen, und die Schauspieler machen sich ohne große Diskussionen an die Arbeit. Jack hielt sich immer exakt daran. Ich sage immer, daß diese beiden, Jack und Sandy, die Dreharbeiten um drei Wochen hätten hinauszögern können, ohne sich dabei dem Vorwurf auszusetzen, daß sie die Arbeit absichtlich aufhielten. Aber sie haben sich vorher kurzgeschlossen, damit das nicht passieren würde.«

Der Film stieß auf ein recht gemischtes Echo. Typisch beispielsweise die Reaktionen in England. Einerseits bemerkte die *Times:* »Zweifellos ist das alles witzig gemeint, und stellenweise bezieht Neil Simons Drehbuch tatsächlich einen gewissen trokkenen Humor aus den schrecklichen Prüfungen, die die Großstadt ihren beiden unschuldigen Besuchern allüberall auferlegt. Aber die schiere Anhäufung von Mißgeschick ... wirkt recht bald bedrückend.« Der *Sunday Telegraph* dagegen behauptete das Gegenteil: »Es ist schade, daß die Länge einer Kritik unweigerlich als Qualitätsmerkmal angesehen wird. Und trotzdem: Was braucht man mehr über *The Out-of-Towners* zu wissen, als daß es eine leichtgewichtige, herrlich grausam-komische Neil-Simon-Komödie um zwei Unschuldslämmer in New York ist; ein New York, das der Film als regelrechtes Minenfeld für Unvorsichtige betrachtet. Das Spiel von Jack Lemmon und – überraschenderweise – auch das von Sandy Dennis ist tadellos; der Film selbst eine Lehre für all die britischen Komödien, die ich in letzter Zeit kritisiert habe, weil sie immer nur aufs Geschäft schielen und ihre jeweilige Grundidee völlig vernachlässigen.«

Wenn der Film funktionierte – und nur sehr voreingenommene Augen würden das Gegenteil behaupten –, so lag das einzig und allein an Jacks totaler Vorherrschaft. Jack war der Prototyp des ewigen Opfers. Das Erstaunliche daran war jedoch, daß die Besetzung trotzdem nie nach Type-casting aussah – auch wenn die Spanne zwischen seinen seriösen Filmen nun doch bedenklich lang wurde. In Wahrheit bevorzugten ihn die meisten Leute eben scheinbar doch in der Rolle eines Mannes, der mit denselben alltäglichen Problemen rang, es jedoch vorzog, darüber Stillschweigen zu bewahren. Wenn es dabei auch so aussieht, als hätten sich die Dinge absichtlich gegen ihn verschworen, wartet man doch stets gespannt darauf, was ihm als nächstes passieren wird. Und selbst wenn die neue Rolle im Grunde nur wie die Neuauflage einer alten, längst bekannten wirkt, lehnt man sich doch zurück und harrt der Überraschungen, die da noch kommen sollen.

Jacks Entschluß, in seinem nächsten Film mit Walter Matthau eine völlig andere Rolle zu übernehmen, überraschte 1971 praktisch jedermann. Einmal mehr überließ er die besten Szenen dabei Walter. Anders ließ es sich auch gar nicht machen: Der Star von *Kotch* (Opa kann's nicht lassen) war nun einmal Walter. Jack führte lediglich Regie.

Auf diese Gelegenheit hatte er schon seit Jahren gewartet. Es drängte ihn danach, selbst einmal Regie zu führen, seinen Gefühlen einen neuen Ausdruck zu verleihen; ein Drang, den ihm die unzähligen anderen Schauspieler, die dazu niemals eine Chance gehabt hatten, wahrscheinlich sehr gut nachfühlen konnten. Jacks Gelegenheit kam, als ihm Jalem-Produzent Richard Carter von einem Skript erzählte, das er den Studios gerade schmackhaft machen wollte: der Geschichte eines alten Mannes, der sich in ein attraktives junges Mädchen verliebte. Sonderlich originell hörte sich das nun gerade nicht an. Der Unterschied war, daß sich besagter Mr. Kotcher dem Mädchen gegenüber eher wie ihr Großvater gab und sie nur dann dazu überreden wollte, ins Bett zu gehen, wenn sie sich gerade nicht wohlfühlte. Und dieses Mädchen fühlte sich ganz und gar nicht wohl. Sie war schwanger und soeben aus demselben Haus hinausgeworfen worden wie der alte Herr; sein eigener Sohn und die eigene Schwiegertochter, für die sie als Dienstmädchen gearbeitet hatte, hatten auch ihn loswerden wollen. Die Geschichte amüsierte Jack. Einen Moment lang fürchtete Carter, daß er die Hauptrolle selber spielen wollte. Die Vorstellung, Lemmon in einen 70jährigen verwandeln zu müssen, fiel ihm noch schwerer als der Gedanke, ihn in Frauenkleider zu stecken und die Rolle des Mädchens spielen zu lassen. Keine Angst, versicherte ihm Jack, er wolle nur Regie führen.

In seinem Jalem-Büro in Beverly Hills lag sogar ein Megaphon, komplett mit den goldenen Initialen J. L., das nur darauf wartete, benutzt zu werden. Als der erste Drehtag schließlich kam, zitterte er wie Espenlaub. Er leide, enthüllte er, unter einer kräftigen Dosis »garantiert echter Panik«. Er hatte seine Zweifel, ob er dem allem gewachsen war. Fest stand doch, daß ein

Bei einem Vortrag im National Film Theatre in London

Schauspieler, der vor der Kamera seine Rollen beinahe lebte, nicht dazu in der Lage sein würde, einfach abzuschalten, wenn er nach zehn Stunden Arbeit schließlich nach Hause kam. Er wußte das, und Felicia, die die gleichgültige Schwiegertochter des alten Herrn spielen sollte, wußte es auch.

Keine Zweifel hatte er jedoch in Sachen Walter Matthau. Einem Star, der in *Plaza Suite* (Hotelgeflüster) – einem weiteren Neil-Simon-Produkt – bereits einen Filmproduzenten, einen mürrischen Geschäftsmann und einen Brautvater gespielt hatte, der sich beim Versuch, seine Tochter rechtzeitig für die Hochzeit aus dem Badezimmer zu locken, den Frack zerriß; einem solchen Erzschauspieler also sollte die Rolle eines hage-

ren Alten mit Nickelbrille und buntem Schlapphut nicht allzu schwerfallen.
Die Geschichte kursierte nun schon jahrelang in Hollywood. Eine Zeitlang hatte Carter die Hoffnung gehegt, Spencer Tracy würde die Rolle übernehmen. Bevor man jedoch irgendwelche festen Vereinbarungen treffen konnte, starb der Schauspieler. Dann versuchte es Carter mit Fredric March, der sich auf Anhieb begeistert zeigte. Nach langen Jahren als Top-Star galt March inzwischen jedoch nicht mehr als kassenträchtig. Also schlug man Walter vor, und das Problem verkehrte sich ins Gegenteil. Er wollte die Rolle – und Jack als Regisseur.
»Na ja«, erzählte mir Jack seinerzeit im Büro des neu gegründeten Jalem-Ablegers »Kotch Productions«, als er das neue Projekt gerade vorbereitete. »Wenn es funktioniert, dann nur, weil Walter und ich uns gegenseitig respektieren und vorhersagen können, wie der andere reagieren wird.« Der Beweis folgte auf dem Fuße. Jack brauchte nichts weiter zu tun, als Walter seine Vorstellungen auszumalen. »Schon kapiert«, erwiderte Walter meistens.
Regie zu führen, sagte Jack, sei eine fixe Idee von ihm gewesen, die er einfach einmal loswerden mußte. *Kotch* sei die erstbeste Gelegenheit gewesen; hätte man ihm diesen Film nicht angeboten, hätte er einfach so lange gewartet, bis ein Film des Weges gekommen wäre, der seinen Fähigkeiten als Regisseur entsprochen hätte. »Beim Lesen des Drehbuchs merkte ich, daß ich es diesmal nicht als Schauspieler, sondern als Regisseur las. Ich sah das Ganze vor meinem inneren Auge und sagte mir, das könntest du doch inszenieren; das wäre doch ein Film für dich, ob er hinterher nun gut, schlecht oder mittelmäßig ist. Zumindest sah ich eine Möglichkeit, das Ganze so zu drehen, daß es etwas Einzigartiges werden würde – aus meinem eigenen persönlichen Blickwinkel.« Dennoch gab es Probleme. »Man muß da sehr aufpassen. Eine der Fallen, in die die meisten Regisseure immer wieder gehen, ist meiner Meinung nach die, daß sie beim Inszenieren keine Unterschiede zwischen den Schauspielern machen. Wenn man schlau sein will, nimmt man sich die Zeit und überlegt sich, wie man diesen oder jenen Schauspieler am ehesten erreichen kann. Ich habe das nun schon so oft erlebt: Ein erstklassiger Regisseur unterhält sich mit einem intelligenten Schauspieler, und beide reden völlig aneinander vorbei. Der Bursche

hört zwar zu, aber er hat keine Ahnung, wovon der Regisseur eigentlich redet, weil der Regisseur seinerseits nicht erkannt hat, wie man sich dem anderen überhaupt verständlich macht.«
Obwohl ihn die Sache ein ganzes Jahr seines Lebens gekostet hatte, hatte er damit doch einen persönlichen Traum verwirklicht – und gleichzeitig auch den Wunsch bestärkt, sich noch einmal an einer solchen Aufgabe versuchen zu wollen. »Ich glaube, der Wunsch, selbst einmal Regie zu führen, steckt jedem Schauspieler irgendwo im Hinterkopf. Das liegt vermutlich daran,

›Kotch/Opa kann's nicht lassen‹. Der Regisseur (Lemmon) gibt seinem Hauptdarsteller (Matthau) letzte Anweisungen

daß dabei die kreativen Möglichkeiten einfach besser sind, gerade in diesem Medium. Bei mir war es jedenfalls so. Auf der Bühne kann man nichts mehr ausrichten, wenn der Vorhang einmal oben ist. Das Stück liegt dann völlig in den Händen der Schauspieler und denen der Götter. Beim Film ist das anders. Da kann man alles noch einmal umschmeißen, die Szene noch einmal drehen. Zudem gibt es noch den Schnitt, die Nachsynchronisation, die Frage nach der Kameraposition. Im Grunde hängt alles von einem einzigen Standpunkt ab – dem des Regisseurs. Der Drehbuchautor und der Kameramann liefern die Ziegelsteine und den Mörtel, aber gebaut wird doch das Haus des Regisseurs. Ich schätze, für das eigene Ego ist das schon ein gewisser Anreiz.« Nun, da er die Dinge vom Standpunkt eines Regisseurs betrachtete, konnte er auch den ganzen Frust abbauen, den er seinerzeit erlebt hatte, als ein Regisseur mal nicht seiner Meinung gewesen war. In der Regel hatte Lemmon bei seinen Regisseuren natürlich Glück gehabt – Wilder und Quine zum Beispiel hätten eher vergessen, einen Film in die Kamera einzulegen, als einen Streit mit Jack vom Zaun zu brechen. Trotzdem gab er zu, daß auch das eine gewisse Rolle gespielt habe. »Jeder Schauspieler wird ihnen erzählen, daß er neben all den guten Regisseuren irgendwann auch mal mit einem sehr tyrannischen zusammengearbeitet hat. Oder zumindest mit einem, der ihm nicht erlaubt hat, seine eigene Sicht der Dinge, seine eigenen Ideen, seine eigenen Inspirationen auszuprobieren.«

Ein solcher Regisseur wollte er allerdings nicht werden. »Das sind die unsichersten. Die selbstsichersten Regisseure sind jene, die nicht alles bis ins kleinste Detail vorschreiben.« Obwohl er zunächst vermutet hatte, daß ihn der Verzicht aufs Schauspielen frustrieren würde, kam es dann doch ganz anders. »Es kann eine enorme Befriedigung sein, wenn man seine eigenen Ideen an einen anderen Schauspieler weitergibt und dann seine Augen aufleuchten sieht, wenn sie funktionieren.« Mit der Erschöpfung fertig zu werden, fiel ihm wesentlich schwerer. Um drei Uhr nachmittags konnte er sich in der Regel kaum mehr auf den Füßen halten. Als Schauspieler brauchte er sich nur Gedanken über seinen eigenen Part zu machen; nun mußte er sich um alles zugleich kümmern – und wenn die anderen Pause machten, mußte er sich mit Kamerawinkeln und Schnittanschlüssen herumschlagen.

Die Dreharbeiten begannen in einer Trambahn in Palm Springs. So einfach, wie man zunächst geglaubt hatte, war die Sache freilich nicht. »Es war der helle Wahnsinn«, meinte er seinerzeit. »Man hatte uns zuvor versichert, daß wir die Tram ohne jede Einschränkung benutzen durften. Von wegen. Und mit der Sonne hat man uns auch angelogen. Den ganzen Morgen lang verschwand sie immer wieder mal hinter einem Berg. Und zu allem Überfluß wurden die Leute in der Tram auch noch seekrank.«
Sein Vorteil lag in seinen eigenen Erfahrungen als Schauspieler. Er wußte, daß auch ein Schauspieler Probleme haben konnte und wie man in einem solchen Fall mit ihm umging. Die große Gefahr jedoch lag darin, von einem anderen Schauspieler zu erwarten, seine Rolle so zu spielen, wie es Jack Lemmon selbst getan hätte. »Ich habe andere Schauspieler erlebt, die bei ihrem Regiedebüt genau diesen Fehler begangen hatten, den ich nun selbst vermeiden wollte. Nicht, weil es die Darstellungen irgendwie negativ beeinflussen würde, sondern weil ein Regisseur eine Atmosphäre auf dem Set schaffen sollte, die es jedem Schauspieler ermöglicht, sein Bestes zu geben.«
Doch mehr als andere genoß er das Vergnügen, das ihm seine neue Arbeit bereitete. »Ich halte den Film für den größten persönlichen Gewinn in meiner ganzen Laufbahn«, erzählte er. »Und selbst wenn man den Film für eine absolute Niete halten würde, brächte mich das nicht von meiner Meinung ab.«
Gemessen an den meisten anderen Regisseuren, schnitt er nur sehr wenig aus seinem Film heraus. Erst kürzte er ihn um 30 Minuten, dann fügte er wieder fünf Minuten dazu. Nach der Testvorführung in San Diego fielen weitere 22 Sekunden raus. Der Film kam so gut an, daß das Kino während der Vorführung fast überhaupt kein Popcorn verkaufte. Auf die Toilette ging auch niemand – was Jack L. Warner stets für das beste Anzeichen für einen möglichen Erfolg hielt. (Das Toilettenbarometer ließ ihn nie im Stich. »Ziemlich schwach«, meinte er einmal nach einer Testvorführung. »Ein Zwei-Piß-Film.«) Bald darauf ließ *Kotch* in der Radio City Music Hall die Kassen klingeln, obwohl nicht alle Kritiker den Film guthießen.
Die *New York Times* machte ihre Filmseite mit Vincent Canbys Kritik des Streifens auf – was gewöhnlich, wenn schon nicht auf eine Lobeshymne, so doch auf eine gute Besprechung schließen ließ. Canby jedoch konnte *Kotch* ganz und gar nicht leiden:

»Meiner Meinung nach müssen Lemmons Fähigkeiten als Regisseur ebenso anhand des Stoffes, den er sich für sein Debüt ausgewählt hat, wie anhand des fertigen Produkts beurteilt werden. Beide sind so langweilig, daß es regelrecht deprimierend ist.«

Nichtsdestotrotz profitierte der bittersüße Film sehr von Lemmons Fähigkeiten. Daß er sich nicht als sonderlicher Hit entpuppte, war insofern ein echter Jammer, als Jack nicht unmittelbar darauf in den Regiestuhl zurückeilte und einmal mehr das Megaphon zur Hand nahm. *Kotch* blieb bis heute sein einziger Film als Regisseur. In den Augen der Zuschauer war Jack Lemmon halt ein Schauspieler – und sie fühlten sich betrogen, wenn er in einem Film, der mit seinem Namen in Zusammenhang stand, nicht gleichzeitig auch zu sehen war.

Die frühen Siebziger waren keine besonders fruchtbare Phase. Tatsächlich war es Hollywood noch nie zuvor so schlecht ergangen. In seiner Eigenschaft als Produzent beschloß Jack daher, abzuwarten, bis man ihm ein geeignetes Projekt anbieten würde; den geeigneten Film für eine Zeit, in der, wie er sich ausdrückte, die »Geschäfte nicht besonders gut liefen«.

Seine Lösung des Problems hieß *The War Between Men and Women* (Krieg zwischen Männern und Frauen) und beruhte auf den letzten Lebensjahren des bekannten Humoristen James Thurber. Mit dicken Brillengläsern auf der Nase spielte Jack darin einen Autor, der – wie Thurber selbst – langsam sein Augenlicht verliert. Im Vorzimmer seines Augenarztes stolpert er über die wohlgeformten Beine einer anderen Patientin (Barbara Harris), die, wie er, eine dunkle Brille trägt. Ihr Sehvermögen freilich ist noch ganz in Ordnung – obwohl sie sich nicht ganz so sicher ist, ob sie dasselbe auch von dem Mann behaupten kann, der da so unvermittelt in ihr Leben tritt. Üblich war es ja gerade nicht, daß ein völlig Fremder ihre linke Brust packte und beim Aufstehen dabei auch noch auf ihrem Oberschenkel Halt suchte. Etwas später trifft sie ihn wieder, und bald schon nimmt sie regen Anteil an seinen Wunschträumen, mit ihr ins Bett zu gehen. Nachdem er eine Weile lang mit ihren Kindern, ihrem schwangeren Hund (der dann mitten auf einer vielbefahrenen Straße in Manhattan seine Welpen wirft) und ihrem ersten Mann um ihre Aufmerksamkeit gerungen hat, heiratet er sie schließlich.

›Der Krieg zwischen Männern und Frauen‹: Lemmon zwischen seiner neuen Frau (Barbara Harris) und ihrem ersten Mann (Jason Robards jr.)

Nicht alle werden meine Ansicht teilen, daß in diesem Film Jack Lemmons wahrer Genius zum Vorschein kam. Dennoch ist *The War Between Men and Women* wohl einer seiner besten Filme. Die hervorragende Animation in der »Kampf«-Szene, als Jack und Jason Robards (als erster Ehemann) ihren antifeministischen Frust abbauen, und in jener Szene, als die thurbereske Figur die Geschichte der »kleinen Blume« erzählt, macht das Ganze zu einer der gelungensten Zeichentricksequenzen seit Gene Kellys Tanz mit Jerry, der Maus in *Anchors Aweigh* (Urlaub in Hollywood).
Jack schrieb den Erfolg in erster Linie seinem Regisseur Melville Shavelson zu, der zusammen mit dem Produzenten Danny Arnold auch das Drehbuch verfaßt hatte. Noch heute erwähnt

Shavelson gern, daß er *The War Between Men and Women* von Anfang an nicht einfach nur als Vehikel für Jack Lemmon betrachtet hatte. Kurz nachdem Max Arnow Jack nach Hollywood gelockt hatte, waren sich beide das erste Mal begegnet. Seither hatte sich zwischen ihnen eine jener Freundschaften entwickelt, wie sie für Hollywood so typisch sind – man traf dieselben Menschen, ging auf dieselben Partys, grüßte sich bei diesen Anlässen. Das Drehbuch erhielt Jack über ihren gemeinsamen Agenten. Laut Shavelson habe es Jack in einer Nacht gelesen und ihn dann gefragt: »Glaubst du, daß sie mich das machen lassen?« Das Skript begeisterte ihn, besonders, nachdem er herausfand, daß es bei Warner Brothers, wo Shavelson einst gearbeitet und man sein Drehbuch schließlich abgelehnt hatte, gerade Staub ansetzte.

Für Shavelson war es die Erfüllung eines lang gehegten Traums. Vor einiger Zeit hatte er bereits eine Fernsehserie namens *My World and Welcome to It* ins Leben gerufen, die ebenfalls auf Thurbers Geschichten beruhte. Die Serie hatte einen Emmy bekommen und war dann vom Sender abgesetzt worden, da man dort eher von den Werbespot-Einnahmen als dem Lob der Kunstliebhaber lebte. Mit *The War Between Men and Women* versuchte sich Shavelson nun erneut an Thurbers Welt, obwohl er das Projekt zunächst weder als Spielfilm noch als Jack-Lemmon-Film geplant hatte. Ursprünglich hätte das Ganze ein Bühnenmusical werden sollen. Als dann allerdings Jack des Weges kam und sein beinahe leidenschaftliches Interesse bekundete, gab es keine Zweifel mehr, welche Richtung das Projekt einschlagen würde.

»Jack arbeitete erstaunlich hart«, sagt Shavelson. »Zwischendurch entspannte er sich allerdings auch – mit etwas mehr Drinks, als er vertragen konnte, obwohl er nie so viel trank, daß er nicht mehr Herr seiner Sinne war.« Die meisten Szenen drehte man auf der Katalina-Insel vor der kalifornischen Küste, die als Doppelgängerin für Long Island herhalten sollte. »Jack und Jason Robards tranken in einem fort Martinis«, erinnert er sich. »Als sie eines Nachts mal wieder zuviel getrunken hatten, fiel einer der beiden auf dem Heimweg in eine Mülltonne. Der andere gab sich große Mühe, ihn wieder herauszuziehen, hatte aber keinen rechten Erfolg damit.« Entweder will oder kann er sich nicht mehr daran erinnern, welcher Schauspieler dabei welche

Funktion erfüllt hatte. Auf jeden Fall machten beide gerade eine schwere Zeit durch. Jack steckte mitten in seiner Krise mit Chris, und Jason Robards hatte, so Shavelson, »Probleme, von denen ich nichts wußte«. Unmittelbar darauf stieß Jasons Wagen mit einem Telegrafenmast zusammen; ein Unfall, bei dem der Schauspieler beinahe ums Leben kam.

Jack war nun in einem Alter, wo er sich langsam dazu durchringen mußte, jene komischen Rollen aufzugeben, in denen er seit *Some Like It Hot* geschwelgt hatte. *The War Between Men and Women* war eine Komödie der schlechten Sitten; eine Muse, die durchaus ihre tragischen Momente besaß. Weinen konnte man allerdings nur, wenn die für gewöhnlich so subtilen Lacher nur noch größeres Gelächter nach sich zogen.

Die Animationsszenen erforderten eine größere Disziplin, als es selbst ein Schauspieler vom Schlage eines Jack Lemmon gewohnt war. Er mußte alle seine Szenen vor einer Leinwand spielen, auf die dann die Aktionen der Zeichentrickfiguren projiziert wurden. Allerdings konnte er sich wegen dieser Frontprojektion – dasselbe Prinzip, das auch jeder Hobbyfilmer anwendet – auch nicht allzu sehr bewegen, weil die projizierten Bilder andernfalls auf seinem Hemd zu sehen gewesen wären. Aber er schaffte es. Jede seiner Bewegungen – angefangen von dem ersten Sturz und seinem Griff nach den intimeren Teilen von Barbara Harris' Anatomie – probte er immer und immer wieder, um das rechte, na, sagen wir, Gefühl dafür zu bekommen. Weder von seiten Jack Lemmons noch von seiten Barbara Harris' sind gegen diese Praxis übrigens irgendwelche Proteste belegt. Und bevor die Zigarette, an der sie in ihrer Welt der ewigen Dunkelheit lange herumfummeln mußten, dann endlich brannte, mußten sie die Szene immer und immer wieder aufs neue durchspielen.

Shavelson entdeckte bald, was Billy Wilder und all die anderen Regisseure schon die ganze Zeit gewußt hatten. Jack zu inszenieren war ein leichtes, weil sich seine Vorschläge stets als brauchbar erwiesen. Zudem widersprach er nie, wenn der Regisseur etwas von ihm wollte. »Jack ist einer der professionellsten Schauspieler überhaupt. Er nimmt seinen Beruf als Komiker sehr ernst. Er ist sich seines Talents so sicher, daß er einen nicht ständig mit Änderungswünschen beeindrucken will.«

Wie so oft betrachtete auch die National General, die den Film

zusammen mit Jalem produzierte, den Namen Jack Lemmon weniger als bloße Versicherungspolice denn als solide Lebensversicherung. Derselbe Mann, der sich selbst für einen schlechten Geschäftsmann hielt, hatte die Fernsehrechte bereits im voraus verkauft – so daß das Geld der Fernsehsender die Entstehungskosten abdeckte und der Film im selben Augenblick Gewinn machte, als er sich das erste Mal den Weg durch einen Filmprojektor bahnte. »Wir haben alle davon profitiert«, sagte Shavelson. »Er bestand darauf, daß wir denselben Gewinnanteil wie er bekamen.« Was angesichts der Verrisse, die der Film erhielt, durchaus von Vorteil war.
Jack versuchte, die Kritiken zu ignorieren und machte sich an sein nächstes Projekt – obwohl er inzwischen eine neue Freizeitbeschäftigung entdeckt hatte, die dem Billardspiel, ja sogar seinem Klavier, alsbald Konkurrenz machte. Jack entwickelte sich zum Golfspieler – obwohl er auf dem Golfplatz längst nicht so gut war, wie er vielleicht glaubte. Mit den Jahren nahm dann allerdings auch sein Golftalent seinen Fortgang; hauptsächlich, was seine Entschlossenheit betraf, das Spiel auch einmal so meisterlich zu beherrschen wie einige andere Stars.
Noch gab es das Piano freilich. Im März 1972 erhielt er einen Emmy für eine Fernsehshow, in der er nichts weiter zu tun brauchte, als die geliebte Klaviatur zu bedienen. Der Titel der Show lautete *S'wonderful, S'marvellous, S'Gershwin* – und mit Jack am Klavier paßten diese Adjektive nur zu gut. Die Show begeisterte praktisch jedermann, verwirrte aber auch all jene Zuschauer, die Jack Lemmon bislang nur als Schauspieler kannten. Ihm blieb nichts anderes übrig, als seinen hauptsächlichen Kundenkreis wieder für sich einzunehmen; besonders jetzt, da er in Hollywood bereits als eine Art festes Inventar galt. »Nicht wenige Fachleute halten Jack Lemmon für den einzigen Nachfolger Bob Hopes, den das amerikanische Volk rückhaltlos anerkennen wird«, berichtete *Films in Review*.
Mittlerweile standen die Dreharbeiten zu einem Film ins Haus, der eine weitere Facette von Jack Lemmons Karriere enthüllen sollte – seine erste Nacktszene. Jack im Adamskostüm bot keinen sehr erfreulichen Anblick, und seine Partnerin Juliet Mills war auch nicht gerade eine zweite Raquel Welch. Ausgezogen hatten sich beide vor der Kamera nur deshalb, weil, wie es die Filmgewaltigen Mitte der Siebziger so schön ausdrückten, die

Juliet Mills wird Lemmon noch einiges beibringen in ›Avanti, Avanti!‹

Story es verlangte. In diesem speziellen Fall verlangte es Billy Wilder, mit dem Jack nun ebenso ungern über seine Rolle diskutieren wollte wie in ihren früheren Filmen.
Jack selbst lehnt es ab, die Bedeutsamkeit des Augenblicks hervorzuheben, obwohl er sich dabei in gewisser Weise selbst widerspricht. »Eigentlich war es gar keine Nacktszene«, beteuerte er ein wenig später. Und das, fügte er mit typischer Unbekümmertheit hinzu, sei jammerschade: »Meiner Meinung nach habe ich den süßesten Hintern im ganzen Showbusineß.«
Der Film hieß *Avanti* (Avanti, Avanti) und spielte in Italien. Jack verkörperte darin einen unglaublich reichen Amerikaner, der verzweifelt auf den Tod seines Vaters, eines Großindustriellen, wartet, um an das Familienvermögen heranzukommen; das

Mädchen war die Tochter einer englischen Maniküre; gefunden hatten sich die beiden in dem italienischen Strandhotel, das gelegentlich auch von ihren Eltern frequentiert wurde; dabei – Überraschung! – finden die Kinder alsbald heraus, daß die Eltern über Jahre hinweg ein uneheliches Verhältnis miteinander hatten. Und wie meistens in solchen Filmen passierte dasselbe auch recht schnell mit Jack und Julie, was sich wiederum mehr nach einer hübschen Gutenacht-Geschichte anhörte als der Rest des Films.
Jacks war der erste, der seine Enttäuschung über *Avanti* kundtat. »Für meine Generation war Kino damals eskapistische Unterhaltung, bei der ein Star die Kassen klingeln ließ, auch wenn der Film selbst lausig war. Heute stimmt das so nicht mehr. Ich

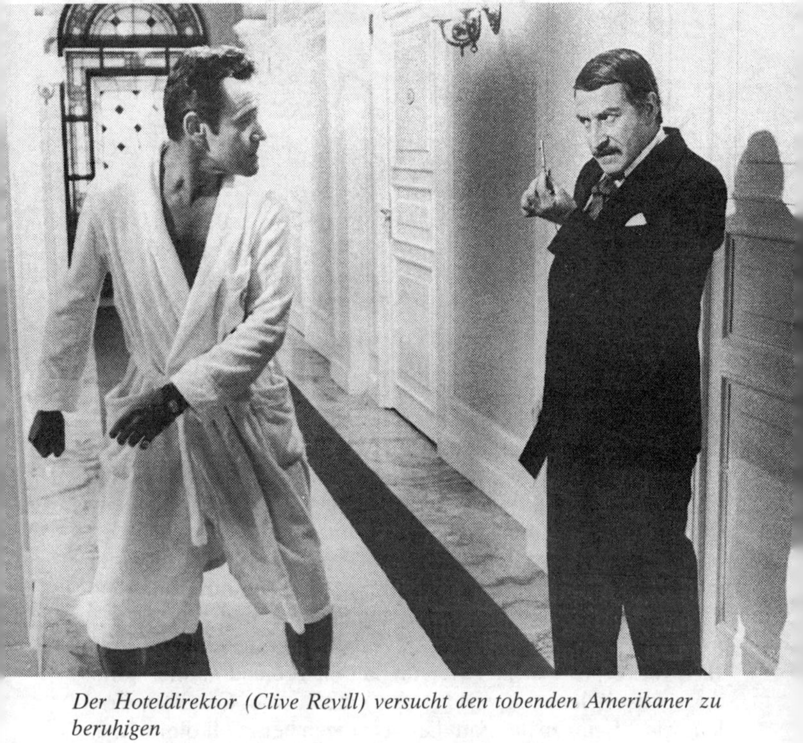

Der Hoteldirektor (Clive Revill) versucht den tobenden Amerikaner zu beruhigen

kann *Avanti* nicht zu einem Erfolg machen, wenn der Film nichts taugt. Ich halte das für eine sehr gesunde Entwicklung.« In aller Regel war das freilich auch Jacks Erfolgsrezept. Man glaubte ihm die Figuren, die er spielte, *weil* sie so lebensecht wirkten. 1973 allerdings sollte das Ganze plötzlich *zu* lebensecht werden. In seinem nächsten Film erwartete man von ihm, daß er einen Tiger rettete. Vorläufig sah es freilich noch so aus, als ob man Jack Lemmon selber retten müßte.

Save the Tiger

Als Jack den Vertrag für einen Film mit dem Titel *Save the Tiger* (Save the Tiger) unterschrieb, konnte er noch nicht ahnen, wie wichtig er in seinem Leben sein würde; nicht nur in seiner Karriere, obwohl es ein Meilenstein werden würde, sondern in seinem Leben. Erst hinterher wurde ihm klar, wie nahe er einem Nervenzusammenbruch gestanden hatte.
Was ihn davor bewahrt habe, sagte er, seien Felicia und der Rest seiner Familie gewesen. Mit Chris gab es zwar noch immer Probleme und Auseinandersetzungen, aber Jack konnte damit fertig werden. Zum Lachen brachten sie einander jedenfalls immer noch, was ja doch sehr viel wert war. Felicia überlegte sich inzwischen, ob sie sich von ihren Karriereplänen trennen konnte, falls sie sich jemals mit denen ihres Mannes überschneiden sollten. Bis jetzt war alles gutgegangen. Während Jack an den Details von *Save the Tiger* arbeitete, plante sie gerade ihren nächsten Film. Die Hauptrolle darin sollte ihr ärgster Konkurrent um Jacks Zuneigung spielen: *Charley Varrick* (Der große Coup) alias Walter Matthau.
Felicia war mittlerweile zu der Überzeugung gelangt, daß, sollte es jemals zum Ärgsten kommen, sie diejenige sein würde, die nachgab; zum einen, weil Jack der größere Star von ihnen beiden war, zum anderen, weil sie noch »zu jenem alten Frauenschlag gehörte, für die die Ehe an erster Stelle stand. Und ich würde es nicht übers Herz bringen, Jack und die Kinder auch nur für eine Minute alleinzulassen.«
In der Tat war Jack mehr als einmal auf sie angewiesen, während er den Part des Harry Stoner in *Save the Tiger* verkörperte; eine bewußt humorlose Rolle, für die, wie es jetzt aussah, *Days of Wine and Roses* als nützliche Vorbereitung gedient hatte. Drei Jahre lang zehrte die Rolle an ihm, und das auf eine Art, wie er es nie für möglich gehalten hätte; schon gar nicht, als sie ihm Autor Steve Shagan das erste Mal angeboten hatte.
»Ich drehte gerade *The April Fools*«, meinte er seinerzeit, »als dieser Kerl auf mich zukommt, fragt, ob ich nicht sein Drehbuch lesen wollte, und dann noch sagt, daß er mich so lange verfolgen würde, bis ich's getan hätte. Also frage ich ihn, was er vorher

schon alles gemacht hat, und er antwortet, daß er bei einigen Tarzan-Filmen ausführender Produzent gewesen sei. Ich muß gestehen, daß ich nicht gerade wild drauf war, sein Skript zu lesen. Ich habe es dann aber doch getan, und nach der ersten Szene war ich total gefesselt. Es war so realistisch, so ehrlich. Es roch nicht nach dem kühlen Hollywood.«

Den Jack Lemmon, den es erwartete, bekam das Publikum allerdings nicht zu sehen, obwohl er noch nie besser ausgesehen hatte als in diesem Film. *Save the Tiger* drehte sich um 24 Stunden im Leben eines Textilfabrikanten aus Los Angeles. Jack trug einen schicken Seidenanzug – so schick, daß ihn drei Filmfiguren darauf ansprechen –, und sein silbergraues Haar verlieh ihm eine Autorität, die wohl jeden dazu gebracht hätte, seine Anzüge zu kaufen, wenn seine Figur nicht selbst eine schmutzige Weste gehabt hätte. Seine Ware ist ohne Zweifel Spitzenklasse. Überdies hatten er und sein Partner – Jack Gilford in der gelungenen Charakterstudie eines alten Mannes, der trotz Reichtums und Wohlstands seine Herkunft nicht vergessen hatte – noch nie zuvor eine kommerziellere Kollektion auf Lager. Trotzdem stecken beide bis zum Kleiderbügel in Schulden. Schließlich sieht Stoner keine andere Lösung mehr und entschließt sich, eine seiner Fabriken niederbrennen zu lassen und das Geld von der Versicherung zu kassieren.

Vor dem Kino, wo er mit einem Spezialisten den Preis für die Brandstiftung aushandelt, belästigt ihn ein Kind. Er solle mithelfen, den »Tiger zu retten«. Stoner weiß nur zu gut, daß er selbst zu einer bedrohten Spezies wird, wenn er mit seinem Plan weitermacht, sieht jedoch keine Alternative mehr. Die einzigen Gemeinsamkeiten zwischen Jack und seiner Rolle bestanden in der Konzentration, mit der sie an ihre jeweilige Arbeit gingen – und ihrer gemeinsamen Liebe für Musik. Stoner beginnt nicht nur den Tag mit Swingmusik, sondern läßt sie auch im Wagen ständig laufen. Und um auf das Angebot eines jungen Mädchens einzugehen, das ihn zu einer kleinen Party einlädt, gehen ihm die Probleme des nächsten Tages zu sehr im Kopf herum – obwohl er ihr am Ende des Tages ganz zufällig noch einmal begegnet. Einmal mehr lebte sich Jack völlig in die Rolle ein. Im Gegensatz zu sonst zeitigte die Methode diesmal jedoch ungeahnte Folgen. Er brauchte ganz einfach die gefühlsmäßige Verbindung mit seinen Figuren.

Einige Monate nach der Premiere von *Save the Tiger* unterhielt ich mich mit Jack darüber. Man hatte ihn gefragt, wie er denn einen derart unmoralischen Charakter gernhaben könne. »Ich habe ihnen geantwortet, daß es völlig unwichtig sei, ob ich meine Figuren gern hatte. Wirklich wichtig ist nur, daß ich mir etwas aus ihnen mache, sie verstehe. Ich stimmte nicht mit allem überein, was diese Figur sagte oder tat. Aber ich habe noch keine meiner Figuren so gut verstanden wie ihn. Das ist meiner Meinung nach der Unterschied.«
Der Textilfabrikant verfolgte ihn auf eine Art, wie es selbst der Alkoholiker oder der unfreiwillige Transvestit niemals getan hatten. Schlimmer noch, er begleitete ihn auf den Fahrten von und zum Studio. Einmal brach er auf dem Sunset Boulevard ohne jeden Grund in Tränen aus. Er wußte einfach nicht, warum – er weinte einfach plötzlich, und es gab nichts, was er dagegen tun konnte.
»Dann wurde mir klar, daß es an diesem Verrückten lag, den ich da spielte«, sagte er. Jeden Abend begrüßte ihn Felicia mit den Worten: »Der Spinner ist da.« Eine solche Begrüßung brachte natürlich auch einen Mann am Rande eines Nervenzusammenbruchs zum Lachen. Die meiste Zeit jedoch machte er sich Sorgen; selten über Chris, der es inzwischen nicht mehr für nötig hielt, seinem Vater irgend etwas beweisen zu müssen; sehr viel häufiger über den Mann, den er so gut verstand, der all diese Probleme mit seiner Textilfabrik hatte. Solche Sorgen machte er sich allerdings erst während der Dreharbeiten. Zuvor hatte er noch ganz andere Probleme durchgemacht.
Praktisch alle Studios in Hollywood hatten die Finanzierung des Films abgelehnt. Schließlich tat sich Paramount dann mit Jalem, Filmways und Cirandinha zusammen; als Produzent fungierte Steve Shagan, der junge Mann, der auch das Drehbuch verfaßt hatte. Für ihn war es die große Chance, etwas Wichtiges zu sagen und dafür auch noch einen internationalen Star als Träger benutzen zu können. Vorläufig lag das größte Hindernis indes noch darin, daß das kommerzielle Hollywood nicht glauben wollte, daß das Publikum wegen eines Filmes über die Probleme eines Geschäftsmanns in die Kinos strömen würde. »Damals glaubten sie immer noch, daß drei Viertel des Kinopublikums unter 30 Jahre alt waren. Und sie dachten, ob nun zu Recht oder zu Unrecht, daß sich die jüngeren Zuschauer nicht dafür inter-

Für seine Rolle in Avildsens ›Save the Tiger‹ erhielt Jack Lemmon seinen zweiten Oscar

essieren würden. Das Drehbuch respektierten sie alle, aber sie glaubten einfach nicht an einen Erfolg.« Daher auch Jacks Entschluß, zum Mindestlohn zu arbeiten – der sich seinerzeit auf etwa 165 Dollar die Woche belief.

In Wirklichkeit gab es natürlich auch noch andere Gründe, warum die Studios ungefähr so enthusiastisch reagierten wie ein Eisbär in der Sahara: In Hollywood regierte seit jeher der Patriotismus. Die eingewanderten Filmmogule hatten beschlossen, daß Film sowohl das ideale Mittel sei, um ihre Liebe für ihr neues Heimatland unter Beweis zu stellen als auch, um ihren Minderwertigkeitskomplex mit einer gigantischen Zurschaustellung ihrer gesellschaftlichen Eingliederung zu verdrängen. So sorgten sich denn die Männer hinter den großen Studioschreibtischen, daß *Save the Tiger*'s Kritik an den amerikanischen Moralvorstellungen womöglich gar einen Angriff auf ihr geliebtes Heimatland darstellte.
Andere hielten den Film für antisemitisch. Die außerordentlich sympathisch gezeichneten Rollen von Jacks Partner und des kettenrauchenden Holocaust-Überlebenden, der für die schönsten Schnittmuster in der gesamten amerikanischen Textilindustrie verantwortlich zeichnete, trugen unübersehbar jüdische Züge. Keiner behauptete zwar, daß auch der amoralische Harry Stoner Jude war; trotzdem schien die Annahme doch vernünftig. Wieder andere hielten den Film für kommunistische Propaganda.
Zuvor hatte sich auch das Ausland für das Thema interessiert. Ein Pariser Studio wollte François Truffaut als Regisseur und Yves Montand als Hauptdarsteller verpflichten. Schließlich war es Jacks unerschütterliche Überzeugung, daß es auch ein brillanter Hollywood-Film werden könnte, die die Studios überzeugte.
Obwohl er die Vorlage in einem Wutanfall binnen kürzester Zeit heruntergeschrieben hatte, benötigte Shagan mehr als zwei Jahre für das eigentliche Drehbuch. Als das Ganze dann vor die Kameras ging, bestand Regisseur John Avildsen darauf, den Film sowohl in *sequence* als auch in einen der weniger zuträglichen Viertel von Los Angeles zu drehen. Normalerweise war das ein Rezept für ökonomische Desaster, doch Avildsen war sich sicher, daß dieser Film den zusätzlichen Adrenalinstoß gut gebrauchen konnte, für den *in situ* Harry Stoners Probleme sorgten.
Selbst Jack gingen die Bemühungen um Realismus zu weit. Da der Handel um den Brandanschlag in einem Kino abgeschlossen wurde, bestand auch der Regisseur auf einem echten Kino –

einem jener pseudoklassizistischen Paläste aus den Dreißigern, die aus finanziellen Gründen inzwischen auf Pornos umgestiegen waren. Und weil er die Erniedrigung des Textilfabrikanten noch betonen wollte, bestand Avildsen für das Gespräch mit dem Brandstifter darauf, daß tatsächlich ein Film über die Kinoleinwand flimmerte.
Das war zuviel. Jack bat ihn, den Film anzuhalten und den Soundtrack nachzusynchronisieren – hinterher konnten die Zuschauer während des Gesprächs der beiden Verschwörer dann noch einen scheinheiligen Kommentar über das dringende Bedürfnis nach sexueller Freiheit mitverfolgen. Solange der echte Film jedoch noch lief, sah Jack dauernd unwillkürlich auf die Leinwand – einen Porno hatte er noch nie gesehen. »Da saß ich nun und versuchte, einen ängstlichen Geheimniskrämer zu spielen, während es das eine Mädchen gerade mit der mit dem Pfirsich treibt, und dann kam auch noch ein Mann dazu ...«
Jack sah in Harry Stoner mehr als nur eine »gute Figur«, die seines Schauspieltalents wert war. Fast schien es, als spiele er ihn im Namen aller seiner Landsleute. »Harry Stoner ist der typische amerikanische Mittelklassebürger. Er hat im Zweiten Weltkrieg gekämpft, und keiner erinnert sich mehr daran. Wenn man sich heute unsere Gesellschaft ansieht, gibt es doch nichts, woran ein junger Mann, der diesen Krieg überlebt hat, noch glauben kann. Wir finden uns mit Watergate ab. Wir finden uns mit Vietnam ab. Wir finden uns damit ab, bei der Steuererklärung zu bescheißen und hier und da mal ein Gesetz zu übertreten. Wir finden uns damit ab, daß uns die Junkies in den Straßen ein Messer in den Magen rammen. Wir finden uns mit der Ungerechtigkeit unserer Gerichte ab. Es gibt keine Regeln mehr, nur noch Schiedsrichter. Wir haben einmal vor der Flagge salutiert. Heute macht man Hosenböden draus.«
Für Jack stand schon relativ früh fest, daß *Save the Tiger* ein ungewöhnlicher Film werden würde. Obwohl er schon seit Jahren keinen Oscar mehr gewonnen hatte, lag das doch eher daran, daß Filme wie die seinen normalerweise keine Oscars erhielten. Bewußt übergangen hatte man ihn nie. Nun jedoch lieferte er seine übliche Oscar-Leistung in einem Film mit ausgeprägten Oscar-Qualitäten ab. Leider nahm er die ganze Sache viel zu ernst – vor der Kamera wie auch dahinter.
In Felicias Augen entwickelte er langsam eine gespaltene Per-

sönlichkeit. Sicher, für Harry Stoner hielt sich der liebende Gatte und Vater zu Hause nun gerade nicht. Ansonsten freilich war er ein totaler Neurotiker. Mitunter fuhr er jeden in seiner unmittelbaren Nähe an; an anderen Abenden wiederum zog er es vor, überhaupt kein Wort zu sagen. »Ich war so durcheinander«, sagte er, »daß ich an überhaupt nichts anderes mehr denken konnte. Alles andere war mir völlig egal. Ich steckte schon zu tief in dieser Rolle und hatte Angst, Harry Stoner endgültig zu verlieren.«

Felicia wiederum hatte Angst, ihren Jack endgültig zu verlieren. Seine Tränenausbrüche im Auto hatten sich zu einem solchen Problem entwickelt, daß sie ihn nun jeden Morgen zur Arbeit fahren mußte. Er redete mit sich selbst – vielleicht ein neuer Versuch, sich in Stoner einzufühlen, obwohl sich da keiner ganz so sicher war. »Wenn Felicia nicht auch Schauspielerin gewesen wäre und verstanden hätte, was ich damals gerade durchmachte«, erzählt Jack, »hätte sie wahrscheinlich ihre Koffer gepackt und wäre verschwunden.« Der ganze Haushalt litt darunter. Courtney, die ihren Vater anbetete, konnte einfach nicht verstehen, weshalb er abends nur noch sehr selten Zeit für ihre Lieblingsspiele hatte.

Ich erwähnte gegenüber Jack, daß mir die Ähnlichkeit zwischen meinem Gesprächspartner und den Figuren auf der Leinwand schon sehr oft aufgefallen war. »Freut mich, das zu hören«, entgegnete er. »Ich kann nicht um sechs den Laden zusperren, nach Hause gehen und alles vergessen – besonders, was gewisse anspruchsvollere Rollen betrifft.«

Als *Save the Tiger* zu Jacks und Regisseur John Avildsens Zufriedenheit schließlich abgedreht war, ließ der Druck etwas nach – obwohl Jack erst nach den ersten Kritiken wirklich entspannen konnte. Als der Film an der Westküste anlief, hielt er sich jedoch gerade in New York auf. So mußte ihm Felicia die Kritiken am Telefon vorlesen.

»Einer der besten Filme, die Hollywood je zustandegebracht hat, und zweifellos der Gipfel von Jack Lemmons Karriere als Schauspieler«, vermerkte Rex Reed in der *Los Angeles Times*. »Das Beste, was Lemmon je gemacht hat«, schrieb Charles Champlin in derselben Zeitung, »was schon eine ganze Menge heißt, wenn man sich nur an *The Apartment* und *Days of Wine and Roses* erinnert.« Der *Herald Examiner* sah es ziemlich ähn-

lich. »Lemmons Harry«, vermerkte Richard Cuskelly, »ist eines jener haarsträubend intensiven Porträts, die noch lange über den jeweiligen Film hinaus nachwirken.«
Die Reaktionen waren stets dieselben, ob in den Vereinigten Staaten oder im Ausland. »*Tiger* zeigt«, schrieb Clive Hirschhorn im Londoner *Sunday Express,* »wie sich die amerikanischen Wertvorstellungen in den letzten 25 Jahren verändert haben ... Daß Jack Lemmon hier eine tolle schauspielerische Leistung abliefert und der Film selbst mit großem formalem Geschick gedreht ist, läßt sich wohl nicht abstreiten.«
»Sind doch prima, oder?« fragte Felicia.
»Einfach Spitze«, entgegnete er.
»Stimmt«, sagte sie. »Aber ich bin mir nicht ganz sicher, ob sie das alles wert waren.«
Nur *Time* schlug in seiner Kritik einen etwas herberen Ton an und bezeichnete Jack »als weniger fieberhaft als üblich«. Zum Film selbst bemerkte Jay Cooks: »Regisseur John Avildsen *(Joe)* erweist sich erneut als Meister der visuellen Klischees, der tieffliegenden Symbole und des stereophonen Antiklimax. Zu Hilfe kommt ihm dabei Drehbuchautor Steve Shagan; eine Art bügelfreier Clifford Odets, der jede seiner Metaphern mit Jupiterlampen umzingelt.« Wie weit Cocks mit seiner Kritik daneben lag, sollte sich bald herausstellen.
In der Biographie Jack Lemmons markierte diese anspruchsvolle Rolle einen Meilenstein. Endlich war er mit sich selbst zu Rande gekommen: »Als ich auf die 50 zuging, ließ ich endlich meine Pubertät hinter mir«, so drückte er selbst es aus. »Ich hörte auf, mich für meine Fehler zu bestrafen und sagte mir: ›Scheiß drauf, so bin ich nun halt mal.‹ Ich habe meine Fehler und kann mit ihnen leben. Endlich gewann ich eine gewisse Achtung vor mir selbst. Am Ende fand ich mich dann richtig liebenswert.«
Mitunter nahm ihn auch die Arbeit außerhalb der Studios sehr mit. Einen Tag bevor er sich im Krankenhaus einer Leistenbruchoperation unterziehen mußte, begegnete ich ihm in seinem Büro am El Camino Drive. Er war charmant und versuchte, einige Witze zu machen, fürchtete sich aber auch ein wenig vor dem nächsten Tag – verständlich bei jemandem, der einen Großteil seiner Kindheit im Krankenhaus verbracht hatte. So brachte er auch das Thema sehr häufig zur Sprache. Am selben Abend trafen wir uns wieder. Das American Film Institute ver-

lieh in dieser Nacht seinen Life Achievement Award an James Cagney. Auch Jack sollte dabei eine kleine Rede halten, dem Schauspieler und Tänzer Tribut zollen, den er sehr bewunderte und der ihm so viel beigebracht hatte.
Als Jack an die Reihe kam, stieg er aufs Podest und blickte mit gewohntem Selbstvertrauen in die Menge. Er fing an, die Geschichte zu erzählen, wie Cagney damals seine vorgetäuschte Linkshändigkeit aufgefallen war – und verlor dabei den Faden. Er redete und redete, aber praktisch keiner der Sätze ergab irgendeinen Sinn. Die Rede zog sich endlos hinaus. »Ich hörte meine Stimme und mein Gehirn arbeitete«, gab er hinterher zu, »aber ich konnte einfach keine zusammenhängenden Sätze von mir geben. Es war ein Alptraum.«
Gegen Ende rief der Filmemacher Sam Peckinpah Jack einige Beleidigungen zu und wurde deshalb aus dem Bankettraum des Century Plaza Hotels hinausgeworfen, wo die Zeremonie stattfand. Jack redete planlos weiter, bis man ihn schließlich zum Gehen überredete. Im Saal herrschte Bestürzung. Einige Minuten später hörte ich Shirley MacLaine draußen zu ihren Freunden sagen: »Was war bloß mit Jack los? Habt ihr ihn schon jemals so erlebt?«
Keiner wußte darauf eine Antwort. Lemmon war inzwischen an seinen Tisch zurückgekehrt und stellte sich der wütenden Felicia. Er sei nicht minder verblüfft; er wisse nicht, was mit ihm los gewesen sei. Sie schrie ihn an, daß er schrecklich sei. Als ihn daraufhin ebenfalls die Wut packte, schüttete Felicia ihrem Mann ein Glas Wasser über den Kopf. Die meisten Gäste hatten sich zu diesem Zeitpunkt bereits verabschiedet.
Später erkannten Felicia und Jack die Zusammenhänge. Er hatte den ganzen Tag über Pillen geschluckt, um sich auf seinen Krankenhausaufenthalt vorzubereiten – und zur selben Zeit auch noch Alkohol getrunken; bei der Feier für Cagney hatte er ebenfalls dem Weißwein zugesprochen. Der Alkohol und die Tabletten vertrugen sich ganz und gar nicht miteinander. Doch wie die gelegentlichen Mißerfolge in seiner Karriere nahm ihm auch das niemand übel. Er unterzog sich der Operation und erholte sich auch rasch wieder davon. Als sehr viel stärker erwies sich dagegen die Mischung aus Jack Lemmons und Harry Stoner. Und er war sich dessen nur zu bewußt: »Die Rolle übernimmt ein kleines Stück von mir und umgekehrt. Es gibt da eine

Lemmon freut sich zu früh; er hat nicht mit der Heimtücke Walter Matthaus gerechnet: ›Extrablatt‹

gewisse Verbindung, in der weder die Rolle noch die Person existieren würde, gäbe es diese Verbindung nicht. Dieser gesamte Prozeß des Schauspielens fällt mir ungeheuer schwer. Mein großes Problem besteht darin, es einfach aussehen zu lassen.«

In *Save the Tiger* jedenfalls sah es nur deshalb nicht sehr einfach aus, weil Harry Stoner selbst soviel erdulden mußte. Man sah ihn auf der Leinwand und fühlte mit ihm. Auch die Academy of Motion Picture Arts and Sciences schloß sich dieser Meinung an. Für *Save the Tiger* erhielt Jack Lemmon seinen zweiten Oscar, den ersten als bester Hauptdarsteller.

Das Ergebnis stand nicht von vornherein fest, obwohl er sich bereits den ganzen Tag über diese Möglichkeit seine Gedanken gemacht hatte. Ein Hellseher hatte im Fernsehen vorausgesagt, daß Jack einen regelrechten Erdrutschsieg feiern würde – und dabei der Vollständigkeit halber noch erwähnt, daß Jacks unvermeidlicher Siegeszug darauf zurückginge, daß er in einem früheren Leben der König von Thailand gewesen sei. Am Telefon versicherten ihm so viele Leute, daß er den Oscar schon so gut wie in der Tasche hätte, daß er ihre Beteuerungen fast schon für den sprichwörtlichen Todeskuß hielt. Andere wollten wissen, daß der in Hollywood sehr populäre Jack den längst überfälligen Oscar diesmal aus rein sentimentalen Gründen erhalten würde. Er selbst wollte nicht, daß solche Gründe bei der Entscheidung den Ausschlag gaben. Ohnehin sprach die Wahrscheinlichkeit dagegen: 1974 hofften zu viele gute Schauspieler darauf, den Saal mit der goldenen Statue im Arm zu verlassen. Seine Konkurrenten hießen Marlon Brando für *L'Ultimo Tango a Parigi* (Der letzte Tango in Paris), Al Pacino für *Serpico* (Serpico), Jack Nicholson für *The Last Detail* (Das letzte Kommando) und Robert Redford für *The Sting* (Der Clou), der Erbe aller Glamourstars aus Hollywoods Vergangenheit. Mit Ausnahme von Brando waren sie nicht nur alle jünger als Lemmon, sondern gehörten auch zu jenem neuen Hollywood, in dem er selbst schon beinahe wie ein Oldtimer wirkte – immerhin drehte er nun schon seit 20 Jahren Filme. Las Vegas erklärte ihn mit einer Quote von 3:1 zum Favoriten.

Er war bereits den ganzen Tag nervös gewesen. Als er die Reporter mit einer Tasse Kaffee in der einen und einem deutlichen Zittern in der anderen Hand an seiner Tür begrüßte, konnte nur die Tatsache, daß er laufend irgendwelche Anrufe entgegennehmen mußte, erklären, weshalb er nicht noch aufgeregter reagierte. »Verdammt«, erzählte er ihnen, »ich hab' ja noch nicht einmal gekotzt.«

Wirklich kaltgelassen hatte ihn die Oscarverleihung bislang nur ein einziges Mal. Damals war er gerade außer Landes gewesen und hatte deshalb von der Atmosphäre in Hollywood nichts mitbekommen. Diesmal bestand die einzige Ablenkung darin, daß er Groucho Marx einen Ehrenoscar überreichen und dabei eine kleine Rede halten sollte. Was die Dankesrede für den eigenen Oscar betraf, mußte er immer wieder an die Feier für Cagney denken – und, so sagte er, er habe in der vorigen Nacht sogar davon geträumt, daß ihn Sam Peckinpah wieder dabei unterbrechen würde.

Dieses Mal blieb ihm das Glück treu. Dieses Mal stand sein Name tatsächlich im Umschlag; dieses Mal kam die Reihe tatsächlich an ihn, seiner Frau (und seinem Partner Jack Gilford) einen dicken Freudenkuß zu geben. Als ihn die Reporter später fragten, weshalb er seiner Meinung nach gewonnen habe, rief Walter Matthau dazwischen: »Weil er der Beste war.« Felicia behauptete, einen Oscar zu erhalten sei ebenso schön, wie ein Kind zu bekommen. »Oder nein, Zwillinge«, verbesserte sie sich.

Auch die Kolumnistin Joyce Haber freute sich über den Sieg. Sie hielt Jack für den direkten Nachfolger Chaplins und Keatons und wies darauf hin, daß es das erste Mal gewesen sei, daß man einen »echten Komiker« mit einem der wichtigsten Oscars aus-

Beide landen sie im Knast; Reporterschicksal in ›Extrablatt‹

gezeichnet habe. Jack freute sich vermutlich nicht besonders über diesen Titel, war ihr jedoch ohne Zweifel dankbar für das Kompliment – obwohl er noch nie zuvor eine ernstere Rolle gespielt hatte.
Als er die Statue schließlich in Händen hielt, sann er über ihre Bedeutung für ihn nach. »In letzter Zeit gab es sehr viel Kritik an diesem Preis«, meinte er, nachdem er den bronzenen Oscar von Liza Minnelli in Empfang genommen hatte. »Vielleicht zu Recht. Trotzdem ist er eine verdammt große Ehre. Ich bin ganz hingerissen.« Der Oscar bewies, daß es im Leben auch noch andere Dinge als Geld gab, obwohl *Save the Tiger* dank ihm auch an den Kinokassen recht gut abschnitt und Jack einen gehörigen Profit einstreichen konnte – Belohnung genug für sein Vertrauen und seine Beharrlichkeit.
Daneben erhielt er auch noch einige andere Auszeichnungen. Die Academy wählte ihn zum Präsidenten, und sogar *Avanti* stieß auf Anerkennung. Der Verband der Auslandspresse Hollywoods zeichnete ihn dafür mit einem Golden Globe als bester Nebendarsteller aus. Selbst sein altes College würdigte den Ruhm, in dem es sich nach seinem Triumph nun sonnen konnte: Wegen seiner »herausragenden Leistungen als Filmschauspieler und Regisseur« ernannte ihn der Hasty Pudding Club zum Mann des Jahres. Der *Harvard Lampoon* dagegen zeigte sich dem ehemaligen Studenten weniger zugetan und verlieh ihm den »Kirk-Douglas-Preis als schlechtester Schauspieler des Jahres«. Der »Natalie-Wood-Preis als schlechteste Schauspielerin des Jahres« ging übrigens an Barbra Streisand in *The Way We Were* (So wie wir waren) – einem Film, der bei Publikum und Kritik auch nicht eben schlecht abgeschnitten hatte.
Save the Tiger muß als modernes Sittenstück (oder Unsittenstück) betrachtet werden, erweckt der Film doch definitiv den Eindruck, daß Stoner mit seiner Brandstiftung davonkommen wird. Dennoch enthielt die Geschichte natürlich einige Botschaften, mit denen Jack nun auch durch die Lande zog. Mit einigen Yale-Studenten diskutierte er bis in die Nacht hinein – was seine Kollegen von Harvard vermutlich als Hochverrat betrachtet hätten –, wobei er seinen »Vorlesungen« dieselbe Intensität verlieh wie der Figur des Harry Stoner. Am nächsten Morgen beim Frühstück stand ihm das bedrückende Diskussionsthema dann förmlich im Gesicht geschrieben. Drei Bloody

Marys und ein Teller Spiegeleier waren nötig, um ihn wieder halbwegs lebendig zu machen. Ähnliche Erlebnisse widerfuhren ihm auch an den anderen Colleges im Land.
Danach zog er mit dem Film nach London, zeigte Courtney dort den Hyde Park und ging jeden Abend mit Felicia ins Theater – wobei er in der Regel dem Star persönlich gratulierte. (Eine häufige Geste: In New York beeindruckte ihn Alan Bates' Leistung in *Butley* so sehr, daß er hinterher eine Party für ihn gab, bei der unter anderem auch die Pecks, Jean Simmons, Richard Brooks, Lee Marvin auf der Gästeliste auftauchten.) Tagsüber verbrachte er die meiste Zeit in seiner Penthouse-Suite – »das Angenehme an einem Penthouse ist, daß man den Luftzug mitbekommt« – und unterhielt sich dort mit britischen Reportern über *Save the Tiger,* von dem er nun behauptete, daß man ihn auch auf alle seine Ansichten zum Thema Umwelt anwenden könne! Aber wie auch immer: London war die zivilisierteste Stadt der ganzen Welt, und falls er seine Ansichten dort nicht an den Mann bringen konnte, würde es ihm nirgendwo gelingen. Als er zu hören bekam, daß man lieber wissen wollte, wie er seine Filme drehte, tat er seinen Gesprächspartnern den Gefallen und willigte in eine Vorlesung am National Film Theatre ein. So hart hatte Jack bislang noch nie für einen Film gearbeitet. Andererseits hatte ihn auch noch nie ein Film derart begeistert, so daß die Sache seiner Meinung nach die ganze Anstrengung durchaus wert war.
Die Preise und Auszeichnungen fielen auf ihn herab wie die Blätter, die in den alten schwarzweißen Hollywood-Filmen das Verstreichen der Zeit andeuteten. Wegen ihrer »beruflichen Leistungen und ihrer Beliebtheit an der Kinokasse« nominierte die National Association of Theatre Owners Faye Dunaway und ihn zum Star des Jahres. Die Auszeichnung war sowohl eine Anerkennung von Jacks Talent als auch ein kleiner Dank an zwei Schauspieler, die nun schon seit Jahren dafür sorgten, daß die Theaterleiter ihre Kinos nicht vorzeitig dichtmachen mußten. Daran hatte Jack mit *Save the Tiger* allerdings zuletzt gedacht. Er sah den Film in erster Linie als Verwirklichung seines Traums, gleichzeitig aufzuklären und zu unterhalten. Und indem ihm das so blendend gelungen war, hatte er zur selben Zeit auch den Ruf einer Filmindustrie gerettet, die für einige bereits unrettbar in den Sumpf des Durchschnittlichen abgerutscht war.

Lemmon zählt ganz offensichtlich zu den rastlosesten Seelen Hollywoods. Während Walter Matthau einmal gestand, daß er es genieße, im Jahr nur 20 Wochen arbeiten zu müssen, ist Jack ohne seine Arbeit – oder zumindest eine Aussicht auf Arbeit – nie so ganz zufrieden.

Immer wieder kreisten diese Pläne gelegentlich um einen gemeinsamen Auftritt – Zusammenarbeit wäre wohl nicht das richtige Wort – mit Walter. 1973 standen dann gleich zwei verschiedene Projekte ins Haus. Eines davon war ein neuer Film mit Billy Wilder, ein Remake von Charles MacArthurs und Ben Hechts Reporterstory *The Front Page.* Das andere bestand in einem Bühnenstück mit dem Titel *Juno and the Paycock* (Juno und der Pfau), Sean O'Caseys historischem Porträt aus der Zeit der irischen Nationalunruhen.

Es lag nicht einfach nur daran, daß Jack und Walter so gut miteinander auskamen und die kleineren Scharmützel regelrecht genossen, die sich bei ihrer Zusammenarbeit ergaben. Jack arbeitete gern mit Schauspielern zusammen, deren Talent er bewunderte, und mit seiner Armesündermiene und dem Akzent, den er offenbar auf einem Gewerkschaftstreffen aufpoliert hatte, paßte Walter nur zu gut in diese Kategorie. Als wir uns am Abend vor dem Drehbeginn von *The Front Page* (Extrablatt) – der dritten Verfilmung dieses Stoffes (die zweite trug den Titel *His Girl Friday* *) – begegneten, meinte Jack, daß man Walter eigentlich beneiden müsse. »Ich war schon immer eifersüchtig auf Walter, weil ihm die Schauspielerei sehr viel leichter fällt als mir. Dagegen hätte ich ja gar nichts, wenn er nicht so gut wäre. Aber er ist ja nun eine echte Sensation.«

Weder die Kritik noch Billy Wilder selbst hielt *The Front Page* für eine besondere Sensation, was insofern recht schade war, als Jack darin ein gelungenes Porträt eines Reporters ablieferte, den es zwischen der Leidenschaft in seinem Herzen und der Druckerschwärze in seinen Adern hin- und herriß. Walter spielte in dieser hinreißend komischen Geschichte einen Redakteur, dem jedes Mittel recht war, seinen Starreporter aus den Armen seiner heiratswilligen Freundin zurück an seine Schreibmaschine zu locken.

Will man den Erfolg eines Films danach beurteilen, ob seine

* Deutscher Titel: *Sein Mädchen für besondere Fälle.* (A. d. Ü.)

Hauptrollen ideal besetzt sind, dann war diese *Front Page*-Fassung ein Triumph sondergleichen. Offensichtlich lag der Haken also darin, daß viele Zuschauer noch Pat O'Brien und Adolphe Menjou vor Augen hatten – jene Schauspieler, die die Rollen des Reporters und des Redakteurs in der Fassung aus dem Jahre 1931 verkörpert und damit zugleich eine ganze Generation für den Beruf des Reporters begeistert hatten. Man entsann sich nicht nur der phantastischen Wortgefechte zwischen Hildy Johnson und dem Lokalredakteur Mr. Burns, sondern auch der gesamten Atmosphäre, der dreckigen Druckerei neben dem Gerichtsgebäude, der Whiskyflaschen, der Telefone, der Zettel an den Wänden, der Bilder; man entsann sich des Gastauftritts von David Wayne als affigem Reporter, der sich darüber ärgerte, wenn jemand anderer sein Toilettenpapier benutzte; an Carol Burnett als Prostituierte, die jedem Kunden gleich ihr Herz aufdeckte.
Billy Wilder gesteht, daß er heute davon überzeugt sei, mit der Wiederverfilmung dieses Stoffes einen Fehler begangen zu haben, und daß er ein solches Risiko nicht noch einmal eingehen wolle. »*The Front Page* war ein armseliger Streifen«, putzte er den eigenen Film mit einer Selbstsicherheit herunter, wie sie sich nur Leute leisten können, die in ihrem Leben bereits ungleich Besseres vollbracht haben. »Nur ein Narr würde ein Stück wiederverfilmen, das längst als ›unsterbliches Meisterwerk‹ in die Filmgeschichte eingegangen ist. Zu seiner Zeit war es ein recht ordentliches Stück, obwohl man es heute für sehr viel besser hält, als es tatsächlich war; damals, als es auf dem Broadway und im Kino diesen riesigen Erfolg hatte. So etwas tue ich nie wieder. Ich werde nie wieder etwas neu verfilmen – das ist genauso, als wollte man die Decke der Sixtinischen Kapelle neu streichen.«
Ich wollte gerne wissen, ob sich Wilder und Lemmon bei der Autopsie zu einer gemeinsamen Entscheidung durchgerungen hatten. Die Antwort lautete, daß es gar keine Autopsie gegeben habe. »Wenn wir einen Film drehen, der nicht funktioniert, reden wir nicht mehr darüber. Eigentlich reden wir sowieso nur sehr selten über unsere Filme. Wir reden über zukünftige Projekte, ja, aber wir folgen niemals den Spuren unserer glorreichen Flops. Gewöhnlich unterhalten wir uns über andere Dinge – Golf, Musik, Theater, darüber, wie schwer es ist, älter zu wer-

den, mit all den hübschen Mädchen um einen herum. Aber in erster Linie reden wir über Sport. Wir sehen uns zusammen die Footballspiele an, gelegentlich auch ein Tennismatch.«
Ihre Häuser stehen nahe beieinander, und wenn sie beide einmal zu Hause sind, nützen sie die Gelegenheit recht oft, den anderen zu besuchen. »Ein Footballspiel anzusehen und sich die Lunge wegen einer Wette rauszubrüllen, ohne daß jemand dabei ist, macht keinen besonderen Spaß«, erzählt Wilder. »Wenn wir für dasselbe Team sind, brüllen wir gemeinsam. Wenn wir auf verschiedenen Seiten stehen, brüllen wir uns gegenseitig an.« Mitunter sind sie auf derselben Seite. Beim Football beispielsweise halten sie zu den Rams, beim Baseball zu den Dodgers. »Wenn ein Amerikaner in Wimbledon spielt, sind wir in der Regel für ihn. Außer es ist John McEnroe. Dann sind wir beide gegen ihn.«
Einmal suchten sie in Los Angeles gemeinsam die Praxis von Dr. Chen auf, einem chinesischen Akupunkturspezialisten. Jack litt an einem äußerst schmerzhaften Tennis-Ellenbogen, Wilder hatte Probleme mit seinem Rücken. »Es war wirklich irrsinnig komisch«, sagte Jack. »Wir beide liegen Seite an Seite auf zwei Tischen, und dieser kleine chinesische Arzt, ein ausgezeichneter übrigens, steckt Nadeln in uns hinein und spricht mit einem Akzent, den wir kaum verstehen.« Schließlich glaubte Wilder, die Lösung gefunden zu haben. »Sprechen Sie Deutsch?«, wollte er wissen. »Ich wär' vor Lachen umgefallen, wenn nicht diese Nadeln in mir gesteckt hätten.«
Politisch stehen sie auf derselben Seite, bei den liberalen Demokraten. Jack unterstützte 1972 die unglückliche Wahlkampagne Edward Muskies; zuvor hatte er sich für Senator Eugene McCarthy eingesetzt. Ansonsten tritt er jedoch auf politischen Veranstaltungen nur sehr selten in Erscheinung.
Freilich existierte auch mit Walter Matthau eine ähnlich enge Verbindung. 1974 stand schließlich ihr gemeinsames Bühnendebüt ins Haus. Die Uraufführung von *Juno and the Paycock* fand im Mark Taper Forum, einem Teil des Los Angeles Music Center, statt. Das Stück spielt 1922 in einer Dubliner Mietwohnung, dem Jahr, als die »beiden Irlands« gegründet wurden; ein Thema, das auch 1974, als die Bombenanschläge von Belfast und Londonderry in Amerika Schlagzeilen machten, höchst aktuell schien.

Der rasende Reporter Jack in Billy Wilders ›Extrablatt‹

Matthau spielte »Captain« Jack Boyle, Maureen Stapleton seine Frau Juno und Jack seinen Freund Joxer Daly, der sich nichts sehnlicher wünscht als einen Job und die Beine verflucht, in die jedesmal der Schmerz schießt, wenn man ihm eine Arbeitsstelle anbietet. Das Ganze war vielleicht ein wenig anders, als es sich Sean O'Casey vorgestellt hatte. Nicht zuletzt sprach wegen des Regisseurs George Seaton, der dazu eigens einen Hollywood-Set im Stich gelassen hatte, dennoch einiges für das Stück – obwohl sich die *Los Angeles Times* da nicht so sicher war. »In dieser Ecke«, schrieb Dan Sullivan, der Theaterkritiker des Blatts, »hatte man befürchtet, daß Jack Lemmon, Walter Matthau und Maureen Stapleton einen vulgären Hollywoodstar-Trip aus *Ju-*

no and the Paycock machen würden. In Wirklichkeit gibt sich die Produktion des Taper solche Mühe, Sean O'Casey gerecht zu werden, daß sie fast ein wenig gehemmt wirkt. Die Pressevorführung Mittwochabend erwies sich als hübsche Zurschaustellung schauspielerischen Talents, aber nicht als Erfahrung, die man mit nach Hause tragen kann. Was *Juno* eigentlich ja sein sollte ... Diese beiden Schwindler sind sehr komisch. Matthau gibt Boyle als einen Mann, der es sich hinter einer Fassade permanenter Düsternis bequem macht, als ob man von jemand, der solches Grauen miterlebt hat, erwarten könnte, daß er sich den Banalitäten des Alltags hingibt ... Lemmon dagegen verströmt Heiterkeit – oder tut wenigstens so. Das ist auch die befriedigendste Charakterisierung des Abends; aus diesem einfachen Grunde, weil sie mehrere Ebenen aufzuweisen hat.«
Das hörte sich ja nun recht schmeichelhaft an. Aber die ersten Kommentare aus der »Ecke« des Kritikers schmerzten doch. Ein vernichtender Angriff auf zwei beliebte Stars waren sie zwar nicht, aber Felicia betrachtete sie als solche – und auch Carol Matthau. Die beiden Frauen ärgerten sich so sehr über den vermeintlichen Angriff auf die Fähigkeiten ihrer Männer, daß sie Sullivans Redakteur einen Brief schrieben, der dann einen Monat später abgedruckt wurde.
Darin bezeichneten sie Sullivans Kritik als »konfus und ungebildet ... so leer und trocken und steril wie alle seine anderen Kritiken. Zudem schreibt er entsetzlich hochgestochen, als ob er damit die Tatsache kaschieren wolle, daß er ungefähr den Sachverstand einer Erdnuß besitzt. Sein dünner Stil und die Inhaltslosigkeit seiner Artikel werden der Größe dessen, was im Music Center gelegentlich aufgeführt wird, niemals gerecht werden.«
Das zielte nun doch etwas unter die Gürtellinie. Doch es sollte noch schlimmer kommen. Sullivans Behauptungen seien »vulgär«, schrieben sie. »Um uns einen Augenblick auf die armseligen Gedankengänge Sullivans einzulassen, wollen wir hervorheben, daß die besagten drei Schauspieler keineswegs beim Pulloverkaufen im Supermarkt entdeckt wurden.« Und sie schlossen: »Wir hoffen, Sie drucken diesen Brief trotz unserer Liebesaffären mit den Herren Matthau und Lemmon ab.«
Da Sullivan nicht ganz verstehen konnte, was sie so aufgeregt hatte, »da ich den in der Diskussion stehenden Schauspielern ja gratuliert hatte, daß sie *Juno* nicht zu einem Hollywoodstar-

Trip gemacht haben«, wußte er nicht, was er mit ihrer scharfen Kritik anfangen sollte. Eines stand für ihn jedoch fest. »Nun ist meine Frau stocksauer.«

Jack Lemmon in irgendeiner Form anzugreifen, sei es auf der Bühne, auf der Leinwand oder – schlimmer noch – als Mensch, ist für manche ebenso schlimm, wie der eigenen Mutter den Stuhl wegzuziehen. Dieser Ansicht ist beispielsweise Charlie Murphy. Charlie ist Schauspieler. Er lebt in Hollywood, hat den Durchbruch zum Star allerdings noch nicht geschafft. Sein Name liegt nicht jedem auf der Zunge, seine Verträge muß er sich bislang noch von anderen diktieren lassen. Und doch kann er bestätigen, daß die Arbeit mit Jack Lemmon ein überaus erfreuliches Erlebnis ist. In *Juno and the Paycock* spielte er einen Nähmaschinenverkäufer und IRA-Terroristen; hinter der Bühne freundete er sich schnell mit Jack an.

Jack half ihm bei seinen Auftritten. »Ich hatte einen Auftritt im ersten Akt und fragte ihn, ob er eine Nähmaschine kaufen wolle. Er sagte mir von vornherein, daß ich seiner Meinung nach zu theatralisch sei. Er kam in meine Garderobe und sagte: ›Murphy, frag mich das nochmal.‹«

Dann ging er mit dem jungen Mann auf die Bühne und probte die kleine, scheinbar unwichtige Szene so lange mit ihm durch, bis sie für Lemmons Gefühl saß. Jack betrachtete das als eine freundschaftliche Geste, wie sie seiner Meinung nach jeder Schauspieler zu Anfang seiner Karriere verdient hat. »Er stand hinter der Bühne, und als ich fertig war, applaudierte er. ›Murphy‹, sagte er, ›bei dir werden Minuten zu Sekunden.‹«

Es war mehr als nur ein Lob; eine Anerkennung aus einer Quelle, die wertvoller war als alle Kritiker vor dem Theater zusammengenommen. Von da ab erhielt Murphy bei jeder Vorstellung seinen kleinen Abtrittsapplaus. »Hauptsächlich von Jack«, gibt er allerdings zu.

Nachdem Lemmon und Matthau selbst Stars in einer Stadt der Stars waren, standen regelmäßig berühmte Besucher in ihrer Garderobe. Jack schickte seine Gäste ebenso regelmäßig in Charlie Murphys winzige Garderobe weiter. An einem Abend kam Gene Kelly, am nächsten Gregory Peck. Kam jemand besonders wichtiger, klopfte er vorher an Charlies Tür und raunte: »Hey, Murphy, heut' hab' ich 'ne große Nummer für dich.«

Abgesehen vom Theater begleitete er den jungen Schauspieler

zu Football-Spielen und verfolgte mit ihm zusammen, wie die Rams die Dallas Cowboys niederwalzten. Daneben schloß sich Charlie Jack auch bei dessen musikalischem Zeitvertreib an. »Walter sang, Jack spielte und Maureen Stapleton dirigierte«, sagte er. Sie nannten sich Juno and the Paycockers. »Die wenigsten Stars kümmern sich so um einen jungen Eleven wie Jack.«
Sein Einsatz für junge Talente ist eine der weniger bekannten, aber doch sehr wesentlichen Seiten Jacks. Einmal sandte ihm ein Student das Drehbuch zu einem 20-Minuten-Film und bat ihn um Rat. Zum großen Erstaunen des Studenten rief ihn Jack nicht nur zurück, sondern willigte auch ein, eine Rolle in dem Film zu übernehmen. Der hoffnungsvolle Regisseur dachte zunächst, ein Freund nehme ihn auf den Arm, bis er nach vier weiteren Anrufen schließlich ins Büro der Jalem Productions am El Camino Drive eingeladen und dort vom Star sehr herzlich begrüßt wurde. Der Student hatte noch nie zuvor einen Film gedreht, und eine Gage für Jacks Auftritt kam schon gleich gar nicht in Frage; Jack wollte einfach nur jemandem helfen, den ersten Fuß auf die Leiter des Erfolgs zu setzen.
»Auf dem Set fühle ich mich langsam wie ein alter Mann«, meinte er mit 50. »Manchmal nehme ich das den anderen übel. Diese jungen Leute verstehen so viel mehr vom Film. Ich weiß nicht, woher sie das haben. Wahrscheinlich aus den Filmkursen an der Universität. Auf jeden Fall nehmen sie die Arbeit alle sehr ernst.«
Er ist einer der zugänglichsten Stars in ganz Hollywood, und als man nach einer Filmberühmtheit suchte, die die Preise an die Academy-Studenten verleihen sollte, war es ganz selbstverständlich, daß man Jack Lemmon darum bat – und daß er zusagte.
Fest stand nur, daß er langsam immer älter wurde. So entschlossen er allerdings auch war, die Rollen, die in jungen Jahren sein Markenzeichen gewesen waren, ein für allemal aufzugeben, hieß das doch nicht, daß er überhaupt keine Experimente mehr wagen würde. Immerhin spielte Geld nun keine große Rolle mehr. Und im Gegensatz zu vielen anderen hatte die Erfahrung ihn gelehrt, daß er auch einmal Fehler machen konnte, ohne deshalb übertriebene Folgen befürchten zu müssen. Jack hielt die Zeit für gekommen, etwas mutiger zu werden.
Der vielleicht mutigste seiner Entschlüsse bestand darin, das

Lemmon verabschiedet sich von seinen Kollegen, aber Matthau sorgt schon dafür, daß es kein langer Abschied wird: ›Extrablatt‹

Trinken aufzugeben. Er hielt nicht lange vor. 1976 verurteilte man ihn zu 30 Tagen Bewährung und einer Geldstrafe von 315 Dollar wegen Fahrens unter Alkoholeinfluß. Eine Polizeistreife auf der Küstenstraße war der Ansicht, daß Jacks Rolls-Royce zu langsam fuhr und hielt den Fahrer an. Erst da merkten die Polizisten, daß Jack Lemmon hinter dem Steuer saß. Im Büro des Sheriffs verhörte man Lemmon und ließ ihn ins Röhrchen blasen. Schließlich steckte man ihn in Untersuchungshaft, und Felicia erhielt einen Anruf, den sie lieber nicht erhalten hätte. Man ließ ihn frei und überstellte ihn in ihren Gewahrsam. Ob sie ihm erneut ein Glas Wasser über den Kopf schüttete, als sie zusammen nach Hause kamen, steht nicht fest. Sicher ist jedoch, daß sie der Zwischenfall nicht sonderlich begeisterte.
Auch Jack bedrückte die ganze Angelegenheit. Er hatte an die-

sem Abend als Ehrengast an einem Herrenabend teilgenommen, wo man ihn zum Trinken regelrecht genötigt hatte. Es gab eine Show, und später trank er noch ein wenig Wein. Zu Essen bekommen hatte er bis zu diesem Zeitpunkt allerdings noch nichts. Als er schließlich nach Hause fahren wollte, fühlte er sich ein wenig schwindlig. Er fuhr dann jedoch trotzdem – weil sich Felicia gerade in ihrem Strandhaus in Malibu aufhielt und ihn nicht abholen konnte. Unglücklicherweise wußte Jack allerdings, daß er betrunken war und fuhr deshalb entsprechend langsam. Es war zwei Uhr morgens. In der Polizeistation fiel Jack dann bei der Blutprobe durch – »nur um *so* viel«, beteuerte er später. Das Ganze paßte überhaupt nicht zu den Lemmonschen Kreuzzügen in Sachen Umweltverschmutzung und regte ihn sehr auf.

Der Veränderungen in seinem Leben war er sich durchaus bewußt. 1973 erzählte er dem Magazin *Show,* daß der frühere Lemmon zu oft über die Stränge geschlagen habe und recht »egoistisch« gewesen sei. »Ich war einfach nicht imstande dazu, an irgend etwas anderes zu denken. Ich war so verdammt erfüllt von mir selbst, meinen Rollen und meiner Musik, daß ich überhaupt nicht sah, was um mich herum vorging. Ich besaß nicht einmal die Spur eines gesellschaftlichen Bewußtseins. Ich war einfach blind gegenüber allem, was nicht mit Schauspielerei zu tun hatte.«

Nach mehr als 20 Jahren im Geschäft erkannte jedoch auch er, daß er das ganze Lob verdient hatte. Schließlich nahm er an einer Lemmon-Retrospektive des San Francisco Film Festivals teil. »Ich liebe diese Frage-und-Antwort-Spiele einfach«, meinte er nach der Vorführung einiger Ausschnitte aus seinen Filmen. »So viele Ausschnitte auf einmal habe ich noch nie gesehen«, fügte er in einem Tonfall hinzu, der ein wenig an einen kleinen Jungen erinnerte. Dennoch sollten diese Selbstbeweihräucherungen auf keinen Fall der harten Arbeit ins Gehege kommen. »Das Geschäft eines Schauspielers ist das Schauspielen«, erzählte er seinen Gesprächspartnern beim geringsten Anlaß, und nichts dürfe dem in die Quere kommen. »Sicherheit ist ja sehr schön. Aber wenn man Schauspieler ist, sind die Rollen das Allerwichtigste.«

Die meiste Zeit hielt er sich an diesen recht vernünftigen Grundsatz. *The Prisoner of Second Avenue* (Das Nervenbündel) glich ein wenig Harry Stoner, hatte etwas mehr Humor und war nicht einmal annähernd so gut. Dennoch zählte der Film, in dem cr zusammen mit einer der aufregendsten Frauen in ganz Hollywood, Anne Bancroft, auftrat, keinesfalls zu den schwächeren Lemmon-Angeboten. Der neue *Tiger* brachte die Leute durchaus zum Lachen, obwohl das Ganze stellenweise an einen Versuch Neil Simons erinnerte, seine letzte Sitzung mit seinem Psychiater dramaturgisch aufzuarbeiten. Jack spielte einen arbeitslosen, mit einer (arbeitenden) Sexbiene verheirateten Angestellten, der versuchte, mit den Problemen der Großstadt fertig zu werden. Hätten ihm freilich die Männer hinter seinem früheren Film zur Verfügung gestanden, wäre nicht nur eine Textilfabrik, sondern sein ganzes Appartement in Flammen aufge-

Mit Anne Bancroft in ›Das Nervenbündel‹

gangen. Einige Kritiker ließen durchblicken, daß sie auch dem Film selbst ein solches Schicksal gewünscht hätten, doch das wäre wohl nicht fair gewesen – und hätte das Publikum zudem der Möglichkeit beraubt, einen angenehmen, wenn auch nicht so denkwürdigen Abend zu verbringen.

Mehr denn je war er sich des Problems bewußt, sicherzustellen, daß das Publikum auf sein Spiel reagierte. Während der Dreharbeiten zu *Prisoner* sagte er: »Im Gegensatz zu einem Maler oder einem Schriftsteller ist ein Schauspieler ohne Publikum ein Nichts. Wenn man sich vor einen Spiegel stellt und Shakespeare spielt, verschwendet man nur seine Zeit. Für mich ist Schauspielen ein intellektuelles Ratespiel: herauszufinden, was eine Figur tut; warum sie es tut. Hat man diese herrliche Hölle der Nachforschung einmal hinter sich, ist das eigentliche Spiel nur noch der letzte Schritt.«

Leider hielt der Eindruck nicht bis *Alex and the Gypsy* (Liebe und andere Verbrechen) vor, einem Film, der sein Leben als *Love and Other Crimes* begonnen hatte und dann in *Main Man and the Gypsy* umgetitelt wurde. Neue Titel ändern meist sehr wenig am Schicksal eines Films. Öfter schon sind sie ein Signal, daß irgend etwas schiefläuft, und bei diesem Film lief wirklich alles schief.

Der größte Fehler bestand darin, Jack Lemmon den Film überhaupt drehen zu lassen: *Alex and the Gypsy* war weder komisch noch ein gelungenes Beispiel seiner Schauspielkunst. In der Tat hätten die Zuschauer mit einigem Recht verlangen können, daß man in der Mitte des Films noch einmal die Stabangaben einblendete. Spielte Jack Lemmon wirklich die Hauptrolle in diesem langweiligen Schwachsinn? Zum Glück für ihn steckte er dabei jedoch unter soviel Make-up, daß man sich tatsächlich nicht so sicher sein konnte – und milde Seelen hätten bei dieser Frage auch nicht nachgehakt.

Jack spielte einen Bürgen auf der Jagd nach Geneviève Bujold; letzteres im übrigen nicht deshalb, weil es stets eine gute Idee war, der Bujold nachzujagen, sondern weil sie vor ihm und ihren Kautionsauflagen davongelaufen war. Als Zigeunerin sah die Bujold prima aus. Jack dagegen wirkte besser, als er in *Avanti* seinen Hintern (den ein Kritiker als Schrumpelpfirsich bezeichnet hatte) herzeigen durfte.

Die Kritiker hoben hervor, daß es der einzige Film sei, wo man

›Das Nervenbündel‹ und Anne Bancroft

von *allen* Zuschauern erwartete, daß sie Jacks Figur nicht mochten – so sehr es manchen auch mißfiel, steckte in Harry Stoner doch eine ganze Menge, mit dem sich das Publikum identifizieren konnte. *Alex* dagegen konnte mit nichts dergleichen aufwarten. Sogar Courtney haßte den Film – beziehungsweise die Figur, die ihr Vater spielte. Alex trug einen dichten Schnurrbart, und Courtney meinte, er kitzle sie jedesmal, wenn sie ihren Vater küsse. Wenn er ihn nicht abrasiere, würde die zehnjährige Courtney kurzerhand ausreißen. Jack hätte besser daran getan, ihr Ultimatum anzunehmen als mit den Dreharbeiten weiterzumachen. Dichter war er in seiner 37 Filme umspannenden Karriere bislang noch nie an einer Katastrophe vorbeigerutscht.
Courtney und er stimmten in den meisten Dingen überein. Probleme wie mit Chris gab es zwischen ihnen nicht, obwohl sich auch an dieser Front die Aussichten langsam verbesserten. Mit 20 kehrte er vom Mond, oder jenem geheimnisvollen Planeten, auf den er Jacks Befürchtungen nach ausgewandert war, zurück und fing an, wieder mit seinem Vater zu reden.
Alles begann mit einem unerwarteten Besuch. Chris kam einfach durch die Vordertür herein und meinte zu Jack: »Hallo, da bin ich wieder. Wie geht's?« Und alles war wieder wie früher. Chris besuchte gerade einen Kunstkursus, was seinen Vater nicht minder freute. Auch ihre gemeinsamen Ferien entwickelten sich nun zu wesentlich erträglicheren Ereignissen. Sie mieteten sich ein Blockhaus in Alaska – und gingen das Risiko ein, den einheimischen Bären in die Quere zu kommen. »In einem solchen Fall muß man einfach nur schreien und brüllen, so laut man kann. Das verscheucht den Bären. Und glauben Sie mir, das muß man einem nicht zweimal sagen. Ich brüllte so laut, daß ich eine Woche lang keinen Ton mehr herausbrachte«, sagte Jack. Ein andermal stürzte er während eines sorgfältig durchorganisierten Forellenfischzugs in eine Grube und brach sich das Bein.
Etwas besser erging es ihm in dem ABC-Fernsehfilm *The Entertainer* (Der Entertainer). Ursprünglich hatte einer von Jacks eigenen Idolen diese Rolle innegehabt: Laurence Olivier, ein Schauspieler, den Jack mehr als jeden anderen respektierte. Der ursprünglich von John Osborne verfaßte Part stammte direkt aus dem Umfeld der englischen Varietés. Olivier spielte ihn in einem schlechtsitzenden Tweed-Anzug und einer Melone

und haschte dabei nach mehr Effekten, als man gemeinhin in einem dieser Weltraumfilme findet. Lemmon folgte Oliviers Beispiel, mit einigen kleinen Ortsveränderungen. Statt in einer britischen Hafenstadt um die Zeit von Suez trat Lemmons Archie Rice, ein alter, abgehalfteter Vaudeville-Komiker, nun 1944 in einem Vergnügungspark nahe Santa Cruz/Kalifornien auf. Und statt der Melone trug Jack nun einen Schlapphut, der besser zu seiner Wolljacke und seinem ganzen Wesen paßte.
Die ABC-Produktion fand keine allgemeine Anerkennung. Die *New York Times* bemerkte: »Was Laurence Olivier als Symbol erschuf, verkommt in Jack Lemmons Spiel zum Schmalz.« Aber die Zeitung schrieb auch, daß er »die Leblosigkeit in Archies Augen einfängt, während er gleichzeitig mit den automatischen Gesten einer alternden Bauchrednerpuppe herumzappelt.«
Die Rolle war gut, die Darstellung ebenfalls. Jack dachte genauso darüber – und dieses Mal nicht einfach nur wegen der damit verbundenen kommerziellen Vorteile. Immerhin waren die Werbespots bereits ziemlich weit im voraus ausgebucht. »Man kann dieses schreckliche alte Theater riechen«, meinte er. »Förmlich riechen. Man spürt dieses gewisse Etwas, das ich als Schauspieler recht gut beurteilen kann. Jeder andere Schauspieler weiß, was ich damit meine – dieses schreckliche Gefühl der Einsamkeit, wenn man auf der Bühne steht, für eine Handvoll Zuschauer in einem 800 Plätze umfassenden Theater spielt und weiß, daß man durchfällt, nicht zu ihnen durchdringt, aber trotzdem weitermachen muß. Es ist das einsamste Gefühl auf der ganzen Welt, und es steckt in diesem Film.«
Genau in diesem Punkt unterschied sich Jack Lemmon freilich von der Rolle. In seiner gesamten Karriere hatte er sich kein einziges Mal einem derartigen Publikum zu stellen brauchen – zweifellos hatten ihn die Leute im Old Knick eher zu würdigen gewußt. Trotzdem verstand er durchaus, wie man sich in einer solchen Lage fühlen mußte. Was ihn wirklich ärgerte, waren die Bemerkungen, wie leicht ihm alles fiel, wie natürlich diese Art der Schauspielerei aussah, die ihn so berühmt gemacht hatte. »Einige Leute halten mich einfach nur für komisch«, erzählte er Douglay Keay vom *Guardian*. »Sie kommen zu mir und meinen: ›Sie sind so natürlich. Gott sei Dank tun sie nicht nur so.‹ Ich würde ihnen am liebsten eine aufs Maul hauen, weil ich mich bei dem Versuch, natürlich zu wirken, schier zerrissen habe. Sicher,

in jedem Schauspieler stecken gewisse angeborene Charakterzüge, die er kaum überdecken kann. Was mich betrifft, habe ich allerdings nicht die leiseste Ahnung, worin die bestehen könnten.«

Wie so viele andere Stars wand er sich aus diesem Grund auch etwas ungemütlich, wenn sich ein Imitator an seiner Person versuchte – was im allgemeinen ja als größtes Kompliment und aufrichtigste Form der Schmeichelei gilt. Es gab nur einen Mann, der im amerikanischen Fernsehen regelmäßig als Jack Lemmon auftrat. Jack selbst war darüber ganz und gar nicht erbaut. »Solange er Jimmy Stewart und solche Leute imitiert, lache ich. Aber wenn die Reihe dann an mich kommt, sitze ich nur noch da und traue meinen Augen nicht. Bin das wirklich ich? Benehme ich mich wirklich so? Ich glaube es einfach nicht. Und trotzdem amüsieren sich die Zuschauer königlich. Wenn ich mich dann zu meiner eigenen Familie umdrehe, amüsiert die sich königlich darüber, wie ich ungläubig auf diesen Kerl im Fernseher starre. Ich muß gestehen, daß ich diesen Mann bewundere. Wenn ich etwas für Jack Lemmon Typisches machen müßte, hätte ich keine Ahnung, wo ich anfangen sollte.

Anderen Stars, die sich von solchen Imitationen in der Regel durchaus geschmeichelt fühlen, würden vermutlich noch sehr viel harschere Kommentare zu diesem Imitator einfallen.

Jack dagegen überläßt die Beleidigungen Felicia. Eines Abends sahen sie zusammen fern. Gerade lief ein politisches Magazin, und Jack war der Ansicht, daß der Redner mit einer Reihe durchaus vernünftiger Vorschläge aufwartete, wie man die großen Probleme in der Welt beheben konnte.

»Das haben sie auch über Hitler gesagt«, meinte Felicia.

Jack widersprach. »Hör' doch einfach mal zu«, sagte er. Felicia hörte nicht zu. Statt dessen machte sie da weiter, wo sie am Abend des Cagney-Dinners aufgehört hatte und schüttete ihm ein Glas Wein ins Gesicht.

Dieses Mal war Jack durchaus zu einer Antwort imstande. Lautstark belegte er sie mit einer Reihe von Eigenschaftswörtern und hetzte sie dann durchs ganze Haus, direkt in die Arme ihrer spanischen Köchin Rosita.

Damit war der Krach auch schon vorbei. Er sah die verdutzte Frau an – obwohl sie solche Liebesbekundungen vermutlich schon des öfteren erlebt hatte – und meinte: »Äh, ich Schauspie-

›Der Entertainer‹

ler. Ich proben. Ich Dialoge üben. Ich arbeiten.« Und da der Boß Jack Lemmon hieß, gab es natürlich keine Zweifel mehr. Immerhin unterschrieb er seine Briefe mit den Initialen »A. L.« – »Amerikas Liebling«.

Da blieb Felicia nichts anderes mehr übrig, als »Ich lieben diesen Hundesohn« zu flüstern, sich in seine Arme zu werfen und sich vor Lachen auszuschütten.

Fragte man ihn danach, antwortete Jack in aller Regel, daß Felicia sein bester Schutz gegen Starallüren sei, die wichtigste Brücke zwischen ihm und der Wirklichkeit. Daneben gab es aber auch noch seine geschäftlichen Interessen. Er war Miteigentümer eines der schicksten Restaurants in Beverly Hills, dem Bistro, und das half ihm wiederum dabei, seine Kunstsammlung zu finanzieren. Jeder sah Jack Lemmon gern als seinen Kunden; oft begegnete man ihm in den schicksten Nachtclubs der Stadt. Galt ein Lokal als »in«, wie etwa das Dominick's, dann häufig deshalb, weil auch Jack dort verkehrte.
Golf war seine andere große Leidenschaft. Jack widmete sich dem Spiel nun mit echter Hingabe, und wann immer eines jener Golfturniere stattfand, zu denen sich die Stars für gewöhnlich hingezogen fühlten, konnte man auch Jack erleben, wie er in die Kameras lächelte und böse auf den Ball starrte – so gut war er nämlich immer noch nicht. »Er wäre furchtbar gern ein erstklassiger Golfspieler«, erzählt Richard Quine. »Aber er ist so mutig wie ein Löwe und meldet sich für jedes Amateurturnier an. Wenn sich die Kameras dann auf ihn richten, kriegt er richtiges Lampenfieber und schießt total daneben.« Dennoch spielt er nicht nur deshalb, weil es gerade angesagt ist. »Er betet das Spiel förmlich an«, meint Quine. Überdies trägt Jack dabei stets die passende Kleidung – zitronenfarbene Sporthemden und -hosen.
Jahrein, jahraus leidet Jack bei Bing Crosbys jährlichem Turnier in Carmel/Kalifornien. Er versäumt es nie und richtet sich seine Arbeit stets so ein, daß er daran teilnehmen kann. Auch die Kameras lassen ihn dabei niemals aus dem Auge. Erst konzentrieren sie sich auf die Champions – und wenden sich dann Jacks »Mordversuchen« an den unschuldigen Golfbällen zu. »Wo sie landen, weiß man vorher nie so genau – wie bei uns natürlich auch«, bemerkt Steve Forrest.
Der Hollywood-Agent George »Bullets« Durgan wiederum beschreibt Lemmon als »kleinen Teddybär«. Einmal begegnete er Jack bei einem Golfturnier in Palm Springs. »Wie er da so dasaß und vor sich hin trank, hatte ich das Gefühl, er sei einsam«, sagte Durgan. »Ich ging zu ihm hin und fragte, ob wir zusammen irgendwohin gehen sollten. Wir gingen dann ins Pal Joey's – etwas Eigennutz war auch dabei: einer meiner Klienten hatte gerade dort Premiere –, und er war einfach phantastisch. Wir saßen an

einem guten Tisch, und die Leute kamen zu ihm hin, ließen sich Autogramme geben und schossen einige Erinnerungsfotos. Er unterhielt sich mit jedermann. Er ist einfach ein sehr warmer Mensch – ein herzensguter Mann.«

Wenn er nicht gerade Golf spielte, sah sich Jack nach neuen Projekten um. Nach *Airport '77* (Verschollen im Bermuda-Dreieck) hatte er auch einigen Grund dazu. Warum er nach dem *Gypsy*-Debakel ausgerechnet diesen Film drehte, war den meisten Leuten, bei denen der Name Jack Lemmon noch immer für eine gewisse Qualität stand, völlig schleierhaft. »Es ist meine erste Comicstrip-Rolle«, meinte er seinerzeit. Nichts weist darauf hin, daß er das Geld für seinen Auftritt in diesem dritten Film

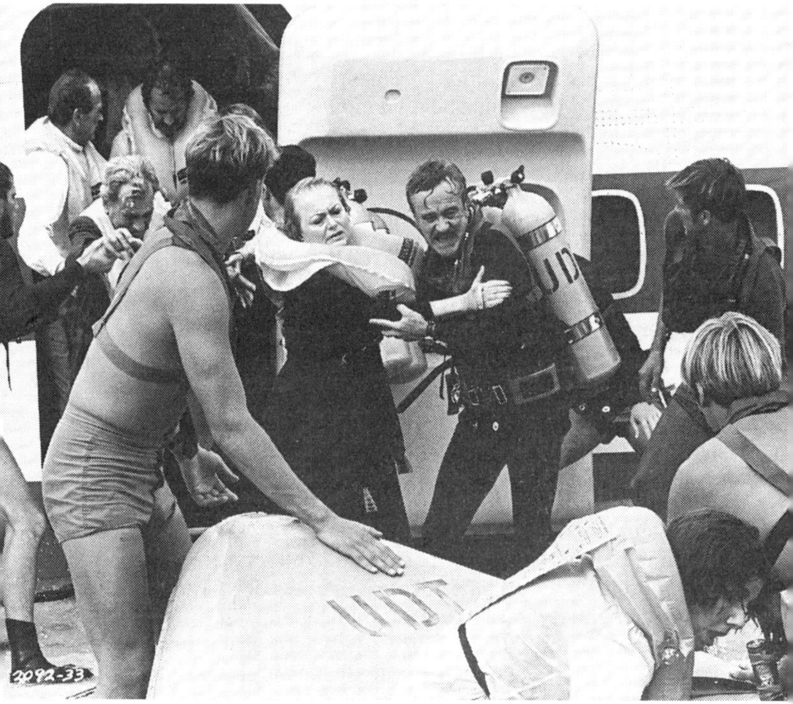

›Verschollen im Bermuda-Dreieck‹. Lemmon rettet Joseph Cotten und Olivia de Havilland

der *Airport*-Serie – allesamt Katastrophenfilme in dem Sinne, daß dem Flugzeug im Mittelpunkt der Geschichte etwas Fürchterliches zustieß – dringend gebraucht hätte. Seine Fans zeigten sich enttäuscht, daß er dabei dieselbe Uniform trug wie Dean Martin im ersten *Airport*-Film. Ihrer Meinung nach stand Jack turmhoch über dieser Geschichte eines Privatflugzeugs, das mit einigen illustren Passagieren und einer wertvollen Kunstsammlung an Bord im Bermuda-Dreieck abstürzt – obwohl James Stewart darin den Millionär spielte, der das Flugzeug gechartert hatte. Dennoch engagierte er sich für *Airport '77* ebenso wie für *Save the Tiger*. Im Rahmen des Möglichen spielte er seine Rolle ausgesprochen gut und mit der üblichen Lemmon-Qualität.
Zweifellos betrachtete Jack die ganze Affäre lediglich als probates Mittel, einige der weniger lukrativen Projekte zu finanzieren, mit denen er sich für die Umweltschutzbewegung einsetzen wollte – wie etwa *Plutonium: Element of Risk*. Sicher lag ein gewisses Risiko darin, einen neuen Feldzug gegen die Umweltverschmutzung zu starten. Am Ende erwies sich das Projekt jedoch als neuer Meilenstein in seiner Karriere.
Der einmal mehr von Richard Quine inszenierte Film entstand teilweise am Lake Arrowhead und teilweise in Jacks eigenem Haus an der Tower Road in Beverly Hills. Schließlich lief *Plutonium: Element of Risk* im Rahmen einer fünfteiligen Dokumentarfilmserie über Umweltfragen, in der es unter anderem um Wasser- und Luftverschmutzung, Pestizide und radioaktive Abfälle ging. Das Drehbuch des letzten Films schrieb übrigens Jacks Freund Don Widener, der daneben auch schon die vorangegangene Umweltschutz-Sendung und eine Studie über Lemmon verfaßt hatte. Der Gedanke, daß Jack den Kommentar der Serie sprechen würde, ging den Fernsehmogulen – denen ein maßgeblicherer Journalist dafür vorschwebte – zunächst ein wenig gegen den Strich. Obwohl man bereits 124000 Dollar für die Sendung bezahlt hatte, lehnte sie PBS daher erst einmal ab; unter anderem auch, weil darin kein Vertreter der Atomindustrie zu Worte kam. Später lief die Sendung dann aber doch.
Der Film erläuterte die Gefährlichkeit der Substanzen, die bei der Uranspaltung entstehen, enthüllte die Sorglosigkeit im Umgang mit ihnen und erklärte, wie gefährlich die zahlreichen Endlagerstätten in Amerika sowohl für die Volksgesundheit wie für den Weltfrieden seien. Ein einziger Unfall könnte nicht nur die

mehrere Millionen Dollar teuren Kraftwerke und damit die Stromversorgung zahlreicher Städte und Gemeinden lahmlegen, sondern auch die Zahl der Krebserkrankungen enorm in die Höhe treiben. Nachdem er den Kommentar zu dieser schokkierenden Anklageschrift gegen die zum Wohle des Fortschritts eingegangenen Risiken gesprochen hatte, begann sich Jack immer mehr für ein Thema zu interessieren, das ihn schon bald voll und ganz in Anspruch nehmen sollte.

Ein Sommer in Manhattan

Schon seit jeher hatte Jack einen Großteil seiner selbst in seine Arbeit als Schauspieler eingebracht. Insofern lag die Vermutung nahe, daß ein Theaterstück über einen Mann, der nicht mit seinem Sohn zurechtkam und daneben auch Probleme mit seiner Ehe hatte, ganz genau sein Fall sein würde; besonders, wenn man ihm daneben auch noch Gelegenheit gab, Klavier zu spielen und Anekdoten aus dem Theaterleben zu erzählen. Abgesehen von *Juno and the Paycock,* das nur in seiner Heimatstadt Los Angeles aufgeführt worden war, markierte *Tribute* seinen ersten größeren Theaterauftritt seit *Face of a Hero.* Was die Größenordnungen betraf, entsprach der Erfolg seines dritten Stücks dabei exakt dem Mißerfolg des ersten.
Mit dem wirklichen Leben hatten die ersten beiden Faktoren im Sommer 1978 allerdings nicht mehr viel zu tun. Chris hatte sich inzwischen ebenfalls für den Beruf des Schauspielers entschieden. Es kostete ihn zwar einige Mühe, die rechten Parts zu finden; noch schlechter standen allerdings die Aussichten, mit einem Vater wie Jack Lemmon in einer Dachmansarde zu verhungern. Immer wieder vermittelte ihm sein Vater den einen oder anderen Job – wobei er stets betonte, daß er Chris zwar einige Türen öffnen könne, sein Sohn hinterher jedoch selber dafür sorgen müsse, daß sie offen blieben. Überdies hatte er inzwischen die eine oder andere Lektion von seinem Vater gelernt: Nirgends ließ es sich besser entspannen als beim Klavierspielen.
Was Felicia betraf, gingen ihre kleinen Gefechte zur großen Verblüffung all ihrer Bekannten mit unverminderter Heftigkeit weiter. »Zwischen uns fallen öfter mal die Sätze ›Ich hasse dich‹ und ›Ich kann dich nicht mehr sehen, ich ziehe aus‹, aber niemals der Satz ›Ich liebe dich nicht mehr‹«, brachte Jack die Sache einmal recht gut auf den Punkt. Sehr oft erzählte er den Leuten auch, daß er bei Felicia alle seine Aggressionen abladen könne – »etwas, was ich einem anderen Menschen gegenüber niemals wagen würde.«
Die Aggressionen verdankte er vor allem den Schwierigkeiten, in die er ab und zu noch immer stolperte – wie etwa an jenem

ganz normalen Morgen, als er herausfand, daß ihn seine Bemühungen, seinen Hund Virgil etwas zu bremsen, leicht in einen Grenzkonflikt mit seinem Nachbarn hätten verwickeln können (die Zementblöcke, aus denen er eine kleine Hundehütte zusammengebaut hatte, stammten in Wirklichkeit aus Nachbars Garten). Kurz darauf leerte er eine Tasse Kaffee über seine neuen Hosen. Ein wenig später fiel ihm auf, daß Felicia die Wagenpapiere, die er eigentlich seinem Schadenssachverständigen mitbringen sollte, kurzerhand mitgenommen hatte. Zu guter Letzt fuhr er dann ins Beverly Hills Hotel, obwohl das ach so wichtige Treffen eigentlich im Beverly Wilshire stattfinden sollte.

Jack eignete sich recht gut für die Rolle des Scottie Templeton,

Lemmons Partnerin in ›Ein Sommer in Manhattan‹ war wieder einmal Lee Remick

eines Theaterwerbemanns, der aus jedem Ereignis eine Party und sich selbst zu deren Leib und Seele machte. Nur eine Prämisse des Stücks wirkte, glücklicherweise, ein wenig konstruiert. Scottie Templeton litt an unheilbarer Leukämie, riß jedoch noch immer seine Witze, führte noch immer Unterhaltungen, die sich sehr nach Neil Simon anhörten – das Stück stammte von Bernard Slade, der auch das sehr erfolgreiche *Same Time, Next Year* verfaßt hatte – und spielte noch immer auf seinem Klavier. Ebendiese Mischung aus Komödie und Tragödie machte das Stück allerdings auch so ideal für den Jack Lemmon der späten Siebziger.
Die Geschichte beruhte auf den Erlebnissen eines echten Hollywood-Agenten namens Harvey Orkin, der auch für solche Probleme eine Lösung fand, die jeden normalen Menschen in der Regel auf die Couch des nächstgelegenen Psychiaters getrieben hätten – wie etwa damals, als einer seiner Star-Klienten einfach nicht zu einem geplanten Fernsehauftritt erschien. Am Ende sprang dann Orkin selbst ein.
Das Wissen, daß Orkin – oder einer seiner Freunde namens Jerry Davis – all die Ereignisse im Stück tatsächlich so erlebt hatte, half Jack enorm, besaß doch auch die außergewöhnlichste Situation immer noch einen Hauch von Realität. Schade war nur, daß Slade die nach Jacks Dafürhalten witzigste Geschichte nicht hatte unterbringen können: Einmal hatte Orkin kein Taxi bekommen und wartete deshalb an der Ecke Fifth Avenue/64th Street auf den Bus. Neben ihm stand eine gutaussehende Frau mit einem Pekinesen im Arm. Das Wetter war scheußlich, die Straßen naß vom Regen, der wie aus Kübeln herunterprasselte. Als der Bus schließlich kam, ließ sie der Fahrer nicht einsteigen. Das Mitführen von Hunden im Bus, sagte er, sei verboten. Orkin, der in der Regel mit Lösungen für Probleme aufwarten konnte, die noch gar keiner als solche erkannt hatte, besorgte sich irgendwie eine dunkle Brille und einen weißen Stock. Als der nächste Bus kam, schob er seine Gefährtin hinein, nahm den Hund auf den Arm und tastete mit dem Stock nach dem Einstieg.
»Moment mal«, sagte der Fahrer. »Ich hab' gedacht, Blindenhunde wären immer Schäferhunde.«
Harvey schaltete schnell. »Wieso?« meinte er. »Soll das heißen, er ist keiner?«

Man brauchte keinen Blindenhund für die Erkenntnis, daß sich *Tribute* zu einem enormen Broadway-Hit entwickeln würde. Nichtsdestotrotz stellte diese härteste aller Theaternüsse Jacks Vertrauen in seine Fähigkeiten, sie zu knacken, erheblich auf die Probe. Nach der ersten Nacht stand dann freilich fest, daß er gewonnen hatte.

Tribute war im Grunde eine Ein-Mann-Show, für die Jack auch die Musik selbst komponiert hatte, die er dabei zum besten gab. Zugleich wies das Stück eine recht verschachtelte Struktur auf. Immer wieder traten Personen, die in Scottie Templetons Leben eine Rolle gespielt hatten, auf die Bühne, zollten diesem sehr komischen, sehr menschlichen Mann ihren Tribut und erzählten einige Anekdoten, die dann aufgeführt wurden: ein gefährlicher Kunstgriff, der ohne weiteres in die Hose hätte gehen können, bei den Testaufführungen im Colonial Theatre von Boston und der Royal Academy von Toronto aber trotzdem bestens funktionierte.

»Die anderen Schauspieler sorgen für die Tränen«, schrieb Gerald Clarke in der *Time,* »aber für den meisten Schweiß sorgt Lemmon, der hier seine beste Darstellung seit Jahren abliefert. Es ist verhältnismäßig leicht, eine Figur böse, ekelhaft, liebenswert oder komisch zu gestalten. Charme zu verbreiten, diesen ungreifbarsten aller Charakterzüge, ist dagegen sehr viel schwieriger. Doch Jack Lemmon, der hier all die irritierenden Manierismen aufgibt, die seine letzten Filme so ruinierten, läßt auch diese Aufgabe wie die Einfachheit selbst aussehen. Er ist ein besserer Schauspieler, als er es sich in der Regel selbst zugestehen will. Wenn das Stück auch sonst nichts ausrichten mag, hat ihn *Tribute* doch immerhin in seinen eigentlichen Berufsstand zurückgeholt.«

Was die Zeitschrift über das Stück und Jacks Leistung darin zu sagen hatte, war Anerkennung genug – außer, daß die Kritik eine ganze Reihe von Jacks Leistungen in einem Berufsstand ignorierte, in dem er schon gearbeitet hatte, bevor Judy Holliday damals den Reifen gewechselt hatte. Was war zum Beispiel mit *Save the Tiger?* Offenbar litt Clarke an Gedächtnisschwund. Daß er auf der Bühne noch nie besser ausgesehen hatte stimmte allerdings: Mit seiner Darstellung spielte er die meisten anderen Broadway-Stars glatt an die Wand.

Tribute kam beim Publikum ebenso gut an wie bei den Kritikern. So konnte man der Theaterleitung die investierten 270 000 Dollar bereits am Premierenabend wieder zurückzahlen – bei einer Party in einem griechischen Restaurant am Central Park. Nur sehr wenige Stücke spielten ihr Budget bereits in der Premierennacht wieder herein, und noch kein Produzent hatte noch am selben Abend das Geld wieder zurückgezahlt. In Wirklichkeit hatte *Tribute* bereits bei den Testaufführungen einen Gewinn von 277 000 Dollar erzielt, was bedeutete, daß die Geldgeber bereits eine Dividende von 7000 Dollar erhalten hatten, noch bevor das Stück am Broadway aufgeführt wurde. Was *Tribute* jedoch zu einer wirklich todsicheren Geldanlage gemacht hatte, war die Tatsache, daß man zuvor die Filmrechte für eine runde Million verkauft und Produzent Morton Gottlieb deshalb von der Paramount bereits eine Anzahlung in Höhe von 300 000 Dollar erhalten hatte.

Nach einer Reihe von Lobeshymnen in allen führenden Zeitungen New Yorks wußte jeder, daß Jack nun im berühmten siebten Himmel schwebte. Selber fürchtete er nur, daß Felicia die guten Kritiken als willkommene Gelegenheit betrachten würde, sein Bankkonto abzuräumen. »Fahren Sie sie nach Brooklyn und werfen Sie sie beim erstbesten Second-Hand-Laden raus«, wies er seinen Chauffeur an. »Halten Sie sie bloß von der Fifth Avenue fern.«

Auf der Party, bei der die gute Nachricht vom Erfolg des Stücks bekanntgegeben wurde, feierte man Jack wie einen Prinzen. Lauren Bacall war da, ebenso die unvermeidliche Lemmon-Clique: Carol und Walter Matthau und Jean Stapleton. Einmal mehr bestritt Jack, daß Scottie Templeton viel mit ihm gemeinsam hatte. »Es steckt nichts in ihm, daß irgendeinen Bezug zu mir hätte. Er ist schwach, hat sich noch nie der Verantwortung gestellt. Wie so viele Leute schreckt er aus Angst vor einem Fehlschlag sogar vor dem Versuch zurück.« Felicia meinte spöttisch, daß sie wisse, an welchem Vorbild sich Jack orientiere – Walter. »Anders wäre er doch gar nicht in der Lage dazu.«

Selbstredend waren nun eine ganze Menge Tribute fällig. Einen davon zollte ihm der Variety Club International im amerikanischen Fernsehen. Dennoch genoß Jack das Ereignis nicht so sehr – bis es schließlich vorbei war. Alles war auf einen Tribut abgestimmt, von dem man dachte, daß er Jack gefallen würde, mit besonderem Augenmerk auf seiner Musik. Während Jack

›Ein Sommer in Manhattan‹. Robby Benson spielte Lemmons Sohn. Mit seinem eigenen Sohn hatte Lemmon ähnliche Probleme

dasaß und noch einfältiger dreinsah als auf der großen Leinwand, trugen Paul Anka, dessen »My Way« den Multimillionär zum Multi-Multimillionär gemacht hatte, und Leslie Uggams seine Kompositionen vor. Alan Jay Lerner hatte einen Text zu einer von Jacks Kompositionen für *Tribute* verfaßt, Sammy Cahn schrieb den Text zu einer anderen Lemmon-Melodie. Alle seine ehemaligen Filmpartnerinnen waren zugegen. Und Christopher spielte Klavier.

So vergnüglich die Show auch war, Jack hinterließ doch den Eindruck, daß er es vorgezogen hätte, wenn man ihm die Zehennägel gezogen hätte. »O Gott«, erinnerte er sich kurz dar-

auf, »es war so peinlich. Ich wäre lieber ohne Proben in *Hamlet* aufgetreten. Man wird ja schon rot, wenn einem jemand im normalen Leben ein Kompliment macht. Und nun stellen Sie sich vor, in einer landesweit ausgestrahlten Sendung macht ihnen jemand eine ganze Stunde lang Komplimente. Da fühlt man sich doch zu irgendeiner Gegenleistung verpflichtet – tot umfallen vielleicht, oder zumindest abtreten.« Glücklicherweise verlangte niemand etwas Derartiges von ihm.
Die geladenen Gäste spendeten insgesamt 240000 Dollar für das Thailians Community Mental Health Centre des Cedars-Sinai-Krankenhauses. Unter den Teilnehmern dieser »größten Starversammlung in der Geschichte Hollywoods«, wie man das Ereignis hinterher taufte, befanden sich Henry Fonda, Lucille Ball, Edie Adams, June Allyson, Debbie Reynolds und Tony Curtis. Hinter den Kulissen sprach man übrigens von einem gerechtfertigten Tribut für einen Mann, der »ganz einfach Schauspieler werden mußte, weil er sonst nur noch als Klavierspieler in irgendeinem Bordell hätte unterkommen können.«
In seiner Rede lobte James Stewart einen Schauspieler, der »bei jedem im Filmgeschäft beliebt ist. Und er ist ein durch und durch anständiger Mensch – und deshalb sind wir alle hier.«
»Wir haben uns versammelt, um dir sowohl für dein nettes Wesen wie für dein außerordentliches Talent unsere Ehre zu erweisen«, bekam er von Shirley MacLaine zu hören. Von Billy Wilder kam der erwartete Kommentar: »Er ist ein vollendeter Schauspieler, der auch in einem kurzen Sketch so gut sein kann wie vor ihm nur Chaplin und Keaton. Daneben ist er auch noch ein guter Bürger, ein erstklassiger Klavierspieler – und ein lausiger Golfspieler.«
Darauf erwiderte Jack: »Kein anderer Schauspieler hat je zuvor wichtigere Rollen erhalten und mit phantastischeren Regisseuren und Drehbuchautoren und Schauspielerkollegen zusammenarbeiten dürfen wie ich. Aber das Wichtigste waren doch die Freundschaft und die Liebe, die mir all die Leute, denen ich das Glück hatte, zu begegnen, über all die Jahre hinweg entgegengebracht haben.«
Nun stand ein neuer Film auf dem Programm. Zuvor nahm er jedoch anläßlich der National Bible Week 1978, nicht zuletzt aus Dankbarkeit für das ihm zuteil gewordene Glück, mit einigen Kollegen zusammen an einem Bibellesungs-Marathon teil.

Jack trug dabei einige Auszüge aus dem Alten Testament vor. Am Ende hatte das Leseteam zumindest eine Frage endgültig beantwortet: Es daucrte 90 Stunden, das Buch der Bücher laut vorzulesen.
The China Syndrome (Das China-Syndrom), der die Botschaft seiner früheren Plutonium-Dokumentation um eine Geschichte und Lemmons optische Gegenwart bereicherte, sollte ein Film der *Save the Tiger*-Klasse werden – eine nicht ganz leichte Aufgabe, hatte er in Jane Fonda diesmal doch eine formidable Gegenspielerin.
Der Film zeigte einen angespannten, sorgenvollen, verängstigten Jack Lemmon, der sich von dem Rotkohl verschüttenden Liebling Amerikas mindestens ebenso unterschied wie seinerzeit der Textilfabrikant Harry Stoner. Statt als korrupten Geschäftsmann, der dem Bankrott entgehen will, sah man ihn nun

›Das China-Syndrom‹, das die politisch engagierten Schauspieler Jane Fonda, Michael Douglas und Jack Lemmon vereinte

jedoch als sehr viel schlichteres Gemüt, das plötzlich zu dem Schluß kommt, daß es eine potentielle atomare Katastrophe auf dem Schoß hat. Er spielte die Rolle des Jack Cladell, des leitenden Ingenieurs eines kalifornischen Atomkraftwerks, der schließlich erkennen muß, daß die leichte Erschütterung, die er eines Morgens miterlebt, in Wahrheit nur den Vorboten eines sehr viel größeren Unheils darstellt. All das spielt sich unter dem wachsamen Blick eines Fernsehteams ab. Michael Douglas, der den Film auch produzierte, spielte den Kameramann, Jane Fonda die Reporterin.

Obwohl das Kraftwerk Lemmons ganzer Stolz ist, bemerken Douglas und Fonda die Angst in seinen Augen und gehen der Sache trotz des Widerstands ihres Senders und der immer brutaler werdenden Vertuschungsversuche der Kraftwerkseigentümer auf den Grund. Alles endet ausgesprochen tragisch, wobei Lemmons Figur schließlich erst durch ihren Tod ihre Rechtfertigung erfährt. Wieder drückte er der Rolle dabei so sehr seinen Stempel auf, daß sich die Zuschauer in den Kinosesseln wanden und sich erschrocken fragten, welches radioaktive Unheil wohl nach dem Kino ihrer harren würde.

Das lag natürlich voll und ganz im Sinne Jacks. Lange vor *Plutonium: Element of Risk* hatte er sich bereits über die Risiken einer atomaren Verseuchung Gedanken gemacht. Nun hoffte er, daß *The China Syndrome* wegen seines höheren Unterhaltungswerts auch jene zum Nachdenken anregen würde, die die trokkene Fernsehdokumentation nicht durchgestanden hatten.

Er konnte unmöglich ahnen, daß sich kurz nach der Premiere etwas ereignen würde, das die Ereignisse im Film vergleichsweise harmlos erscheinen ließ. Zu der Zeit, als er den Vertrag unterschrieb und im Studio oder an den verschiedenen Drehorten vor der Kamera stand, war *The China Syndrome* nur ein Job, den es zu erledigen galt, eine Möglichkeit, einmal mehr sein Talent unter Beweis zu stellen.

Inzwischen sah er selber ein, was andere schon seit Jahren behauptet hatten – daß sich die Angst seiner Figuren bereits durch seine Augen auf den Zuschauer übertrug, auch ohne daß es dafür irgendwelcher Worte bedurft hätte. In diesem Film jedoch spiegelte sich die Seelenpein nicht einfach nur in seinem Gesicht – sie schrie, sie forderte. Nötig war diese schauspielerische Tour de force insofern, als sich ein Großteil seiner Dialoge aus derart

Lemmon spielt den Ingenieur, der vom professionellen Anhänger zum verunsicherten Gegner der Kernkraft wird

komplizierten wissenschaftlichen Wortschwällen zusammensetzte, daß Jack ebenso wenig damit anfangen konnte wie der überwiegende Teil der Zuschauer. Zugleich sorgte diese Annäherung auch für eine Menge Pathos – etwa gegen Ende des Films, als er sich in dem Kontrollraum des Kraftwerks verschanzt und daraufhin eine Gelegenheit erhält, den Zuschauern vor den Fernsehschirmen die näheren Umstände zu erläutern. Anstatt sie auf die Katastrophe vor ihrer Haustür aufmerksam zu machen, verwirrt er sie und sich selbst nur mit seinem Fachjargon. Hernach sollte er dieses Problem als größte Herausforderung seines Lebens bezeichnen: eine Gelegenheit, sein Talent für eine Sache einzusetzen, an die er mit ganzem Herzen glaubte.

Das China-Syndrom des Titels bezog sich auf die Tatsache, daß sich der glühend heiße Reaktorkern, bildlich gesprochen, einen Weg durch die Erde schmelzen und in China wieder ans Tageslicht kommen könnte. Gleichzeitig würde er dabei natürlich auch den größten Teil Kaliforniens radioaktiv verseuchen.

Columbia Pictures verkaufte den Film auf eine vorher noch nie dagewesene Art und gab drei Millionen Dollar für Fernseh-Werbespots aus, die ein Columbia-Chef als die »erste Ankündigungskampagne der TV-Geschichte« bezeichnete. Schon sehr bald jedoch machte sich ein beinahe unnatürliches Bedürfnis breit, die Publicity wieder herunterzuspielen, die der Zufall ihnen aufgedrängt hatte.

Die Stars des Films tauchten erst in der zweiten Werbespot-Serie auf; ihre Namen erwähnte man erst in der vierten. Das Ganze hing mit den psychologischen Überlegungen hinter der Auswahl des Filmtitels zusammen. Erst hätte der Film *Eyewitness* heißen sollen, dann *Power*. Aber, so erläuterte Columbia Vize-Präsident Jack Brodsky, diese Titel seien einfach zu simpel, zu offensichtlich gewesen. »Sobald sich jemand fragt: ›Was soll der Titel überhaupt bedeuten?‹, sitzt er schon halb im Kino.« Der schließlich verwendete Anzeigentext sagte alles: »Heute wissen nur einige wenige, was es bedeutet – und es erschreckt sie«. Der erste Werbespot zeigte einen Feuerball, über den eine schicksalsschwangere Stimme die Worte sprach: »Das China-Syndrom. Es geht nicht um China. Es geht um Entscheidungen. Zwischen Ehrlichkeit und Ehrgeiz, Karriere und Gewissen, Verantwortung und Profit.« Zusätzlich bot man den lokalen Fernsehsendern auch eine Reihe eigens produzierter Videobänder an – was im März 1979, als der Film anlief, fast so etwas wie eine kleine Revolution darstellte. Jack zeigte sich sehr daran interessiert: Er bestellte die Produzenten des Videos in sein Büro am El Camino und diskutierte mit ihnen über jeden einzelnen Meter Videoband.

Der Film erhielt jene Kritiken, die seine frühere Inkarnation in *Save the Tiger* nur zu gern gehört hätte. In der *New York Times* schrieb Vincent Canby, daß Jack Lemmon seine beste Leistung

seit Jahren abliefere, was angesichts seines jüngsten Auftritts in *Tribute* doch recht bemerkenswert war. Im Grunde bestätigte das nur, was Jack schon seit langem behauptet hatte – daß das Problem eines erfolgreichen Stars darin bestand, den einmal gesetzten Maßstäben weiterhin gerecht zu werden. Schüler mit exzellenten Zeugnissen dürften nur zu gut verstehen, was er damit sagen wollte – es ist sehr viel einfacher, sich von unten nach oben vorzuarbeiten, als die Stellung an der Spitze zu halten. »*The China Syndrome*«, schrieb Canby, »ist gut und clever genug, um gleichzeitig auf mehreren Ebenen zu funktionieren. Erstens als erstklassiges Melodrama (kann die große Bombe entschärft werden, bevor es zu spät ist?); zweitens als Satire auf das Big Busineß, einschließlich der Nachrichtenfabrik des Fernsehens, wo die Nachrichtensprecher immer wichtiger als die Nachrichten selbst werden; drittens als zeitloses Sittenstück über Gier und Eitelkeit.«
Die *New York Times* lud mehrere Vertreter der Atomindustrie zu Sondervorführungen des Films ein und stellte ihnen hinterher einige Fragen. Könnte eine relativ kleine Fehlfunktion tatsächlich zu einer solchen Katastrophe – in erster Linie also zu einem *melt-down,* bei dem ein Teil der Radioaktivität entweichen würde – führen? Die Befragten vertraten allesamt die Ansicht, daß ähnlich kleine Zwischenfälle zu sehr viel größeren Katastrophen führen könnten, stritten sich aber untereinander um die Wahrscheinlichkeit eines solchen kleinen Zwischenfalls.
Anfang März 1979 hielten die meisten Experten diese Überlegungen noch für eine theoretische Spielerei, mit der man sich nicht ernsthaft zu befassen brauchte. Ende des Monats freilich entwickelte sich die Spielerei zu einer Wirklichkeit, die man ungleich ernster nehmen mußte als die bloßen Hypothesen, die ein überzeugender Film und ein brillanter Schauspieler da aufgestellt hatten.
In dem südlich von Harrisburg/Pennsylvania gelgenen Atomkraftwerk Three Mile Island bemerkten die Arbeiter der sogenannten »Hummerschicht« eines Morgens plötzlich, daß die Kontrollampen aufflackerten und die Meßinstrumente ungewöhnliche Werte anzeigten. Zunächst hielt man – wie in *The China Syndrome* – das Ganze für einen Fehler in der Kontrollanzeige; einen technischen Defekt, vergleichbar dem einiger Wagenarmaturen, wo die Warnsignale mitunter ja auch nur des-

halb aufleuchteten, weil die Lampenfassung einen Wackelkontakt hatte. Bald schon belehrten sie die Ereignisse eines Besseren. Einige Tage später drang hochgiftiger radioaktiver Dampf aus dem Reaktor; kurz darauf evakuierte man alle schwangeren Frauen aus der näheren Umgebung des Kraftwerks. Eine vielsagende Dialogstelle im Film hatte gelautet, daß ein solcher Unfall »ein Gebiet von der Größe Pennsylvanias unbewohnbar machen könnte«.

»Lemmon ragt durch die absolute Integrität seines Spiels heraus: keine Niedlichkeiten, kein Abzielen auf die Sympathie des Zuschauers«, hatte *Time* seinerzeit vermerkt und dann behauptet: »Manchem Zuschauer dürfte es insofern schwerfallen, der zentralen Prämisse von *The China Syndrome* mit angemessener Skepsis zu begegnen, als der Rest des Films recht flott an ihm vorüberzieht und dabei auch noch ausgesprochen wahr klingt.« Ein Begleitartikel beschied, daß nichts auf dieser Welt, angefangen von Fahrrädern bis hin zu Hochöfen, völlig sicher sei, und gab dann zu, daß es durchaus zu einem *melt-down* des Reaktorkerns und dem Ausstoß tödlicher radioaktiver Gase kommen konnte – theoretisch. In der Praxis würden die entsprechenden Sicherheitsvorrichtungen das jedoch verhindern. Zwei Wochen später berichtete die Zeitschrift von der Katastrophe in Three Mile Island.

Jack fuhr gerade zu einem Mittagessen zu Ehren des Regieveteranen George Cukor, mit dem er *It Should Happen to You* gedreht hatte, als er von dem Unfall hörte. »Ich wäre beinahe in den verdammten Straßengraben gefahren«, meinte er. Im Gegensatz zu Harry Stoner in *Tiger* stellte Jack Lemmon sein Autoradio immer auf einen Sender ein, der die ganze Zeit nur Nachrichten brachte.

Beim Mittagessen konnte sich Jack dann vor Reportern nicht mehr retten, die alle seine Ansichten über den Hergang des Unfalls hören wollten – als ob der Mann, der im Film die Hebel bedient hatte, damit auch in Wirklichkeit plötzlich zum Experten in Sachen Atomkraft geworden sei. In diesem Augenblick entschied er sich, nicht von diesem Geschenk des offenbar plutoniumverseuchten Himmels zu profitieren. Das Studio und Michael Douglas teilten ihm mit, daß sie ihrerseits einen ähnlichen Entschluß gefaßt hätten. Unmittelbar darauf sagte er eine für nachmittags angesetzte Fernsehdiskussion über die Gefahren

Lemmon erhielt für seine Rolle in ›Das China-Syndrom‹ in Cannes die Goldene Palme

der Atomkraft und einen Auftritt in der *Tonight*-Show ab. Jane Fonda hatte dagegen keine solchen Hemmungen, obwohl ihre Motive eher politischer denn werbemäßiger Natur waren. Mit Unterstützung ihres Mannes Tom Hayden schrieb sie einen persönlichen Brief an Präsident Jimmy Carter und verlangte darin die sofortige Ablösung seines Energieministers Jack R. Schlesinger jr.

Jack dagegen befürchtete, daß man jeden Kommentar seinerseits als Versuch werten würde, aus der Katastrophe Kapital zu schlagen. Über eine Woche lang verfolgten ihn die Reporter, über eine Woche lang ging ihnen Lemmon aus dem Weg. Gewöhnlich einer der zugänglichsten Einwohner Hollywoods, ging er nun nicht mal ans Telefon, solange man den Anrufer nicht zuvor auf Herz und Nieren überprüft hatte. Für Kommentare war es einfach noch zu früh, obwohl Jack einsah, daß der Film sein Ziel – die Leute auf die Tatsache aufmerksam zu machen, daß solche Unfälle ganz zwangsläufig einmal passieren konnten – auf dramatischere Weise erreicht hatte, als er und Columbia es sich hatten träumen lassen.

Nichtsdestotrotz trieb der Zwischenfall in Three Mile Island – der ungleich katastrophalere Auswirkungen zeigte, als der im Film vorhergesagte – die Einspielergebnisse natürlich dramatisch in die Höhe; so sehr, daß sich auch an der New Yorker Börse eine sehr ermutigende – und für Jack ungeheuer peinliche – Reaktion zeigte. Binnen zwei Tagen kletterte Columbia von $ 22,1 auf $ 24,75 – während die Aktien sämtlicher Atomkraftwerke zur gleichen Zeit noch weiter in den Keller stürzten. Natürlich tat Jack beides nicht besonders weh. Statt eine feste Gage zu verlangen, arbeitete er auf Provisionsbasis – zehn Prozent des *Brutto*einspiels; was wiederum bedeutete, daß niemand die zahlreichen Nebenkosten für Werbung und ähnliches von seinem Gehalt abziehen konnte. Einige Monate nach seiner Premiere hatte ihm der Film bereits die schwindelerregende Summe von vier Millionen Dollar eingebracht.

Columbia bezeichnete ihn als einspielträchtigsten »Non-holiday«-Film* in der Geschichte des Studios. Daneben ist *The China Syndrome* Jacks bis heute zweifellos erfolgreichster Film – und das, obwohl er Reportern erst vor kurzem erzählt hatte, daß man im Hollywood der Siebziger längst nicht mehr so viel verdienen konnte wie damals zu Anfang der Sechziger.

Die Titeländerung machte sich schneller bezahlt als die Fernsehspots – die dann auch prompt eingestellt wurden. Wie aus heiterem Himmel eroberte plötzlich ein neues Wort den Sprachschatz der Nation. »Wir stehen nicht vor einem China-Syndrom«, meinte ein Sprecher der Elektrizitätswerke, ohne daß ihm die Ironie seiner Bemerkung auffiel.

1979 beging Jack sein silbernes Hollywood-Jubiläum. 25 Jahre verleiteten zweifellos zu innerer Einkehr – doch dazu fühlte er sich direkt nach *The China Syndrome* keinesfalls bereit. So bestanden die einzigen Auswirkungen dieses Jahrestages darin,

* In Amerika laufen die meisten Filme gewöhnlich in den Sommer- und Winterferien an. (A. d. Ü.)

wieder einmal über seine scheinbar seltsame Beziehung zu Felicia nachzudenken. »Sie ist mein Felsen«, erzählte er dem britischen Schriftsteller David Lewin. »Ohne Felicia wüßte ich weder ein noch aus. Wir brauchen einander, und nur zusammen sind wir eins. Wir können nicht ohne den anderen leben.« In Kalifornien gebe es nicht viele Familien, die das von sich behaupten könnten, meinte er. Und was die Karriere betraf, mache er sich gelegentlich durchaus seine Gedanken über etwaige Mißerfolge, versuche jedoch, sich deshalb nicht allzusehr den Kopf zu zerbrechen. »Die Angst vor einem Fehlschlag«, erklärte er, »verleitet viele Leute dazu, sich ihr ganzes Leben lang an den gewohnten Trott zu klammern. Sie versuchen es nicht einmal. Und wenn sie dann doch von einem LKW oder einem Produzenten überfahren werden und in der Gosse enden, sagen sie sich: ›Verdammt, warum habe ich es eigentlich nicht versucht? Schlimmer kann es doch nicht werden!‹«

Für Jack sahen die Dinge immer besser aus. *The China Syndrome* verhalf ihm zu einer weiteren Oscar-Nominierung, auch wenn er den Preis selbst diesmal an einen anderen abgeben mußte. In England zeichnete man ihn mit dem British Academy Award aus, in Italien mit dem David de Donatello-Preis. Der Verein amerikanischer Theaterbesitzer erklärte ihn zum Star des Jahres, die Jury des Filmfestivals von Cannes zum besten Schauspieler. Daneben nominierte man seinen Auftritt in *Tribute* für einen Tony, was Jack wiederum sehr freute. Erlaubte er sich doch einmal einen Ausblick auf die Zukunft, erwähnte er, daß er immer noch sehr gerne als Hamlet auftreten würde – auch wenn er einen ziemlich alten Prinzen abgäbe, wie ihn sich der Barde gewiß nicht vorgestellt habe. Daneben träumte er auch von einem Auftritt als Cyrano. »*Warten auf Godot* würde ich auch mal gerne spielen«, meinte er. »Aber am liebsten wäre mir doch *Son of Tribute.*« Was fast genau das war, was ihm als nächstes bevorstand.

Selbst wenn er an der Weisheit seiner nächsten Hollywood-Entscheidung gezweifelt hätte, hätte seine Tony-Nominierung solche Bedenken wohl endgültig aus dem Weg geräumt. Nun war es an der Zeit, seinen eigenen Gagenanteil an Paramounts Vertrag über eine Verfilmung des Stücks einzustreichen. Vorher spielte er die Rolle allerdings noch einmal auf der Bühne, diesmal im Huntington Hartford Theatre in Hollywood.

Um die Rolle im Film spielen zu können, mußte er beinahe so krank aussehen wie Scottie Templeton am Ende des Films; zerfressen von den Symptomen der tödlichen Leukämie. In der ersten Woche verlor Jack zwei Kilo; in den nächsten sieben Tagen zwang er sich dann dazu, noch mehr Gewicht zu verlieren. Die Methoden, mit denen sich auf der Bühne dieser Eindruck erwecken ließ, gingen auf der Leinwand nicht an. Im Brooks Atkinson Theatre hatte er gegen Ende des Stücks speziell angefertigte Hemden und Anzüge getragen, die ihm zwei oder drei Nummern zu groß waren. Seine Körperhaltung, die nach wie vor etwas von einem Fragezeichen an sich hatte, ließ ihn dann noch ausgemergelter erscheinen. Doch damit nicht genug: Um den Eindruck weiter zu verstärken, beugte er sich zusätzlich nach vorne. »Hab' mir dabei fast mein Kreuz ruiniert«, erinnert er sich.

Den Part vor einer Kamera zu spielen sei dennoch sehr viel aufregender, meinte er. »Ich kenne keinen anderen Schauspieler, Marlon eingeschlossen, der so viele phantastische Rollen gespielt hat wie ich. Und mein großes Glück ist, daß sie über ziemlich viele Jahre verstreut sind.« Er wußte einfach, daß nun wieder eine solche Rolle anstand. Trotz der Kommentare zu dem Stück genoß er seinen Auftritt als Scottie Templeton durch und durch. *Tribute* war der perfekte Cocktail aus Komödie und Tragödie, und als Martini-Connaisseur, der noch immer darauf bestand, daß man keine Oliven in seine Drinks warf, wußte er das durchaus zu schätzen. Er selbst ist der Ansicht, daß ihm die Rolle des Templeton insofern von Nutzen war, als sie ihm ermöglichte, sich hinter einer Figur zu verbergen. Seiner Meinung nach hatte er kaum etwas mit dem sprüchereißenden PR-Agenten zu tun, und die Gelegenheit, Männer zu spielen, mit denen er sich nicht so ohne weiteres identifizieren konnte, hatte er ohnehin seit jeher geschätzt. Solche Rollen machten ihm am meisten Spaß.

Tribute bescherte ihm zwar keinen weiteren Oscar, dafür aber immerhin eine weitere Nominierungsurkunde (seine siebte) für seine Wohnzimmerwand. Der Film kam nicht überall gut an, obwohl seine Leistung darin fast überall auf Beifall stieß. Von *Films Illustrated* kam der Kommentar: »Nicht, daß das Ganze zu aufgebläht für sein Thema wäre, eher im Gegenteil: Das Material wird dem Talent, das es angeblich feiern soll, nicht gerecht.

›Buddy Buddy‹ brachte die Freunde Matthau/Lemmon zum bisher letzten Mal zusammen

Es gibt dem Schauspieler nichts grundsätzlich Neues, nur die Gelegenheit, seine bereits bekannten Nummern noch einmal vorzuführen.« Im *International Herald Tribune* schrieb Thomas Quinn Curtiss: »Jack Lemmon ist ein begabter Komiker, und die Rolle ist ihm auf den Leib geschrieben. Er besitzt genau die rechte Vortragsweise, um das Beste aus den sorglos klingenden Broadway-Bonmots zu machen, mit denen dieser protzige Knabe sämtlichen Verlegenheiten entgegentritt. Und dennoch gestattet er uns immer wieder einen Blick auf das verhüllte Leid, das hinter seinen gelegentlichen Angst- und Wutausbrüchen steckt.« Worauf die Frage gestattet sei, was man denn noch mehr verlangen kann.

Eine von Jacks häufigsten Beschwerden zielte darauf ab, daß zu viele Leute *Tribute* als Film über den Tod betrachteten. Er selbst sah ihn mehr als Bestätigung der Notwendigkeit zu leben – und dieses Leben auch zu genießen. »In dieser Hinsicht gleicht er *Save the Tiger:* Ein Mann entdeckt, daß sich seine Prioritäten geändert haben«, erzählte er Charles Champlin in der *Los Angeles Times.* »Soll ich noch ein ganzes Jahr herumsitzen und auf etwas warten, das nur halb so gut ist?«, fuhr er fort. »Ich habe nicht vor, mich zurückzulehnen und Däumchen zu drehen.«

Soweit kam es allerdings erst gar nicht: 1981 standen zwei neue Rollen zur Debatte; eine davon an der Seite Walter Matthaus in *Buddy Buddy* (Buddy Buddy). Wieder zusammen mit Walter aufzutreten war ein sehr weiser Entschluß. Noch weiser war der Entschluß, Billy Wilders Drehbuch unbesehen anzunehmen und in allem mitzuspielen, bei dem sein alter Kumpel die Regie führte. Weniger weise waren dagegen seine Kommentare, daß ihr neuer Film ihr »absolut bester« sein würde, obwohl er ähnliches in der Regel von allen seinen Filmen behauptete. Dieses Mal jedoch verstieg er sich zu dem Satz, er habe noch nie zuvor ein besseres Komödiendrehbuch gelesen. Das freilich konnte nicht ganz stimmen – obwohl der Film als solches recht komisch war. Es tat gut, endlich den alten Jack Lemmon wiederzusehen; jenen Mann, der, schickte man ihn eine x-beliebige Straße hinunter, mit schöner Regelmäßigkeit den offenen Kanaldeckel finden würde; jenen Mann, der beim Versuch, sich in seinem Badezimmer aufzuhängen, in volle Badewannen fiel; jenen Mann, der irgendwie immer dicht davorstand, von einem hohen Sims herunterzufallen.

Ursprünglich unter dem Titel *A Pain in the A-* angekündigt, erzählte *Buddy Buddy* die Geschichte zweier Männer, die sich zur selben Zeit im selben Hotel im kalifornischen Riverside aufhielten, wenn auch aus völlig unterschiedlichen Gründen: Jack, um nach dem Scheitern seiner Ehe Selbstmord zu begehen; Walter, um den Kronzeugen eines Prozesses im Gerichtsgebäude gegenüber umzubringen. Das Problem – und in einem Film mit Lemmon und Matthau muß es einfach Probleme geben – war nur, daß der verflixte Selbstmordkandidat dem Killer die Sicht versperrte. Doch die Dinge, die man von dem geborenen Tölpel dabei erwartete, verschworen sich und machten Jack das Leben schwer. »Ich bin ein Liebhaber, kein Athlet«, beschwerte er sich bei Wilder, als er wieder einmal einen Stunt übernehmen sollte. Die pitschnassen Kleider, in denen er die ganzen, für die Badezimmerszenen benötigten zwei Wochen herumstehen mußte, waren da nur der Auftakt.

Als der Regisseur für die Szene auf dem Sims zu seinem Schutz ein Halteseil um seine Taille band, witzelte er: »Ich denke doch, daß ich mit meinen mehr als 50 Lenzen ein wenig zu alt bin, um jetzt das erste Mal als Peter Pan aufzutreten.« In Wirklichkeit zählte er nun zwar schon 56 Lenze, aber andererseits war dieser Peter Pan – jener Lemmon, der offensichtlich nie erwachsen werden wollte – offenbar auch jener Lemmon, der den meisten Leuten am besten gefiel. Als er in einer anderen Szene durch einen Wäscheschacht entkommen sollte, meinte er traurig: »Schon als Kind konnte ich mich noch nie so recht für Rutschbahnen begeistern. Matthau schubst mich hinein, und ich brülle auf dem ganzen Weg nach unten. Glauben Sie mir, da war nicht sehr viel gespielt.«
Auch Matthau absolvierte seine eigenen Stunts – und Stürze. Als bei einem davon etwas schiefging, ergab sich für Billy Wil-

Billy Wilder versteht es, die Rollen umzudrehen: der Killer Matthau wird am Selbstmörder Lemmon zum Lebensretter

Lemmon verzweifelt an seiner Frau und an der Welt: ›Buddy Buddy‹

der eine gute Gelegenheit, die echte Zuneigung mitzuerleben, die die beiden Männer füreinander empfanden: Nach einem Fehltritt war Walter drei Meter tief auf einen Zementboden gestürzt. Daraufhin flog Jack förmlich auf ihn zu. »Er rannte die Treppe hinunter, auf der wir gerade probten, beugte sich über ihn – es war einfach rührend. Sie sind wie Brüder. Wie Vater und Sohn – obwohl ich nicht weiß, wer von ihnen der Vater und wer der Sohn ist.« Erst dieses Verhältnis zwischen seinen Hauptdarstellern machte *Buddy Buddy* auch relativ annehmbar – obwohl sich Wilder heute nicht mehr ganz so sicher ist, ob sie weiterhin so viele Filme miteinander drehen sollten. »Weiter zusammen Filme drehen, ja. Aber nicht so viele. Beide sind auch dann verdammt gut, wenn sie auf sich allein gestellt sind. Sie können einen Film durchaus alleine tragen. Aber es ist einfach wunderbar, sie zu beobachten. Wenn einem von ihnen irgend etwas zustoßen würde, würde er als erstes den anderen anrufen, nicht die Polizei oder den Krankenwagen.«

Wenn es einc spezielle Verbindung zwischen den beiden Männern gab, zeigte sie sich während den Dreharbeiten zu *Buddy Buddy* nur zu deutlich. »Arbeit kann man es eigentlich nicht nennen«, meinte Jack. »Mit Walter auf dem Set wird jeder Tag zu einer Party.« Einmal veranstaltete man eine ganz besondere Party. Das Ganze ereignete sich an einem Drehtag, als selbst Billy Wilder einen mürrischen Eindruck machte. Er war nicht besonders glücklich über das, was da vor sich ging: Die Art, wie Matthau Lemmon aus dem Wagen zog, paßte ihm nicht. Erst versuchte er es mit seinem Bein. »Tut mir das nicht an«, brüllte

Lemmon frönt seiner nie ganz erfüllten Leidenschaft

der Regisseur. »Die Leute halten uns sonst noch für komplette Idioten.« Als Walter Jack darauf am Kragen packte, meinte er: »Jetzt kommen wir dem Augenblick sexueller Erfüllung schon näher.« Dann meinte er, daß es so schon ganz okay sei, »aber ich schätze, das kriegen wir noch besser hin«.

Als die Szene nach dem vierten Take im Kasten war, entdeckte Wilder, daß ein Haar auf der Linse war. Also drehte man die Szene noch zweimal und bereitete sich dann auf eine zweite Szene in derselben Garage vor – außer, daß es gar nicht so weit kam, weil sich auf einmal die gesamte Crew um Jack versammelte und ihm ein Geburtstagsständchen sang. Schließlich überreichte man ihm eine zitronenfarbene Torte, komplett mit kleinen Marzipanzitronen. Daß sich jedermann so bereitwillig der Geburtstagsfeier anschloß, lag nicht zuletzt daran, daß Jack nach Ansicht aller selbst ein Herz aus Marzipan hatte.

Buddy Buddy war sein siebter Film mit Wilder, sein fünfter mit Walter. »Ich schaue einfach nur in sein Gesicht«, sagte er. »Es erinnert mich immer an eine Landkarte, und dann kann ich mich einfach nicht mehr vor Lachen halten. Mit ihm zusammen machen Dreharbeiten einfach Spaß. Sonst zerbreche ich mir immer nur den Kopf.«

Missing (Vermißt), sein zweiter Film im Jahre 1981, bescherte ihm jedenfalls eine ganze Menge Kopfzerbrechen. Diesmal würde er nicht dadurch für Lacher sorgen, daß er in die Badewanne fiel oder sein Gesicht in jene Falten legte, wegen denen ihn die Frauen auf der ganzen Welt am liebsten in die Arme nehmen und auf seine Schulter klopfen würden. Diesmal war die Sache ernst, sehr viel ernster noch als *Save the Tiger* oder *The China Syndrome,* obwohl bei den Dreharbeiten niemand ahnen konnte, wie realitätsnah die Geschichte wirklich war. Zum ersten Mal spielte Jack nun keine erfundene Figur, sondern einen Mann, den es tatsächlich gab.

Einmal mehr hätte Jack dabei sein übliches Dementi anbringen können, hatte die Rolle des New Yorker Geschäftsmannes Ed Horman doch rein gar nichts mit dem echten Jack Lemmon gemein. Lemmon war ein Liberaler, der mit Menschen umgehen konnte, der gerne lachte. Horman dagegen war stockkonservativ, ein Vertreter jenes Menschenschlags, von dem man stets erwartet, daß sie sich Handschuhe anziehen, bevor sie einem die Hand geben. Wie Lemmon hatte er Probleme mit seinem Sohn,

›Vermißt‹ von Costa-Gavras an der Seite von Sissy Spacek

dessen Wertvorstellungen er ganz und gar nicht teilte. Im Gegensatz zu Lemmon gelang es ihm letztendlich jedoch nie, sich mit seinem Sohn zu arrangieren.

Er billigte weder die Art, wie sein Sohn lebte, noch den Ort, wo er lebte: im kommunistischen Chile. Zudem konnte er die Frau seines Sohnes nicht ausstehen, im Film gespielt von Sissy Spacek. Regie bei *Missing* führte der berühmte Grieche Costa-Gavras, der bereits den umjubelten Politthriller *Z* gedreht hatte.

Als sein Sohn während der Chile-Revolution 1973 – jene, bei der die Regierung Allende, das erste und einzige demokratisch gewählte kommunistische Regime, gestürzt wurde – spurlos verschwand, machte er sich auf die Suche nach dem jungen Mann. Um ebendiese Suche ging es in *Missing*. Mit großartigem

Understatement gelang es Jack dabei, die inneren Qualen dieses Mannes spürbar zu machen.
Jack bestritt, *Missing* wegen seiner politischen Aspekte gedreht zu haben. »Sie sind einfach an mich herangetreten«, erzählte er Freunden, die ihm zu den von ihm im Film vertretenen politischen Ansichten gratulierten. »Die Filmemacher sind mit einigen guten Ideen einfach an mich herangetreten.« Wie immer hatte er bei den Dreharbeiten seine eigenen Vorstellungen, obwohl er durchaus dazu bereit war, dem Regisseur das letzte Wort zu lassen. Dieses Mal jedoch sollte sich der Ideenaustausch insofern ein wenig schwierig gestalten, als Costa-Gavras nicht so flüssig Englisch sprach, wie er es selber gerne glaubte.
Gegen Ende von *Missing* gab es eine besonders schwierige Szene, in der Jack sich mit Sissy Spacek streiten sollte. Es war die gefühlsbetonteste Szene des ganzen Films, und als sie schließlich abgedreht war, fühlten sich beide emotionell restlos ausgezehrt. Sissy standen die Tränen in den Augen; Tränen des Glücks, daß ein harter Drehtag nun vorüber war, aber auch Tränen der Freude und der Anerkennung für die wunderbare Leistung ihres Partners.
Sie ging zu Jack und sagte: »Gib mir einen Kuß.«
Der Regisseur hörte das und rief in seinem holprigen Englisch einem Regieassistenten zu: »Hallo, gebt ihr mal einen ... einen ... 'uß.«
Jack bog sich vor Lachen. »Seit Monaten arbeite ich jetzt mit diesem Menschen zusammen, und bisher habe ich eigentlich immer geglaubt, er versteht, was ich sage«, meinte er. Worauf der ganze Stab zusammenbrach und sich ein verdutzter Costa-Gavras fragte, wie er bei einem so ernsten Thema einen derartigen Lachanfall verursacht hatte.
Als Ed Horman lieferte Jack nicht nur eine bewegende, sondern vermutlich auch die beste Leistung seines an schauspielerischen Meisterleistungen nicht gerade armen Lebens ab. Die einzigen Bedenken, die ich je hinsichtlich dieses Films gehört habe, stammten von Jacks altem Freund Billy Wilder: »*Missing* war ein sehr, sehr guter Film, und Jack war ebenfalls sehr gut darin. Aber ich hielt ihn für zu ernst. Wenn sich ein Komiker auf so ernste Dinge einläßt, und es war ein hinreißender Film, kann er auch zuviel des Guten tun. Sein Spiel ertrank geradezu in Ernsthaftigkeit. Mir war es zu depressiv.«

Unnötig zu erwähnen, daß der Film nicht in Chile selbst gedreht wurde. Auch nur, um eine Drehgenehmigung zu bitten wäre bereits ein Ding der Unmöglichkeit gewesen. Statt dessen sorgte Mexiko für die südamerikanische Atmosphäre. Wie immer studierte Jack seine Rolle vorher gründlich ein, verzichtete dabei jedoch ganz bewußt auf die nächstliegende Möglichkeit. Bis zum Abschluß der Dreharbeiten weigerte er sich hartnäckig, Ed Horman persönlich kennenzulernen. »Ich wollte ihm nicht begegnen«, erzählte er der Zeitschrift *American Film.* »Viele Schauspieler hätten darauf sicher großen Wert gelegt – wohl aus dem Gedanken heraus, daß sie irgend etwas von dem echten Ed Horman lernen könnten. Spielt man MacArthur oder Truman oder irgend sonst eine Berühmtheit, die die meisten Zuschauer kennen, ist man natürlich gebunden. Man muß dann auf eine ganz bestimmte Art sprechen, eben weil die Figur so bekannt

Die Suche nach Sohn und Ehemann bringt die beiden zusammen: ›Vermißt‹

ist. Aber Ed Horman kannte niemand. So konnte ich ihn wie eine erfundene Figur behandeln und mußte mich nicht von vornherein selbst einschränken.«
Auch mit Costa-Gavras unterhielt er sich nur sehr selten über seine Figur. Sie kamen gut miteinander aus, und Jack war imstande, seine Interpretation zum großen Teil auf den Gedanken aufzubauen, die er sich auf dem Flug von Los Angeles nach Mexiko gemacht hatte. Fragte ihn Gavras bei den Dreharbeiten, ob er die Szene vorher proben wollte, meinte Jack stets: »Nein, drehen wir los.« »Ich war so aufgeregt«, erklärte er später, »daß ich gar nicht mehr geradeaus sehen konnte. Ähnlich wie ein Athlet, der zum Training in die Turnhalle geht.«
Ebendiese Aufregung zeigte sich im Film dann auch, obwohl sie tief im Inneren der sehr verhalten gespielten Figuren schlummerte. Mit Ed Horman zusammen erlebten die Zuschauer die Qualen eines Vaters, der in einem Leichenberg nach seinem Sohn sucht. Warum konnte oder wollte die amerikanische Regierung in Chile nicht mehr ausrichten? Die Frage wird nie beantwortet – außer mit der Andeutung, daß man Chris Horman möglicherweise deshalb aus dem Weg geräumt hatte, weil er zu viel wußte, und daß es das Außenministerium dabei aus politischen Gründen für vernünftiger gehalten hatte, in die andere Richtung zu sehen. Den patriotischen Republikaner jedenfalls, der noch immer daran glaubte, daß die verschiedenen Regierungsstellen nicht nur zu den Guten zählten, sondern die Quelle alles Guten auf der Welt darstellten, konfrontierte der Film unmittelbar und schonungslos mit der Doppelmoral Richard Nixons und seiner Politik.
Das Außenministerium reagierte mit wütenden Angriffen gegen den Film, veröffentlichte ein dreiseitiges Dokument und bezeichnete die Geschichte darin als völlig haltlos: das erste Mal, daß man eine solche Maßnahme ergriffen hatte. Jack kam diese Reaktion sehr gelegen. »Das war meiner Meinung nach das Dümmste, was sie machen konnten. Die ganze Sache verhalf dem Film nur zu einer enormen Publicity, noch bevor die Mundpropaganda überhaupt eingesetzt hatte.«
Als der Anwalt des Toten, Thomas Hauser, seinerzeit die Buchvorlage des Films veröffentlicht hatte, hatte es keine solchen Dementis gegeben – vermutlich, weil sich *The Execution of Charles Horman* nicht allzu gut verkauft hatte. Nach der ersten

›Vermißt‹. Der Film erhielt in Cannes die Goldene Palme

Testvorführung wußte Jack freilich, daß er einen dicken Fisch an seiner Angel hatte. Er hatte sich in eine Loge gesetzt, um zu sehen, wie die Zuschauer auf den Film reagierten. Als eine Figur im Film dann vom phantastischen *american way of life* schwärmte, stand ein Mann im Kino auf und brüllte: »Scheiße!« Jack hatte nie geglaubt, daß der Film die politischen Leitlinien des Außenministeriums beeinflussen würde. Dennoch war er überzeugt davon, daß *Missing* die Zuschauer zum Nachdenken darüber anregen würde, was Politiker in ihrem Namen anrichteten. »Die Regierung hat nicht immer recht«, sagte er. »Und sie arbeitet nicht immer in unser aller Interesse.«
Als *Missing* schließlich anlief, erinnerte der Aufeinanderprall von Film und Wirklichkeit beinahe an *The China Syndrome.* Die Zeitungen brachten Berichte über weitere, scheinbar un-

wichtige Personen, die in Chile spurlos verschwunden waren – einem Land, das vom Weißen Haus inzwischen kräftig unterstützt wurde; nun, da man dort die Kommunisten endgültig vertrieben hatte. Als man Ed Horman in einer Talkshow fragte, ob er gegenüber den Verantwortlichen für den Tod seines Sohnes Bitterkeit empfände, antwortete er: »Nein, Menschen sind nun einmal so.« »Es war ein so schlichter, ehrlicher Satz, daß mir die Tränen kamen«, meinte Jack. Angenommen, der Junge wäre Chris gewesen, dachte er immer wieder.

Politische Punktsiege interessierten ihn nicht, sagte Jack. »Was mir wirklich große Sorgen macht, ist die Art, wie wir den zunehmenden moralischen Verfall unserer Gesellschaft akzeptieren und sogar entschuldigen. Und der Grund dafür sind nicht irgendwelche finsteren Schurken, sondern anständige Leute, die irgendwelche unanständigen Dinge tun und sie hinterher völlig rational begründen ... Wir sind mittlerweile an einem Punkt angelangt, wo das Verbrechen nicht mehr in der eigentlichen Tat besteht, sondern darin, sich nicht erwischen zu lassen. Und wenn man doch erwischt wird, kann man bis zu einer Million Dollar dabei verdienen. Ich will die Leute wirklich dazu bewegen, über solche Dinge ein wenig nachzudenken.«

Als der Film 1982 bei den Filmfestspielen in Cannes gezeigt wurde, fuhr Ed Horman zusammen mit Jack an die Riviera und begleitete ihn zu den zahlreichen Pressekonferenzen. Die Reise machte sich durchaus bezahlt: Der Film erhielt die Goldene Palme (zusammen mit dem türkischen Spielfilm *Yol)*, Jack selbst einen Darstellerpreis. Das größte Lob kam jedoch von Horman selbst. »Ich liebe diesen Film«, sagte er. Für gewöhnlich teilen Menschen, deren Leben mit einem anderen Hauptdarsteller verfilmt wurde, eine solche Ansicht nur sehr selten.

Es gab noch eine andere persönliche Verbindung zwischen Jack und *Missing*. Im Oktober 1982 unterstützten er und David Clennon, im Film der doppelzüngige US-Botschafter in Santiago, eine gewisse Mrs. Renate Klein bei deren Nachforschungen zum Tod ihres Sohnes Michael in El Salvador. Beide beteiligten sich an den Kosten für die Überführung der Leiche nach Los Angeles, wo man dann eine Autopsie des Toten durchführte.

Sein Verhältnis zu Ronald Reagan trübte Jacks politische Ansichten dabei keineswegs. Vor dem Start von *Missing* lud man ihn und Felicia sogar ins Weiße Haus ein. Trotz der Angriffe des

Films gegen die Politik der republikanischen Regierung seien der Präsident und Mrs. Reagan überaus zuvorkommend gewesen, sagte er hinterher. Immerhin sei Ronnie in dieser ganzen Sache ja auch völlig schuldlos, fügte er hinzu. Nachdem Pressechef Jim Mahoney die Lemmons in die Pennsylvania Avenue gebracht hatte, führte sie der Präsident in seinen Fitneßraum und demonstrierte ihnen dort, daß er sich mit den verschiedenen Turngeräten durchaus auskannte. Dann gestand er, daß er den Film bereits gesehen habe – das American Film Institute hatte ihm die einzige Kopie in ihren Archiven zur Verfügung gestellt. »Jack war einfach großartig«, lobte Reagan.
Die Kritiker dachten nicht anders darüber. In der *New York Times* schrieb Vincent Canby: »Wäre *Missing* nichts weiter als eine Bestandsaufnahme der Details in Charles Hormans Leben und Verschwinden, hätte der Film nicht diese außerordentliche emotionelle Wirkung. Lemmon und Spacek sind superb. Der Respekt und die Zuneigung, die sich im Verlauf der Story langsam zwischen ihnen entwickelt, verleiht *Missing* eine quälende Wirklichkeitstreue.«
Einmal mehr, zum achten Mal, nominierte man Jack für einen Oscar. Kurz vor dem Ziel überholte ihn dann jedoch Ben Kingsley in der Titelrolle von *Gandhi* (Gandhi), dem großen Gewinner der Oscarverleihung 1983. Nichtsdestotrotz freute sich Jack über die Unterstützung all jener, die seine politischen Ansichten nicht unbedingt teilten. Als Lew Wasserman, der Chef von MCA-Universal, in Cannes ein Mittagessen zu Ehren Jacks und der anderen *Missing*-Stars gab, zollte er dem Studio seine Anerkennung dafür, daß es sich bei seiner Entscheidung für den Film kein einziges Mal von politischen Erwägungen hatte leiten lassen.
Daneben hatte Jack auch die Genugtuung, daß der Film sowohl bei der Kritik wie auch beim Publikum sehr gut ankam. Mittlerweile gewährte man ihm eine Stellung, wie sie sonst nur wenige Personen aus der Welt des Films innehatten. In ganz Amerika veranstaltete man Lemmon-Retrospektiven, und auch das Museum of Modern Art zeigte drei seiner Filme.
Praktisch jeder stimmte völlig darin überein: Das einzige, was man in diesen Filmen nicht vermissen konnte, war Jacks Talent.

Das große Rennen rund um die Welt

Von allen Sätzen, die während der Recherchen zu diesem Buch über Jack Lemmon fielen, umreißen ihn die seines Golfpartners und gelegentlichen Schauspielerkollegen Steve Forrest wohl am besten: »Er hat echte Überzeugungen. Er macht sich etwas aus seinem Beruf.« Vermutlich hätte er auch nicht so viel erreicht, wenn dem nicht so wäre.
Andere Schauspieler verarbeiten in ihren Rollen die Ereignisse ihres Lebens. Andere Schauspieler erinnern sich an gewisse Situationen und gelangen über diese Erinnerung zu besseren schauspielerischen Leistungen. Jack Lemmon dagegen benutzt seine Fähigkeiten als Schauspieler und seine Hingabe zu seinem Beruf stets als Mittel zu einem persönlichen Reifeprozeß. Er besitzt ein breites Spektrum von Gefühlen, die er alle schon einmal in seine Filme eingebracht hat. Er weiß, daß Trauerklöße manchmal lachen und Clowns mitunter weinen. So hat auch der Jack Lemmon der Achtziger nichts mehr gemein mit dem jugendlichen Tolpatsch aus den Fünfzigern oder dem jungen Angestellten aus den Sechzigern, dem man ständig Kaffee über die Hose goß und die Türe vor der Nase zuschlug. Er entwickelt sich stetig weiter; Shakespeare wußte von den Menschenaltern. Mit jedem Leinwandauftritt demonstriert Jack diese Tatsache aufs neue. Immer spielt er eine Figur seines Alters, so daß seine Filme letztlich auch ein wunderbares Dokument der Veränderungen seiner Person darstellen. Viele Filmkunstexperten, unter ihnen Frank Capra, sind übrigens der Ansicht, daß ihm seine größte Zeit erst noch bevorsteht.
»Ich blicke auf meine Filme zurück, wenn sie das 500. Mal ihre Runden durch die Fernsehprogramme drehen. Und mehr und mehr sehe ich auf dem Schirm wie mein eigener Sohn aus«, sagt Jack. »Ich glaube nicht, daß in der guten alten Zeit tatsächlich alles besser war. Ich schätze die jungen Regisseure sehr, die jetzt gerade vom College kommen.«
Da er sich zuvorderst stets als Schauspieler betrachtet, weiß er, daß sein Lebenszweck das Schauspiel ist. Aus diesem Grunde scheint er auch nie nachzulassen, weder als Schauspieler und schon gar nicht als Mensch. Kurz nach Abschluß von *Missing* er-

In ›Die Auseinandersetzung‹ spielt Lemmon einen katholischen Priester, der Zeljko Ivanek zur Vernunft bringen will

fuhr er, daß sein junger Protegé Charlie Murphy im Krankenhaus lag. Der Schauspieler, der (und den) Jack in *Juno and the Paycock* so begeistert hatte, hatte einen schweren Autounfall gehabt. Als Jack davon hörte, stand Murphy bereits kurz vor seiner Entlassung. Als er dann im Krankenhaus eintraf, saß der Patient schon im Büro des Arztes.

»Wenn du den verdammten Hörer abnehmen würdest, Murphy«, meinte er, »wüßtest du, daß ich dich anrufen wollte. Ich fahr' dich nach Hause.«

Murphy entgegnete, daß das ein Freund von ihm erledigen würde, und schlug eine Alternative vor. »Wenn du Lust auf's Tail of the Cock hast«, spielte der Jüngere auf ein bekanntes Restaurant am Sunset Strip an, »dann warte ich dort auf dich.«

Genau das tat er denn auch. Im Tail of the Cock spendierte ihm Lemmon dann die Drinks – und auch einige Teller mit Muscheln

und Austern. Dann rief er Felicia an und teilte ihr mit, daß er heute etwas später nach Hause käme.
Nach zwei Monaten Krankenhaus war ihm Murphy für diesen wunderbaren Freundschaftsbeweis mehr als dankbar. Dennoch machte es ihn ein wenig verlegen, daß ihm Jack so viel Aufmerksamkeit – und Geld – schenkte. Dem angeborenen Feingefühl des Schauspielers fiel das sofort auf. »Murphy«, sagte Jack, »hast du zufällig einen Groschen in deiner Tasche?«
»Klar«, meinte Charlie.
»Na gut, leihst du ihn mir dann mal kurz?« Er wußte, daß sich Murphy besser fühlen würde, wenn er irgend etwas zur Rechnung beisteuern konnte, und sei es nur als Alibi. »Muß doch toll in diesem Krankenhaus gewesen sein!« meinte er dann. »Mit all den hübschen Krankenschwestern ins Bett zu gehen.«
»Die schönsten Schwestern hatten blonde Schnurrbärte«, entgegnete Murphy. Beide lachten. »Als ob ich mit einem alten Freund zusammengewesen wäre«, erzählte Murphy.
Während einer Überseereise mit Walter Matthau demonstrierte Jack diesen Charakterzug kurz darauf aufs neue. Zusammen mit ihren Frauen und einigen anderen wohlbekannten Männern – darunter Arthur Hiller, der Regisseur von *The Out-of-Towners* – flogen sie im Auftrag des United Jewish Appeal nach Israel. Jack besuchte das Land zum ersten Mal und erzählte nach seiner Rückkehr allen, wie sehr ihn Israel beeindruckt hatte. Die Freude war durchaus gegenseitig: Walter und er wurden vom damaligen Premierminister Menachem Begin empfangen und begegneten auch noch einigen anderen wichtigen Männern des Landes. Den größten gegenseitigen Eindruck hinterließ jedoch ein anderes Erlebnis.
Sie besuchten ein Kinderkrankenhaus, wo sich Jack plötzlich als Kombination aus Lieblingsonkel und Weihnachtsmann entpuppte (wenn man das in Israel so nennen kann). »Dort lagen ausschließlich verkrüppelte Kinder, einige davon auch geistig behindert«, erinnert sich Hiller. »Wir anderen waren tief bewegt, aber Jack setzte sich einfach nur dazu und spielte mit den Kindern – und welchen Spaß sie dabei hatten! Mich freute, wie bekannt die beiden waren. Und was mir besonders gefiel, war die Art, wie sie auf die Leute zugingen und sich mit ihnen unterhielten.« Hiller wußte bereits, daß Jack ein Mann war, mit dem man reden konnte; nun erlebte er die Praxis.

Als im Frühjahr 1983 der Präsidentschaftswahlkampf langsam ins Rollen kam, wollten die Demokraten Jack sofort als einen der Moderatoren ihres Telethons gewinnen; einer 24stündigen Fernsehsendung, bei der die Zuschauer der Partei telefonisch mehrere Millionen Dollar spendeten. Als Thema für die Sendung – eine seiner wenigen politischen Auftritte in der Öffentlichkeit – wählte er sein Steckenpferd, die Umweltverschmutzung. Für Jack waren die Demokraten diejenige Partei, die sich noch am ehesten für die Umwelt einsetzte. Als man wissen wollte, wieso er nicht noch mehr für sie getan hatte, erwiderte er: »Ich habe deshalb meine Zugkraft als Schauspieler nicht ausgenützt, weil ich selbst von Politik nicht so viel Ahnung habe.« Andere hätten diese Bemerkung wohl als typisches Zeichen Lemmonscher Bescheidenheit erkannt. Er verstand die Botschaften

In Ettore Scolas ›Macaroni‹ tritt Lemmon an der Seite von Marcello Mastroianni auf

seiner Filme nur zu gut: Seit Jahren schon hatte es keinen politisch einflußreicheren Schauspieler als ihn gegeben.
Hätte er es mit jenem Lemmon-Glucksen in der Stimme gesagt, wäre den Leuten vermutlich ein Licht aufgegangen, wie er diese Bemerkung tatsächlich gemeint hatte. Als sein Strandhaus in Malibu bei den verheerenden Waldbränden 1983 schwer in Mitleidenschaft gezogen wurde, hielt er trotzdem eine vorher abgemachte Einladung ein und unterhielt sich, gutgelaunt wie immer, mit den Studenten der UCLA, der University of California at Los Angeles.
Obwohl er nun schon auf die 60 zuging, hatte Jack noch immer einige Ambitionen – selbst eine Komödie zu inszenieren und in London auf der Bühne aufzutreten, waren nur zwei davon. Daneben plante er auch, in Zukunft des öfteren am Broadway aufzutreten. Das Problem, meinte er, läge nur darin, daß man nie im voraus wisse, ob die Show ein Jahr oder nur eine Nacht laufen würde. Außerdem blieb ihm der Kummer, Courtney zu einem kritischen Zeitpunkt ihres Lebens (1984 war sie gerade 17) aus der Schule nehmen zu müssen. Eines stand allerdings fest: Aus dem Geschäft zurückziehen würde er sich nicht – »bis mich irgendwann einmal ein Lastwagen überfährt. Oder, wahrscheinlicher noch, ein Kritiker«.
1983 erzählte er der *Los Angeles Times:* »Ich liebe mein Leben. Ich hab' alles getan, was ich konnte. Und meine Arbeit bereitet mir enormes Vergnügen. Und ich werde einfach weitermachen.« Shirley MacLaine hielt ihn für den einzigen Schauspieler ohne die geringste Spur von Eitelkeit. Worauf Jack entgegnete – ohne Zweifel besorgt, daß es sich eitel anhören könnte: »Nun, das ist sehr nett von ihr. Ich hoffe nur, das stimmt.«
Langsam machte sich das Alter bemerkbar. Sein enger Freund und ehemaliger Geschäftspartner Richard Carter war vor kurzem an Krebs gestorben; einige Jahre zuvor war er einer der Trauergäste bei Jack Bennys Begräbnis. »Je älter man wird, um so öfter klingelt das Telefon«, meinte er nun. »Und ein Freund ist gestorben. Wenn dir das nach einiger Zeit nicht mehr auffällt, oder wenn es dich nicht mehr sonderlich berührt ... na ja, dann bist du ein glücklicherer Mann als ich, Gunga Din. In meinem Alter begreift man plötzlich. Wer weiß, was morgen ist: Vielleicht fängt man sich irgendeine Krankheit ein, vielleicht wird man überfahren.«

›Macaroni‹: Der altgewordene italienische Obermacho und der neurotische Amerikaner

Dennoch mußte er sich ständig ins Gedächtnis zurückrufen, wie gut es ihm bisher doch ergangen war. »Ohne es verschreien zu wollen«, meinte er 1981, »bis jetzt lief alles prima« – bei einer Karriere und einer Ehe wie der seinen kein Wunder. Ansonsten hoffte er inständig, daß aus ihm nicht einer jener Sechziger werden würde, die im Alter abmagern, ihre Hemden bis zum Bauchnabel offenstehen lassen, lange Ketten um ihren Hals schwingen und »dabei aussehen wie der letzte Pferdearsch.«
Er ist keiner jener Schauspieler, die der verlorenen Jugend nachweinen, obwohl er bei *Buddy Buddy* seiner Ansicht nach ein wenig besser in Form hätte sein können. »Junge Knochen ertragen solche Torturen, aber mir tat noch Tage danach alles weh«, meinte er seinerzeit. »Schlimmer noch: Am Wochenende drauf litt auch noch mein Golfspiel drunter.«

Jacks Geheimnis besteht vor allem darin, sich der Sympathie der Zuschauer zu versichern – selbst in Rollen wie in *Save the Tiger,* wo er sie eigentlich eher dazu bringen sollte, Tomaten und faule Eier gegen die Leinwand zu werfen. I. A. L. Diamond hatte allerdings auch dafür eine Erklärung: »Die Leute hoffen, daß er sein Leben wieder in Ordnung bringt, eben weil sie sich so sehr mit ihm identifizieren.«

Erfolg hat er deshalb, weil er so viel in seine Rollen hineinsteckt, weil er seine Figur nicht jeden Nachmittag um fünf im Studio zurückläßt, weil er so lange daran arbeitet, daß er am Lenkrad plötzlich in Tränen ausbricht, weil er weiß, daß ihn die Figur letzten Endes finden wird. Trotzdem bleibt die Frage, warum er das alles tut. »Wenn man schon von vornherein weiß, wie man es anpacken will«, erwidert er, »hat man es entweder vorher schon einmal gemacht oder es steckt nicht allzuviel dahinter. Wenn man es allerdings nicht von vornherein weiß und vielleicht sogar ein bißchen Angst davor hat, spornt einen diese Furcht, diese Aufregung zu Höchstleistungen an. Man arbeitet dann wirklich daran.« Und es sei stets ein neues Erlebnis für ihn. »Als Schauspieler muß man in einem sehr viel größeren Rahmen akzeptiert werden als ein normaler Mensch – ähnlich wie ein Sportler. Bei jedem neuen Film habe ich das Gefühl, noch einmal am Schlagbaum zu stehen. Im Beruf bin ich mit Unsicherheiten regelrecht gespickt, und es wird von Mal zu Mal schwieriger.«

Schauspielerei ist für ihn auch Therapie. »Ich schätze, es gibt eine ganze Menge leicht verrückter Schauspieler – aber wenn sie nicht diesen Beruf hätten, wären die meisten davon reif fürs Irrenhaus. Ich halte die Schauspielerei für einen ungeheuer wirksamen Heilungsprozeß. Der Reiz liegt darin, daß wir es alle gerne tun würden. Als Kinder tun wir es doch alle – bis man uns schließlich beibringt, daß man so etwas einfach nicht tut.«

Billy Wilder sah es ganz genauso. Ich wollte von ihm wissen, ob Jack seiner Ansicht nach lieber Komödien oder jene Tragödien vorzog, die in seinem Berufsleben eine sehr viel größere Rolle spielten. »Er ist nun halt mal gern Schauspieler«, antwortete er. »Sie waren doch auch mal in der Schule. Dann wissen Sie doch, daß es immer einen Jungen gibt, der sich nichts sehnlicher wünscht, als auf der Bühne zu stehen. Na ja, das ist Jack.« Dann fügte er noch hinzu: »Von den meisten Schauspielern bin ich es

Lemmon happy

gewöhnt, daß sie mir vielleicht ein oder zwei verschiedene Artikel anbieten können, bevor sie ihre Regale endgültig ausgeräumt haben. Lemmon dagegen ist Neckermann, Quelle und Hertie in einem.«
Melville Shavelson wünscht sich nur, daß er nicht so viel Zeit auf

dem Golfplatz verbringen würde: »Wenn man heute mit ihm reden will, muß man ihn zwischen zwei Golfspielen erwischen.« Analytisch an die Dinge heranzugehen schätzt Jack über alles. So hob er schon recht früh seine eigenen Schauspieleridole hervor: Alec Guinness, Ralph Richardson und natürlich Laurence Olivier. Später kam dann noch Marlon Brando hinzu. »Sie alle besitzen eine Ausstrahlung, die ebenso wichtig ist wie ihr Talent«, meinte er 1956. Dieser Meinung ist er heute noch. Damals applaudierte er sogar, wenn Olivier nur in einem Fernseh-Werbespot für Polaroid auftrat. Das ist eben echte Anerkennung. Inzwischen gibt es bereits Schauspieler, bei denen Jack Lemmon seinerseits an der Spitze solcher Listen steht.

Er ist der erste, der zugibt, daß er die schönen Dinge des Lebens genießt, obwohl er sie heute ebensowenig zur Schau stellt wie in seinen jungen Jahren. Sein Jaguar und sein Rolls-Royce sind keine Statussymbole. Er braucht sie nicht – sie gefallen ihm nur. Nie würde er an einen Produzenten jene aberwitzigen Forderungen stellen, auf denen so viele andere Stars bestehen. Sein größtes Glück ist immer noch sein Piano und der Billardtisch, die gewöhnlich neben dem Set aufgestellt werden, bevor er zum ersten Mal das Studio betritt. In seiner Freizeit, so sagt er, ginge er am liebsten Angeln – vom Golfplatz einmal abgesehen. Und dennoch ist er ein nervöses Energiebündel, das für Entspannung nur sehr selten Zeit hat.

Was die Leute an ihm schätzen, ist die Art, wie er jeden mit einem freundlichen Lächeln und einem warmen Händedruck begrüßt und sich unmittelbar darauf für den Fleck auf seiner Hose entschuldigt, über die er gerade eine Tasse Kaffee geschüttet hat. Noch immer hat man bei ihm den Eindruck, daß er in Kürze durch eine geschlossene Tür laufen wird. Man nennt ihn Durchschnittsbürger und Normalverbraucher, und er scheut sich nicht, die typischen Verhaltensmuster eines solchen Durchschnittsmenschen anzunehmen, der über diese Dinge in der Regel lieber Stillschweigen bewahrt. Mit der einzigen Ausnahme, daß an der Art, wie er das tut, ganz und gar nichts Durchschnittliches ist. »Echter Erfolg bedeutet für mich, im Rahmen seiner Möglichkeiten so viel wie möglich zu erreichen«, erzählte er dem britischen Radiosprecher und Journalisten Barry Norman.

Das Erstaunliche an Jack Lemmon ist, daß seine Möglichkeiten anscheinend grenzenlos sind.

Manche Schauspieler, sagte er einmal, leben erst dann auf, wenn sie jemand anderen spielen. »Auf diese Art werden sie ihre Schuldgefühle los. Auch ich bin meine Schuldgefühle nicht völlig losgeworden. Aber ich möchte auf keinen Fall ein anderer sein.«

Aber dann wäre er auch nicht mehr derselbe Mann, den sein Publikum so liebt. Er wäre nicht mehr jener Mann, der auf Holz klopft und dabei auf seine Familie, sein Haus und die 40 Filme blickt, die ihm so viele Auszeichnungen beschert haben. Vor allem jedoch könnten wir nicht mehr in den neuesten Lemmon-Film gehen und dabei schon im Foyer seinen berühmten Satz zitieren: »Zeit für die Magie! Pri-ma!«

Filmographie

Die Abkürzungen bedeuten:
B Buch
D Darsteller
K Kamera
M Musik
P Produktionsfirma (Produzent)
R Regie
V Videoverleih
Die Jahreszahlen bezeichnen das Uraufführungsjahr des Films.

1. **It Should Happen To You**
USA 1954. *P* Columbia (Fred Kohlmar). *R* George Cukor. *B* Garson Kanin. *K* Charles Lang. *M* Frederick Hollander. *D* Judy Holliday (Gladys Glover), JACK LEMMON (Pete Sheppard), Peter Lawford (Evan Adams III), Michael O'Shea (Brod Clinton), Connie Gilchrist (Mrs. Riker), Vaughn Taylor (Entrikin), Heywood Hale Broun (Mann im Central Park), Rex Evans (Con Cooley), Arthur Gilmore (Don Toddman), Whit Bissell (Robert Grau). 87 Minuten.

2. **Phffft!** (Eine glückliche Scheidung)
USA 1954. *P* Columbia (Fred Kohlmar). *R* Mark Robson. *B* George Axelrod. *K* Charles Lang. *M* Frederick Hollander. *D* Judy Holliday (Nina Tracy), JACK LEMMON (Robert Tracy), Jack Carson (Charlie Nelson), Kim Novak (Janis), Luella Gear (Mrs. Chapman), Donald Curtis (Rick Vidal), Merry Anders (Marcia), Arny Freeman (Sprachlehrerin), Donald Randolph (Dr. van Kessel), Eddie Searles (Tommy). 91 Minuten.

3. **Three for the Show** (Liebe im Quartett)
USA 1955. *P* Columbia (Jonie Taps). *R* H. C. Potter. *B* Edward Hope, Leonard Stern (nach dem Bühnenstück von W. Somerset Maugham). *K* Arthur Arling. *M* George Duning. *D* Betty Grable (Julie), JACK LEMMON (Marty Stewart), Gower Champion (Vernon Lowndes), Marge Champion (Gwen Howard), Myron McCormick (Mike Hudson), Paul Harvey (Colonel Wharton), Robert Bice (Sergeant O'Hallihan). 91 Minuten. Technicolor. CinemaScope.

4. **Mister Roberts** (Keine Zeit für Heldentum)
USA 1955. *P* Warner (Leland Hayward). *R* John Ford, Mervyn LeRoy. *B* Frank Nugent, Joshua Logan (nach dem Bühnenstück von Thomas

Heggen und Joshua Logan). *K* Winton Hoch. *M* Franz Waxman. *D* Henry Fonda (Mister Roberts), James Cagney (Captain), William Powell (Doc), JACK LEMMON (Leutnant Pulver), Betsy Palmer (Lt. Ann Girard), Ward Bond (C. P. O. Dowdy), Phil Carey (Mannion), Martin Milner/Gregory Walcott (Küstenpatrouille), James Flavin (Feldjäger), Jack Pennick (Marineoffizier), Ken Curtis (Dolan), Nick Adams (Reber). 123 Minuten. Warnercolor. CinemaScope.

5. **My Sister Eileen** (Meine Schwester Ellen)
USA 1955. *P* Columbia (Fred Kohlmar). *R* Richard Quine. *B* Blake Edwards, Richard Quine (nach dem Bühnenstück von Joseph Fields und Jerome Chodorov). *K* Charles Lawton jr. *M* George Duning. *D* Betty Garrett (Ruth Sherwood), Janet Leigh (Eileen Sherwood), JACK LEMMON (Bob Baker), Bob Fosse (Frank Lippencott), Richard York (Wreck), Lucy Marlow (Helen), Tommy Rall (Chick Clark), Kurt Kasznar (Appopolous), Horace McMahon (Lonigan), Queenie Smith (Alice). 108 Minuten. Technicolor. CinemaScope.

6. **You Can't Run Away from It** (Ohne Liebe geht es nicht)
USA 1956. *P* Columbia (Dick Powell). *R* Dick Powell. *B* Claude Binyon, Robert Riskin (nach »It Happened One Night« von Robert Riskin). *K* Charles Lawton jr. *M* George Duning. *D* June Allyson (Ellie Andrews), JACK LEMMON (Peter Warne), Charles Bickford (A. A. Andrews), Paul Gilbert (George Shapely), Stubby Kaye (Fred Totten), Jim Backus (Danker), Henny Youngman (Busfahrer), Allyn Joslyn (Gordon), Frank Sully (Red), Dub Taylor (Joe). 95 Minuten. Technicolor. CinemaScope.

7. **Fire Down Below** (Spiel mit dem Feuer)
GB 1957. *P* Columbia/Warwick (Irving Allen, Albert Broccoli). *R* Robert Parrish. *B* Irwin Shaw (nach dem Roman von Max Catto). *K* Desmond Dickinson. *M* Arthur Benjamin. *D* Rita Hayworth (Irena), Robert Mitchum (Felix), JACK LEMMON (Tony), Herbert Lom (Hafenmeister), Bernard Lee (Doktor Sam), Anthony Newley (Miguel), Edric Connor (Jimmy Jean). 116 Minuten. Technicolor. CinemaScope.

8. **Operation Mad Ball** (Selten so gelacht)
USA 1957. *P* Columbia (Jed Harris). *R* Richard Quine. *B* Jed Harris, Blake Edwards, Arthur Carter (nach dem Bühnenstück von Arthur Carter). *K* Charles Lawton jr. *M* George Duning. *D* JACK LEMMON (Schütze

Hogan), Kathryn Grant (Leutnant Betty Bixby), Ernie Kovacs (Capt. Paul Lock), Arthur O'Connell (Colonel Rousch), Mickey Rooney (Yancey Skibo), Dick York (Corporal Bohun), James Darren (Schütze Widowskas), Roger Smith (Corporal Berryman), William Leslie (Schütze Grimes), Paul Picerni (Schütze Bullerd). 105 Minuten.

9. **Cowboy** (Cowboy)
USA 1957. *P* Phoenix (Julian Blaustein). *R* Delmer Daves. *B* Edmund H. North (nach dem Roman »Reminiscences as a Cowboy« von Frank Harris). *K* Charles Lawton jr. *M* George Duning. *D* Glenn Ford (Tom Reece), JACK LEMMON (Frank Harris), Anna Kashfi (Maria Vidal), Brian Donlevy (Doc Bender), Dick York (Charlie), Richard Jaeckel (Paul Curtis), James Westerfield (Mike Adams), King Donovan (Joe Capper), Vaughn Taylor (Mr. Fowler). 92 Minuten. Technicolor.

10. **Bell, Book and Candle** (Meine Braut ist übersinnlich)
USA 1958. *P* Phoenix (Julian Blaustein). *R* Richard Quine. *B* Daniel Taradash (nach dem Bühnenstück von John van Druten). *K* James Wong Howe. *M* George Duning. *D* James Stewart (Shepherd Henderson), Kim Novak (Gillian Holroyd), JACK LEMMON (Nicky Holroyd), Ernie Kovacs (Sidney Redlitch), Hermione Gingold (Mrs. DePass), Elsa Lanchester (Queenie), Janice Rule (Merle Kittridge), Howard McNear (Hendersons Partner). 103 Minuten. Technicolor.

11. **Some Like It Hot** (Manche mögen's heiß)
USA 1959. *P* Ashton/Mirisch Company (Billy Wilder). *R* Billy Wilder. *B* Billy Wilder, I. A. L. Diamond (nach einer Story von R. Thorton und M. Logan). *K* Charles Lang jr. *M* Adolph Deutsch. *D* Marilyn Monroe (Sugar Kowalczyk), Tony Curtis (Joe/Josephine), JACK LEMMON (Jerry/Daphne), George Raft (Spats), Joe E. Brown (Osgood Fielding III), Pat O'Brien (Mulligan), Joan Shawlee (Sweet Sue), Nehemiah Persoff (Little Bonaparte), George Stone (Toothpick Charlie), Dave Barry (Beinstock), Billy Gray (Poliakoff). 122 Minuten.

12. **It Happened to Jane** (Mit mir nicht, meine Herren)
USA 1959. *P* Arwin (Richard Quine). *R* Richard Quine. *B* Norman Katkov (nach einer Story von Max Wilk und Norman Katkov). *K* Charles Lang jr. *M* George Duning. *D* Doris Day (Jane Osgood), JACK LEMMON (George Denham), Ernie Kovacs (Harry Foster Malone), Steve Forrest (Larry Hall), Teddy Rooney (Billy Osgood), Russ Brown (Onkel Otis),

Gina Gillespie (Betty Osgood), Walter Greaza (Crawford Sloan), Parker Fennelly (Homer Bean), Mary Wickes (Matilda Runyon). 98 Minuten. Technicolor. CinemaScope.

13. **The Apartment** (Das Appartement)
USA 1960. *P* Mirisch Company (Billy Wilder). *R* Billy Wilder. *B* Billy Wilder, I. A. L. Diamond. *K* Joseph LaShelle. *M* Adolph Deutsch. *D* JACK LEMMON (C. C. »Bud« Baxter), Shirley MacLaine (Fran Kubelik), Fred MacMurray (J. D. Sheldrake), Jack Kruschen (Dr. Dreyfuss), Ray Walston (Mr. Dobisch), Edie Adams (Miss Olsen), Hope Holiday (Margie MacDougall), Joan Shawlee (Sylvia), David Lewis (Mr. Kirkeby), Johnny Seven (Karl Matuschka), Naomi Stevens (Mrs. Dreyfuss). 125 Minuten. Panavision.

14. **Pepe** (Pepe – Was kann die Welt schon kosten)
USA 1960. *P* George Sidney Prod. (George Sidney). *R* George Sidney. *B* Claude Binyon, Dorothy Kingsley (nach dem Bühnenstück von Ladislas Bush-Fekete). *K* Joe MacDonald. *M* Johnny Green. *D* Cantinflas (Pepe), Shirley Jones (Suzie Murphy), Dan Dailey (Ted Holt), Carlos Montalban (Auktionator), Vickie Trickett (Lupita), JACK LEMMON/Kim Novak/Janet Leigh/Frank Sinatra/Dean Martin/Edward G. Robinson (Gaststars). 195 Minuten. Eastmancolor. CinemaScope.

15. **The Wackiest Ship in the Army** (Auf schrägem Kurs)
USA 1960. *P* Kohlmar-Prod. (Fred Kohlmar). *RB* Richard Murphy (nach einer Story von Herbert Carlson). *K* Charles Lawton jr. *M* George Duning. *D* JACK LEMMON (Leutnant Rip Crandall), Ricky Nelson (Fähnrich Tommy Hanson), John Lund (Kommandant Vandewater), Chips Rafferty (Patterson), Tom Tully (Capt. McClung), Patricia Driscoll (Maggie), Joby Baker (Josh), Warren Berlinger (Sparks), Mike Kellin (MacCarthy), Richard Anderson (Foster), Alvy Moore (Johnson). 99 Minuten. Technicolor. CinemaScope.

16. **Le Voyage en Ballon** (Die Reise im Ballon)
F 1958/60. *P* Filmsonor/Mountsouris. *RB* Albert Lamorisse. *K* Maurice Fellous, Guy Tabary. *M* Jean Prodomides. *D* Maurice Baquet (Tou-Tou), André Gille (Großvater), Pascal Lamorisse (Pascal), JACK LEMMON (Erzähler in der amerikanischen Synchronfassung). 82 Minuten. Technicolor. Helivision.

17. **The Notorious Landlady** (Noch Zimmer frei)
GB 1962. *P* Kohlmar/Quine-Prod. (Fred Kohlmar). *R* Richard Quine. *B* Blake Edwards, Larry Gelbart (nach der Story »The Notorious Tenant« von Margery Sharp). *K* Arthur Arling. *M* George Duning. *D* Kim Novak (Carlye Hardwicke), JACK LEMMON (William Gridley), Fred Astaire (Franklyn Ambruster), Lionel Jeffries (Inspektor Oliphant), Estelle Winwood (Mrs. Dunhill), Philippa Bevans (Mrs. Brown), Maxwell Reed (Miles Hardwicke), Richard Peel (Dillings), Scott Davey (Junge), Henry Daniell (Fremder).
127 Minuten.

18. **Days of Wine and Roses** (Die Tage des Weines und der Rosen)
USA 1962. *P* Warner (Martin Manulis). *R* Blake Edwards. *B* J. P. Miller (nach dem Fernsehspiel von J. P. Miller). *K* Phil Lathrop. *M* Henry Mancini. *D* JACK LEMMON (Joe Clay), Lee Remick (Kirsten (Arneson), Jack Klugman (Jim Hungerford), Charles Bickford (Arneson), Debbie Magowan (Debbie), Alan Hewitt (Red Leland), Jack Albertson (Trayner), Maxine Stuart (Dottie), Ken Lynch (Schnapsladenbesitzer). 117 Minuten.

19. **Irma La Douce** (Das Mädchen Irma La Douce)
USA 1963. *P* Phalanx (Billy Wilder). *R* Billy Wilder. *B* Billy Wilder, I. A. L. Diamond (nach dem Musical von Marguerite Monnot, Alexander Breffort, Julian More, David Heneker und Monty Norman). *K* Joseph LaShelle. *M* André Previn, Marguerite Monnot. *D* JACK LEMMON (Nestor), Shirley MacLaine (Irma La Douce), Lou Jacobi (Moustache), Herschel Bernardi (Lefevre), Bruce Yarnell (Hippolyte), Hope Holiday (Lolita), Joan Shawlee (Amazonen-Annie), Grace Lee Whitney (Kiki), Tura Santana (Suzette Wong), Harriet Young (Mimi Mau-Mau). 146 Minuten. Technicolor. Panavision.

20. **Under the Yum-Yum Tree** (Ein Ehebett zur Probe)
USA 1963. *P* Sonnis-Swift (Frederick Brisson). *R* David Swift. *B* Lawrence Roman, David Swift (nach dem Bühnenstück von Lawrence Roman). *K* Joseph Biroc. *M* Frank DeVol. *D* JACK LEMMON (Hogan), Carol Lynley (Robin), Dean Jones (David), Edie Adams (Irene), Imogene Coca (Dorkus), Paul Lynde (Murphy), Robert Lansing (Charles), Asa Maynor/Pamela Curran/Jane Wald (Mieterinnen).
110 Minuten. Eastmancolor.

21. **Good Neighbor Sam** (Leih mir deinen Mann)
USA 1964. *P* Swift-Prod. (David Swift). *R* David Swift. *B* James Fritzell, Everett Greenbaum, David Swift (nach dem Roman von Jack Finney). *K* Burnett Guffey. *M* Frank DeVol. *D* JACK LEMMON (Sam Bissell), Romy Schneider (Janet Lagerlot), Dorothy Provine (Minerva Bissell), Michael Connors (Howard Ebbets), Edward G. Robinson (Simon Nurdlinger), Linda Watkins (Edna), Robert Q. Lewis (Earl), Louis Nye (Reinhold Shiffner), Joyce Jameson (Prostituierte), Anne Seymour (Irene Krump).
130 Minuten. Eastmancolor.

22. **How to Murder Your Wife** (Wie bringt man seine Frau um?)
USA 1964. *P* Jalem (George Axelrod). *R* Richard Quine. *B* George Axelrod. *K* Harry Stradling. *M* Neal Hefti. *D* JACK LEMMON (Stanley Ford), Virna Lisi (Mrs. Ford), Terry-Thomas (Charles), Eddie Mayehoff (Harold Lampson), Claire Trevor (Edna Lampson), Sidney Blackmer (Richter Blackstone), Max Showalter (Tobey Rawlins), Jack Albertson (Dr. Bentley), Alan Hewitt (Staatsanwalt), Mary Wickes (Harolds Sekretärin). 118 Minuten. Technicolor.

23. **The Great Race** (Das große Rennen rund um die Welt)
USA 1965. *P* Patricia/Jalem/Reynard (Martin Jurow). *R* Blake Edwards. *B* Blake Edwards, Arthur Ross. *K* Russell Harlan. *M* Henry Mancini. *D* JACK LEMMON (Professor Fate/Prinz Hapnik), Tony Curtis (der große Leslie), Natalie Wood (Maggie DuBois), Peter Falk (Max), Keenan Wynn (Hezekiah), Dorothy Provine (Lily Olay), Arthur O'Connell (Henry Goodbody), Vivian Vance (Hester Goodbody), Ross Martin (Rolf von Stuppe), Larry Storch (Texas-Jack). 153 Minuten. Technicolor. Super-Panavision. *V* Warner Home Video.

24. **The Fortune Cookie** (Der Glückspilz)
USA 1966. *P* Phalanx/Jalem (Billy Wilder). *R* Billy Wilder. *B* Billy Wilder, I. A. L. Diamond. *K* Joseph LaShelle. *M* André Previn. *D* JACK LEMMON (Harry Hinkle), Walter Matthau (Willie Gingrich), Judi West (Sandy Hinkle), Ron Rich (Luther »Boom-Boom« Jackson), Marge Redmond (Mrs. Gingrich), Lurene Tuttle (Harrys Mutter), Cliff Osmond (Mr. Purkey), Noam Pitlik (Max), Harry Holcombe (O'Brien), Les Tremayne (Thompson), Archie Moore (Mr. Jackson).
125 Minuten. Panavision.

25. **Luv** (Versuch's doch mal mit meiner Frau)
USA 1967. *P* Manulis Prod. (Martin Manulis). *R* Clive Donner. *B* Elliott Baker (nach dem Bühnenstück von Murray Schisgal). *K* Ernest Laszlo. *M* Gerry Mulligan. *D* JACK LEMMON (Harry Berlin), Peter Falk (Milt Manville), Elaine May (Ellen Manville Berlin), Nina Wayne (Linda Manville), Eddie Mayehoff (Anwalt Goodhart), Paul Hartman/Severn Darden (Müllmänner). 95 Minuten. Technicolor. Panavision.

26. **The Odd Couple** (Ein seltsames Paar)
USA 1968. *P* Paramount (Howard R. Koch). *R* Gene Saks. *B* Neil Simon (nach seinem Bühnenstück). *K* Robert B. Hauser. *M* Neal Hefti. *D* JACK LEMMON (Felix Unger), Walter Matthau (Oscar Madison), Monica Evans (Cecily Pigeon), Carole Shelley (Gwendolyn Pigeon), David Sheiner (Roy), A. Larry Haines (Speed), John Fiedler (Vinnie), Herbert Edelman (Murray). 105 Minuten. Technicolor. Panavision. *V* CIC.

27. **The April Fools** (Ein Frosch in Manhattan)
USA 1969. *P* Jalem (Gordon Carroll). *R* Stuart Rosenberg. *B* Hal Dresner. *K* Michel Hugo. *M* Marvin Hamlisch. *D* JACK LEMMON (Howard Brubaker), Catherine Deneuve (Catherine Gunther), Peter Lawford (Ted Gunther), Sally Kellerman (Phyllis Brubaker), Jack Weston (Polly Shrader), Myrna Loy (Grace Greenlaw), Charles Boyer (Andre Greenlaw), Harvey Korman (Benson), Melinda Dillon (Leslie Hopkins), Kenneth Mars (Don Hopkins). 95 Minuten. Technicolor. Panavision.

28. **The Out-of-Towners** (Nie wieder New York)
USA 1970. *P* Jalem (Paul Nathan). *R* Arthur Hiller. *B* Neil Simon. *K* Andrew Laszlo. *M* Quincy Jones. *D* JACK LEMMON (George Kellerman), Sandy Dennis (Gwen Kellerman), Anne Meara (Frau auf der Polizeiwache), Sandy Baron (Fernsehreporter), Ann Prentiss (Stewardeß), Graham Jarvis (Murray, der Gangster), Jon Korkes/Robert Walden (Plünderer), Billy Dee Williams (Fundbüroaufseher), Anthony Holland (Hotelangestellter), Ron Carey (Taxifahrer), Carlos Montalban (kubanischer Diplomat). 98 Minuten. Movielab. *V* CIC.

29. **Kotch** (Opa kann's nicht lassen)
USA 1971. *P* ABC/Kotch Company (Richard Carter). *R* JACK LEMMON. *B* John Paxton (nach dem Roman von Katharine Topkins). *K* Richard Kline. *M* Marvin Hamlisch. *D* Walter Matthau (Joseph P. Kotcher), De-

borah Winters (Erica Herzenstiel), Felicia Farr (Wilma Kotcher), Charles Aidman (Gerald Kotcher), Ellen Geer (Vera Kotcher), Darrell Larson (Vincent Perrin), Paul Picerni (Dr. Guadillo), Jane Connell (Miss Roberts), Lucy Saroyan (Sissy), JACK LEMMON (Fremder im Bus). 114 Minuten. Metrocolor. *V* Thorn-EMI.

30. **The War Between Men and Women** (Krieg zwischen Männern und Frauen)
USA 1972. *P* Shavelson/Arnold-Prod. (Danny Arnold). *R* Melville Shavelson. *B* Melville Shavelson, Danny Arnold (inspiriert von den Schriften und Zeichnungen von James Thurber). *K* Charles F. Wheeler. *M* Marvin Hamlisch. *D* JACK LEMMON (Peter Wilson), Barbara Harris (Terry Kozlenko), Jason Robards (Stephen Kozlenko), Herb Edelman (Howard Man), Lisa Gerritsen (Linda Kozlenko), Moosie Drier (David Kozlenko), Lisa Eilbacher (Caroline Kozlenko), Severn Darden (Dr. Harris). 110 Minuten. Technicolor. Panavision.

31. **Avanti!** (Avanti, Avanti!)
USA 1972. *P* Phalanx/Jalem (Billy Wilder). *R* Billy Wilder. *B* Billy Wilder, I. A. L. Diamond (nach dem Bühnenstück von Samuel Taylor). *K* Luigi Kuveiller. *M* Carlo Rustichelli. *D* JACK LEMMON (Wendell Armbruster), Juliet Mills (Pamela Piggott), Clive Revill (Carlo Carlucci), Edward Andrews (J. J. Blodgett), Gianfranco Barra (Bruno), Giselda Castrini (Anna). 144 Minuten. DeLuxe.

32. **Save the Tiger** (Save the Tiger)
USA 1972. *P* Filmways/Jalem/Cirandinha (Steve Shagan). *R* John G. Avildsen. *B* Steve Shagan. *K* Jim Crabe. *M* Marvin Hamlisch. *D* JACK LEMMON (Harry Stoner), Patricia Smith (Janet Stoner), Jack Gilford (Phil Green), Laurie Heineman (Myra), Norman Burton (Fred Mirrell), Lara Parker (Margo), William Hansen (Meyer), Harvey Jason (Rico), Thayer David (Charlie Robins), Ned Glass (Sid Fivush). 100 Minuten. Movielab.

33. **Wednesday**
USA 1974. *P* American Film Institute (Marv Kupfer). *R* Marv Kupfer. *B* Barbara Witus, Marv Kupfer. *K* Irv Goodnoff. *D* JACK LEMMON (Jerry Murphy), Biff Elliot (Ingenieur), Ron Gold (Ehemann), Gene Weed (Discjockey). 17 Minuten. Farbe.

34. **The Front Page** (Extrablatt)
USA 1974. *P* Universal (Paul Monash). *R* Billy Wilder. *B* Billy Wilder, I. A. L. Diamond (nach dem Bühnenstück von Ben Hecht und Charles MacArthur). *K* Jordan S. Cronenweth. *M* Billy May. *D* Jack Lemmon (Hildy Johnson), Walter Matthau (Walter Burns), Susan Sarandon (Peggy Grant), Austin Pendleton (Earl Williams), Carol Burnett (Mollie Malloy), Vincent Gardenia (Sheriff Hartman), David Wayne (Bensinger), Jon Korkes (Rudy Keppler), Martin Gabel (Dr. Eggelhofer), Harold Gould (Bürgermeister), Allen Garfield (Kruger), Charles Durning (Murphy).
105 Minuten. Technicolor. Panavision.

35. **The Prisoner of Second Avenue** (Das Nervenbündel)
USA 1975. *P* Warner (Melvin Frank). *R* Melvin Frank. *B* Neil Simon (nach seinem Bühnenstück). *K* Philip Lathrop. *M* Marvin Hamlisch. *D* Jack Lemmon (Mel), Anne Bancroft (Edna), Gene Saks (Harry), Maxine Stuart (Belle), Elizabeth Wilson (Pauline), Florence Stanley (Pearl), Gene Blakely (Charlie), Ivor Francis (Psychiater), Stack Pierce (Detektiv), Ed Peck (Mann im Stock darüber). 98 Minuten. Technicolor. Panavison. *V* Warner Home Video.

36. **The Entertainer** (Der Entertainer)
USA 1976. *P* RSO (Beryl Vertue, Marvin Hamlisch). *R* Donald Wrye. *B* Elliot Baker (nach dem Bühnenstück von John Osborne). *K* Jim Crabe. *M* Marvin Hamlisch. *D* Jack Lemmon (Archie Rice), Ray Bolger (Billy Rice), Sada Thompson (Phoebe Rice), Tyne Daly (Jean Rice), Michael Christofer (Frank Rice), Annette O'Toole (Bambi Pasko), Mitch Ryan (Mr. Pasko), Allyn Ann McLerie (Mrs. Pasko), Rita O'Connor (Lilly).
105 Minuten. Technicolor.

37. **Alex and the Gypsy** (Liebe und andere Verbrechen)
USA 1976. *P* Shepherd-Prod. (Richard Shepherd). *R* John Korty. *B* Lawrence B. Markus (nach der Kurzgeschichte »The Bailbondsman« von Stanley Elkin). *K* Bill Butler. *M* Henry Mancini. *D* Jack Lemmon (Alexander Main), Geneviève Bujold (Maritza), James Woods (Crainpool), Robert Ehmhardt (Richter Ehrlinger), Joseph X. Flaherty (Morgan), Ramon Bieri (Hammond), Gino Ardito (Golfspieler), Todd Martin (Roy Blake), Victor Pinhiero (Mr. Sanders).
100 Minuten. DeLuxe.

38. **Airport '77** (Verschollen im Bermuda-Dreieck)
USA 1977. *P* Universal (William Frye). *R* Jerry Jameson. *B* David Spector, Michael Scheff. *K* Philip Lathrop. *M* John Cacavas. *D* JACK LEMMON (Don Gallagher), Lee Grant (Karen Wallace), Christopher Lee (Martin Wallace), Brenda Vaccaro (Eve Clayton), Olivia De Havilland (Emily Livingstone), James Stewart (Philip Stevens), Joseph Cotton (Nicholas St. Downs III), Darren McGavin (Stan Buchek), Robert Hooks (Eddie), James Booth (Crawford), George Kennedy (Patroni), Robert Foxworth (Chambers). 114 Minuten. Technicolor. Panavision. *V* CIC.

39. **The Gentleman Tramp** (Charlie Chaplin: Die Geschichte meines Lebens)
USA 1978. *P* Audjeff (Bert Schneider). *RB* Bert Schneider. *K* Nestor Almendros. *M* Charles Chaplin. *Erzähler* Walter Matthau, Laurence Olivier, JACK LEMMON. 80 Minuten.

40. **The China Syndrome** (Das China-Syndrom)
USA 1979. *P* IPC (Michael Douglas). *R* James Bridges. *B* Mike Gray, T. S. Cook, James Bridges. *K* James Crabe. *M* div. *D* Jane Fonda (Kimberly Wells), JACK LEMMON (Jack Godell), Michael Douglas (Richard Adams), Scott Brady (Herman de Young), James Hampton (Bill Gibson), Peter Donat (Don Jacovich), Wilford Brimley (Ted Spindler), Richard Herd (Evan McCormack), Daniel Valdez (Hector Salas), Stan Bohrman (Pete Martin). 122 Minuten. Metrocolor. *V* RCA/Columbia.

41. **Tribute** (Ein Sommer in Manhattan)
Kanada 1980. *P* Michaels/Drabinsky-Prod. (Joel B. Michaels, Garth H. Drabinsky). *R* Bob Clark. *B* Bernard Slade (nach seinem Bühnenstück). *K* Reginald H. Morris. *M* Kenn Wannberg, Barry Manilow, JACK LEMMON, Alan Jay Lerner. *D* JACK LEMMON (Scottie Templeton), Robby Benson (Jud Templeton), Lee Remick (Maggie Stratton), Colleen Dewhurst (Gladys Petrelli), John Marley (Lou Daniels), Kim Cattrall (Sally Haines), Gale Garnett (Hilary), Teri Keane (Evelyn). 122 Minuten. Medaillon Film Color. *V* Polygram.

42. **Buddy Buddy** (Buddy Buddy)
USA 1981. *P* MGM/United Artists (Jay Weston). *R* Billy Wilder. *B* Billy Wilder, I. A. L. Diamond (nach Francis Vebers »L'Emmerdeur«). *K* Harry Stradling jr. *M* Lalo Schifrin. *D* JACK LEMMON (Victor Clooney), Walter Matthau (Trabucco), Paula Prentiss (Celia Clooney), Klaus

Kinski (Dr. Zuckerbrot), Dana Elcar (Captain Hubris), Miles Chapin (Eddie), Michael Ensign (Vizedirektor), Joan Shawlee (Empfangsdame), Fil Formicola (Rudy Disco Gambola), C. J. Hunt (Kowalski). 96 Minuten. Metrocolor. Panavision.

43. **Missing** (Vermißt)
USA 1982. *P* Polygram (Edward Lewis, Mildred Lewis). *R* Costa-Gavras. *B* Costa-Gavras, Donald Stewart (nach dem Buch von Thomas Hauser). *K* Ricardo Aronovich. *M* Vangelis. *D* JACK LEMMON (Ed Horman), Sissy Spacek (Beth Horman), Melanie Mayron (Terry Simon), John Shea (Charles Horman), Charles Cioffi (Ray Tower), David Clennon (Phil Putnam), Richard Venture (US-Botschafter), Jerry Hardin (Sean Patrick), Richard Bradford (Carter Babcock), Joe Regalbuto (Frank Teruggi). 122 Minuten. Technicolor.

44. **Mass Appeal** (Die Auseinandersetzung)
USA 1984. *P* Turman-Foster (Lawrence Turman), David Foster). *R* Glenn Jordan. *B* Bill C. Davis (nach seinem Bühnenstück). *K* Don Peterman. *M* Bill Conti. *D* JACK LEMMON (Pater Farley), Zeljko Ivanek (Mark Dolson), Charles Durning (Monsignore Burke), Louise Lathan (Margaret), Alice Hirson (Mrs. Hart), Helene Heigh (Mrs. Harts Mutter), Sharee Gregory (Marion Hart), James Ray (Pater de Nicola), Lois de Banzie (Mrs. Dolson), R. J. Williams (Junge). 99 Minuten. Movielab. *V* CIC.

Register